AF279860

Anke Spory
Familie im Wandel

Waxmann Verlag GmbH
Steinfurter Straße 555, 48159 Münster
info@waxmann.com

Anke Spory

Familie im Wandel

Kulturwissenschaftliche,
soziologische und theologische Reflexionen

Waxmann 2013
Münster / New York / München / Berlin

Bibliographische Informationen der Deutschen Nationalbibliothek
Die Deutsche Nationalbibliothek verzeichnet diese Publikation in der
Deutschen Nationalbibliographie; detaillierte bibliographische Daten
sind im Internet über http://dnb.d-nb.de abrufbar.

Diese Arbeit wurde 2012 von der Universität Hamburg
als Dissertation angenommen.

ISBN 978-3-8309-2877-5

© Waxmann Verlag GmbH, Münster 2013

www.waxmann.com
info@waxmann.com

Umschlaggestaltung: Anne Breitenbach, Tübingen

Gedruckt auf alterungsbeständigem Papier,
säurefrei gemäß ISO 9706

Printed in Germany

Für Christian,
Elisabeth, Johanna, Konrad und Dorothee

Vorwort

Die vorliegende Untersuchung wurde im Wintersemester 2011/12 am Fachbereich Evangelische Theologie der Fakultät für Geisteswissenschaften an der Universität Hamburg unter dem Titel »Familie im Wandel. Kulturwissenschaftliche, soziologische und theologische Reflexionen zu einer Lebensform« als Dissertation angenommen.

Professor Dr. Michael Moxter (Hamburg) verdanke ich seit meiner Studienzeit in Frankfurt am Main entscheidende theologische Impulse; es hat mich besonders gefreut, dass er das Vorhaben dieser Arbeit von Anfang an gefördert und durch kritische Rückfragen begleitet hat. Ihm danke ich für die Übernahme des Erstgutachtens. Professor Dr. Jörg Dierken (Halle) danke ich für die Übernahme des Zweitgutachtens.

Werner Schneider-Quindeau verdanke ich die Anregung, den Wandel der Familie zum Gegenstand einer theologischen Dissertation zu machen. Seine Bereitschaft, die Thesen dieser Untersuchung immer wieder zu diskutieren und meine theologischen Positionen gründlich zu hinterfragen, hat meine Arbeit an diesem Buch bereichert.

Hergen Hillen und Bettina Moll danke ich für die sorgfältigen Korrekturen und meinem Ehemann Christian Kopf für die Vorbereitung der Druckvorlage. Alexandra Gebbe danke ich für ihre freundliche und geduldige Betreuung der Drucklegung von Seiten des Waxmann Verlages. Mein Dank gilt auch der Evangelischen Kirche in Hessen und Nassau, die diese Veröffentlichung durch einen Druckkostenzuschuss unterstützt.

London/Bad Homburg, im März 2013   Anke Spory

Inhalt

Schlussbetrachtung

Einleitung

1. Problemstellung

Wer heute von Familie spricht, der tut dies in Anerkennung dessen, dass sich familiäre Strukturen verändert haben. Heutzutage muss sich die Familie strukturell zwischen unterschiedlichen Anforderungen und Erwartungshaltungen positionieren. Häufig wird ein Verlust des Wertes der Familie impliziert oder gar die Auflösung dieser Lebensform prognostiziert. Der Wandel der Familie zeigt sich anscheinend als Verlust von Selbstverständlichkeiten und weist auf ein Phänomen hin, das für den sozialen Wandel im 21. Jahrhundert generell gelten kann: Der »Umgang mit Ungewissheit wird zur Herausforderung kultureller Sinndeutungen, institutioneller Ordnungsfragen und Figurationsformen des Sozialen.«[1] Offen ist die Frage, ob veränderte Familienrealitäten zugleich als Indiz für einen Bedeutungswandel des Familienbegriffs oder gar als Bedeutungskrise von Familie beurteilt werden können. Die Familienstrukturen gelten jedenfalls gegenwärtig als Indikator für die Typik und Tiefe eines sozialen Umbruchs und werden als »Seismographen einer fundamentalen Verschiebung in der Tektonik des gesamten Sozialsystems«[2] angesehen. Die vorliegende Arbeit nimmt die auch theologisch immer wieder vertretene Rede über die Krise von Ehe und Familie[3] zum Anlass, nach den spezifischen Veränderungen zu fragen, denen das Verständnis von Familie sowohl individuell als auch gesellschaftlich unterliegt.

Theologisch ist die Wahrnehmung und Bewertung dieser Veränderungen auch deshalb von Bedeutung, weil sie wesentliche Grundfragen der theologischen Anthropologie berühren. Die theologisch begründeten Annahmen über das Wesen des Menschen, seine Geschöpflichkeit und Leiblichkeit, das Verhältnis von Sozialität und Subjektivität waren stets immer auch ein Ausgangspunkt theologischer Überlegungen zum Thema Ehe und Familie. Vor dem Hintergrund der Auslegung der Schöpfungsgeschichten der Genesis kommt der Institution der Ehe eine besondere Bedeutung zu, da sie als anthropologisches Faktum oder Urdatum[4] verstanden wird. In der evangelischen Theologie hat das Verständnis von Ehe und Familie als eine von Gott gestiftete Schöpfungs-

---

1 Von Soosten 2006, 2190.
2 Lange/Lüscher 1996, 229.
3 Vgl. Honecker 1990, 151: »Die Krise von Ehe und Familie wurzelt jedenfalls in einer umfassenderen veränderten Lebenseinstellung und Werthaltung.«
4 Ders., 173.

ordnung eine lange Tradition, die als unveränderliche Grundordnung für das Zusammenleben der Menschen verstanden wird. Innerhalb der gegenwärtigen Sozialethik wird indes die Wahrnehmung von Ehe und Familie als kulturellen Gestaltungen sowie ihre historische Bedingtheit und Begrenztheit anerkannt.[5] Gleichwohl wird die historische und kulturelle Prägung von Ehe und Familie vor dem Hintergrund der theologischen Anthropologie relativiert, weil angenommen wird, dass nur die Konstanten in der Natur des Menschen jene »erstaunliche Gleichförmigkeit der Institutionenbildung trotz anderweitig großer Unterschiede der kulturellen Lebenswelten« erklären können.[6]

Die Bedeutung, die der Ehe und der Familie theologisch zugewiesen wird, hängt wesentlich von der Frage ab, wie das Verhältnis von anthropologischen Grundstrukturen und deren kultureller Ausgestaltung bestimmt wird. Wenn heute von einem Bedeutungswandel von Ehe und Familie gesprochen wird, drängt sich die Frage auf, nach welchen historischen Referenzpunkten diese Einschätzung geschieht. Welche gesellschaftlichen, kulturellen und historischen Entwicklungen werden für den Bedeutungswandel verantwortlich gemacht? Wie lassen sich die Wechselwirkungen zwischen dem sozialen Wandel und einer Veränderung von Lebenseinstellungen verstehen?

Mit Blick auf die historische Entwicklung ist festzustellen, dass sich nicht nur das Verständnis von Familie verändert hat, sondern auch das der Beziehungen zwischen den Generationen und zwischen den Geschlechtern. Sowohl das Geschlechter- als auch das Generationenverhältnis ist Teil des gesellschaftlichen Wandels. Familie ist nicht nur privat, sondern in ihr reflektieren sich ökonomische Veränderungen, sie ist Gegenstand von staatlichen und damit rechtlichen Regelungen, die wiederum kirchliche Handlungsvollzüge entscheidend prägen. Die These vom Wandel der Familie beruht im Wesentlichen auf der Erkenntnis, dass sich Wirtschaftsstrukturen, Beschäftigungsmuster und Bildungsverläufe verändert haben und so das traditionelle Geschlechterarrangement (»Versorgerehe«) unter Funktions- und Legitimationsdruck stellen. Anzusetzen ist also bei der Prämisse, dass Familie nicht als isolierter Gegenstand betrachtet werden kann, sondern die Wechselwirkungen zwischen Familie und Gesellschaft in den Blick genommen werden müssen.

---

5 Vgl. Körtner 2008, 273ff.; Honecker 1995, 152 und Keil 1982.
6 Pannenberg 1983, 399.

Die Beschreibung der veränderten Lebenswirklichkeit, die soziologisch als sozialer Wandel aufgefasst werden kann, kann sich allerdings nicht allein darauf konzentrieren, nach den funktionalen Veränderungen zu fragen, denen die Familie unterliegt. Auch kann sie die Analyse von sozialen Prozessen und Strukturen nicht als alleinige Zugangsweise zur Erklärung von Wirklichkeit privilegieren. Ebenso muss die Frage nach der subjektiven Bedeutung, die Familie für den Einzelnen hat, aufgenommen und auf ihre möglichen Veränderungen hin befragt werden. Die Analyse der kulturellen Phänomene hat hier eine besondere Relevanz, denn die Bedeutung, die der Einzelne Partnerschaft und Familie zuweist, ist abhängig von den Erfahrungsmustern, Erwartungen, sozialen und symbolischen Ordnungen, in die menschliches Handeln eingebettet ist. Diese Einsicht berührt die Frage nach den Bedeutungszusammenhängen, innerhalb derer Menschen ihr Zusammenleben organisieren und mit Sinn ausstatten. Hier muss nach den soziokulturellen Leitideen gefragt werden, die sowohl der Arbeitsteilung zwischen Männern und Frauen als auch den Vorstellungen von günstigen Lebensbedingungen für Kinder zugrunde liegen. Obwohl es bestimmte vorgegebene Strukturen gibt, erhält vieles von dem, was natürlicherweise dem Mensch als Struktur festgelegt ist, erst durch die individuellen Sinnzuschreibungen eine Bedeutung, mit denen diese Strukturen in konkreten Handlungszusammenhängen belegt werden. In der vorliegenden Arbeit geht es darum, Werte und Leitbilder zu identifizieren, die in Form von Normen in institutionellen Systemen und in individuellen Einstellungen verankert sind. Die Perspektive der historischen Kulturanthropologie leistet zur Erfassung kultureller Praktiken, Bedeutungen und Mentalitäten einen wichtigen Beitrag. Mit einer historischen Analyse können diese im Konkreten erfasst werden. Der Wandel der Familie bewegt sich an der Schnittstelle verschiedener Diskurse: Es geht um das Verhältnis der persönlichen Lebensführung und gesellschaftlicher Ordnungsstrukturen, um die Veränderungen institutionalisierter Geschlechterbeziehungen und deren Relation zum Wandel von Arbeit sowie um die Ausdifferenzierungen familiärer und nicht familiärer Lebensformen.

Die dieser Arbeit zugrunde gelegte These lautet, dass der Vergleichspunkt, von dem aus der heutige Bedeutungswandel wahrgenommen wird, sich auf ein Familienbild bezieht, dass sich historisch zwischen dem 16. und 19. Jahrhundert herausgebildet hat. In dieser Zeit kristallisierte sich eine Familienform heraus, die bis ins 21. Jahrhundert hinein das Bild von Familie bestimmt, das sich in wissenschaftlichen Fragestellungen, rechtlichen Ausprägungen und kulturellen, narrativen sowie ikonischen Darstellungsformen ausdrückt. Dieser Bedeutungswandel ist zudem eng mit dem des Verständnisses von Arbeit verknüpft. Letzterer lässt sich allerdings nur unzureichend auf die vermehrte Erwerbsbeteiligung von Frauen zurückführen, denn hier spielen vielmehr gesellschaftliche Leitbilder eine Rolle, die das Verhältnis von Erwerbstätigkeit und Fürsorgearbeit prägen und diesen beiden Tätigkeiten unterschiedliche soziale Räume zuweisen.

Welche Bedeutung Ehe, Familie und Kindererziehung beigemessen wird, unterliegt wie alle kulturellen Phänomene dem historischen Wandel. Die historische Perspektive erfüllt hierbei eine Orientierungsfunktion, denn sie schafft den Freiraum, »Selbstverständlichkeiten zu hinterfragen und sie in ihrer Nicht-Selbstverständlichkeit herauszustellen. Damit zeigt sie, wie kulturelle Ordnungen zu bestimmten Zeiten und in bestimmten sozialen Konstellationen herausgebracht wurden.«[7] Dem Rechtssystem als wichtiger gesellschaftlicher Institution, die das Zusammenleben von Menschen »regelt« wird in dieser Arbeit besondere Aufmerksamkeit zuteilwerden, denn in ihm spiegeln sich zum einen die Veränderungen auf der kulturellen Ebene, zum anderen ist oder kann es selbst ein Instrument des sozialen Wandels sein.

Die Leistung der kulturhistorischen Perspektive im Allgemeinen und konkret in dieser Arbeit mit Blick auf das Phänomen Familie ist eine verschärfte Wahrnehmungsfähigkeit für die eigene soziale Wirklichkeit und deren Veränderbarkeit, denn wie 1949 bereits die Anthropologin Margaret Mead feststellte: »We can design forms of the family that fit our modern life better if we know what designs have been used in the past.«[8]

2. Familie als Thema evangelischer Theologie

Entgegen dem Diktum Karl Barths, dass die Familie für die christliche Theologie kein interessanter Begriff sei,[9] ist innerhalb der evangelischen Theologie die Auseinandersetzung um Ehe und Familie immer geführt worden, wie ein Blick in verschiedene theologische Positionen zeigt, wobei hier eine Konzentration auf das Thema der Ehe zu verzeichnen

7 Landwehr/Stockhorst 2004, 16.
8 Mead 1949, 15.
9 Barth 1951, 271.

ist.[10] Im Zuge der Debatte um die Pluralisierung der Lebensformen ist es in den 1980er und 1990er Jahren verstärkt zu einer Diskussion um die Stellung von Ehe und Familie gegenüber anderen, sowohl familiären als auch nicht familiären Lebensformen gekommen;[11] die von Ulrich Beck und Elisabeth Beck-Gernsheim vertretene Individualisierungsthese und deren Implikationen für Partnerschaft und Familie haben im Zuge dessen Eingang in die theologische Auseinandersetzung gefunden.[12] Im religionspädagogischen Bereich liegen neuere Untersuchungen zur Begründung einer religionspädagogischen Theorie der Familie[13] vor sowie eine Analyse von Trauansprachen vor dem Hintergrund eines veränderten Eheverständnisses.[14] In der Untersuchung »Freiheit der Ehe« wird für ein zweckfreies Verständnis der Ehe plädiert, die sie vor allem gegenüber der Glücksideologie und dem Konsumzwang abgrenzen will.[15] Im systematisch sozialethischen Fachgebiet kann eine Hinwendung auf lebensalterspezifische Auseinandersetzungen beobachtet werden.[16]

In der vorliegenden Arbeit sollen wichtige Impulse zur Debatte über den Wandel der Familie mit Blick auf die theologische Ethik reflektiert und die daraus hervorgehenden Herausforderungen für eine theologische Ethik formuliert werden. Im Zentrum der Rekonstruktion der Auseinandersetzungen steht der Zusammenhang zwischen Familie und Gesellschaft, der durch die Integration verschiedener wissenschaftlicher Disziplinen notwendigerweise interdisziplinär zu betrachten ist. Der Zugang zum Thema Familie umfasst kulturhistorische und sozialwissenschaftliche Perspektiven; zugleich ist ein Verständnis darüber notwendig, wie Mythen über die Lebensform Familie entstehen und welchen Anteil sie an der Bildung individueller und kollektiver Identitäten haben. Dabei steht die Zielsetzung im Mittelpunkt, die komplexen Wechselwirkungen zwischen wohlfahrtsstaatlichen Ordnungen, innerfamilialen Sorgebeziehungen und veränderten Geschlechterverhältnissen darzustellen und diese in einem größeren Zusammenhang, nämlich

10 Vgl. Keil 1982.
11 Keil/Haspel 2000; Karle 2006; Kuhlmann 2004.
12 Vgl. Huber 2006; Nord 2001.
13 Vgl. Domsgen 2004; Ulrich-Eschemann 2005.
14 Vgl. Prößdorf 1999.
15 Vgl. Wannenwetsch 1993.
16 Vgl. Surall 2009; Schneider-Flume 2010; Kumlehn/Klie 2009; Kaatsch/Rosenau/ Theobald 2006.

dem des sozialen und kulturellen Wandels zu betrachten und zu interpretieren.

Die Integration verschiedener wissenschaftlicher Disziplinen in Bezug auf den Themenbereich der Familie in den Mittelpunkt zu stellen, kann für die evangelische Theologie in zweifacher Hinsicht ein Gewinn sein: Zum einen steigert die Theologie ihre Wahrnehmungsfähigkeit für soziale Lebensformen, insbesondere hinsichtlich Familie, zum anderen kann sie aus dieser Perspektive eigene Bilder von Familie kritisch hinterfragen. Die Reflexion der unterschiedlichen Kontexte, in denen Familie verortet wird, kann zu einem umfassenderen Verständnis von Lebensvollzügen beitragen und zu einer höheren Präzision des theologischen Nachdenkens über Familie verpflichten.

Aus diesem Grund wird das Thema »Familie im Wandel« aus kulturwissenschaftlicher und soziologischer Perspektive erörtert. Hier muss jedoch danach gefragt werden, wie die institutionellen und symbolischen Dimensionen von Geschlechterbeziehungen und Geschlechterdifferenz in den Blick genommen werden können, um eine Verengung auf eine individualethische Perspektive zu vermeiden. Dies entspricht einer Notwendigkeit, die sowohl in der theologischen als auch in der sozialwissenschaftlichen Forschung offen formuliert worden ist: So konstatiert Martin Honecker, dass die Sozialethik die Familienethik nicht unabhängig von der Gesellschaft insgesamt begreifen könne.[17] Reiner Anselm betont in seiner Bestimmung der Aufgabe der Sozialethik die Dringlichkeit von empirisch fundierten sozialethischen Überlegungen, die den auf Dauer angelegten Partnerschaften »eine eigenständige Funktion in der Gesellschaft zumisst und zugleich das Verhältnis von Kindererziehung, Lebenspartnerschaft und Gesellschaft auf eine tragfähige Grundlage stellt.«[18] In der Sache ähnlich hält Franz-Xaver Kaufmann kritisch für die Familiensoziologie fest: »Es fehlt jedoch weitgehend an tragfähigen Brückenkonzepten, um gesamtgesellschaftliche und familiale Veränderungen angemessen zu verknüpfen.«[19]

Die Notwendigkeit, theologisch die Wechselwirkungen von Familie und Gesellschaft zu untersuchen, kann allerdings nicht dahingehend eingeengt werden, ausschließlich nach der empirischen Valenz und funktionalen Begründung von Familie für die Gesellschaft zu fragen. Die Perspektiven eines evangelischen Verständnisses von Familie liegen

17 Honecker 1990, 187.
18 Anselm 2007, 247.
19 Kaufmann 1988, 392.

vielmehr in der Integration sozialwissenschaftlicher und kulturanthropologischer Zugänge, die die veränderten Bedeutungskonstruktionen im historischen Prozess deskriptiv wahrnehmen.

3. Methodisches Vorgehen und Aufbau der Arbeit

Die vorliegende Arbeit beschreibt vor diesem Hintergrund im ersten Teil in Kapitel I die historisch kulturanthropologischen Fragestellungen zum Thema Familie. Kapitel II zeichnet unter einer sozialhistorischen Perspektive die Entwicklung und die Bestandteile des bürgerlichen Leitbildes von Familie nach, die bis heute die Diskurse über Familie sowohl in der Soziologie als auch in der Theologie prägt. Zugrunde gelegt ist hierbei eine kulturtheoretische Deutung der Moderne. Die Diskussion über die sozialhistorische Entwicklung der Familie legt offen, dass das jeweilige Familienbild sowohl abhängig von gesellschaftlichen und ökonomischen Veränderungen als auch von einer spezifischen Deutung des Geschlechtsverhältnisses ist. Hierbei ist insbesondere die eigene historische Bedingtheit von Kindheit wahrzunehmen, da sie ein entscheidender Baustein des sich verändernden Familienbildes im 21. Jahrhundert ist. Kapitel III erörtert dann, wie sich das Verständnis von Kindheit im 18. und 19. Jahrhundert verändert hat.

Der zweite Teil der Arbeit greift zur Beschreibung des gegenwärtigen sozialen und kulturellen Wandels der Familie auf zentrale soziologische Diskussionen zurück, die diesen Wandel empirisch und theoretisch beschreiben. Es wird die Frage analysiert, in welchen gesellschaftlichen Diskursen das Thema Familie aufgenommen wird. Zugleich geht es um die Klärung der wechselseitigen Prägung von sozialer Praxis und veränderten Familienbildern. Den sozialwissenschaftlichen Diskussionen an dieser Stelle Raum zu geben, heißt ernst zu nehmen, dass die Ethik in der Realität Fuß fassen muss,[20] um das besondere Konfliktpotenzial ethischer Problemlagen in der Gegenwart adäquat erfassen zu können; zugleich weitet die Sicht auf Familie im Zusammenhang mit der Gesellschaft den Frage- und Erkenntnishorizont im Bezug auf den familiären Wandel.

Kapitel I dieses Teils widmet sich der Diskussion der Pluralisierung der Lebensformen und arbeitet die Veränderungen heraus, die sich im

---

20 Rendtorff 1990, 59.

Kontext der Lebensformen ergeben haben. Die in diesem Zusammenhang entstandene Diskussion um die Vereinbarkeit von Familie und Beruf leitet sich aus der im ersten Teil herausgearbeiteten historischen Struktur der geschlechtsspezifischen Arbeitsteilung ab, die dem Mann kulturell und normativ die Aufgabe der Erwerbsarbeit zuwies. Die Thematisierung unterschiedlicher Wohlfahrtspolitiken wird hinsichtlich der diesen zugrunde liegenden soziokulturellen Leitbilder analysiert und die Frage aufgegriffen, wie und welche Familienbilder gesellschaftlich und politisch verankert sind. Schließlich wird das Aufwachsen von Kindern in familiären und institutionellen Formen thematisiert, da dem Verhältnis von Fürsorgearbeit und Erwerbsarbeit nicht ausschließlich auf der Ebene der Erwachsenen eine Relevanz zukommt. Die Frage der Vereinbarkeit von Familie und Beruf sowie die damit verbundene Frage nach der Fürsorge und Erziehung werden hier als zwei wichtige Kristallisationspunkte für die Wahrnehmung eines bestimmten Familienbildes diskutiert.

Mit dem ersten und zweiten Teil wird die Absicht verfolgt, die Kontexte zu benennen, die für eine tragfähige Wahrnehmung von Familie für die Theologie relevant sind. Die Intention ist, den Bedeutungswandel, dem die Familie nicht nur *heute*, sondern seit Beginn der Moderne unterliegt, nicht ausschließlich im Rekurs auf die letzten zwanzig bis dreißig Jahre deutlich zu machen, wo der Wandel der Familie immer wieder konstatiert wird, sondern ihn mit einer langfristigen historischen Entwicklung zu korrelieren. Dieses Vorgehen macht deutlich, wie sich das heute zur Debatte stehende Verständnis von Familie aus einem historisch gewachsenen Familienmodell des 19. Jahrhunderts ableiten lässt. Jene Perspektive erlaubt es zum einen, das Thema Familie aus der Krisenrhetorik herauszunehmen, wenn anerkannt wird, »dass der Vergleichszustand unserer Krisendiagnosen sich auf eine relativ kurze Zeitspanne, nämlich in der Bundesrepublik auf die späten fünfziger und die frühen sechziger Jahre bezieht«,[21] einer Zeit also, die durch den Nachkriegsaufschwung zu besonders günstigen Makroindikatoren familialer Stabilität geführt hat. Zum anderen erlaubt diese Perspektive, die Kernpunkte für die Veränderung sozialer Praktiken und deren Einbettung in kulturelle Leitbilder deutlicher wahrzunehmen.

Im dritten Teil werden theologische Positionen des 20. Jahrhunderts zum Themenbereich von Ehe und Familie diskutiert. Mit Karl Barth

---

21 Kauffmann 1988, 402.

und Trutz Rendtorff werden zwei theologische Konzeptionen aufgenommen, die als grundlegende Modelle bzw. Zugänge der evangelischen Theologie zum Thema Ehe und Familie gelten können.[22] Die reformierte Tradition, in der Barth steht, begründet Ehe und Familie bundestheologisch und christologisch. Die lutherische Tradition, in der Rendtorff steht, stellt die Institution der Ehe in den Vordergrund. Rendtorffs Position ist im bewussten Gegensatz zu Karl Barths christologischer Grundlegung der Ethik sowie zu dem von ihm vertretenen Fundierungsverhältnis von Dogmatik und Ethik entworfen worden.[23] Beide Positionen divergieren darüber hinaus sowohl im Zuschnitt als auch in der Zugangsweise. Wird bei Karl Barth die Ethik mit der Gotteslehre und Christologie begründet, so geht Trutz Rendtorff von der phänomenologischen Erfassung der Lebenswirklichkeit aus. Gegenstand der Ethik ist nach Karl Barth das Handeln Gottes, bei Rendtorff steht das Handeln des Menschen im Mittelpunkt. Gerade aus dieser Gegensätzlichkeit können für die Bearbeitung des Themas wichtige Ansatzpunkte gewonnen werden. In Kapitel IV des dritten Teils werden die durch die Evangelische Kirche in Deutschland (EKD) publizierten Stellungnahmen zu Ehe und Familie diskutiert, die sich ausdrücklich als kirchlicher Beitrag im Prozess der öffentlichen Meinungsbildung verstehen. Vor dem Hintergrund der erarbeiteten kulturanthropologischen und sozialwissenschaftlichen Perspektiven ist die Diskussion der theologischen und kirchlichen Positionen von der Frage geleitet, in welchen thematischen Zusammenhängen Geschlechter- und Generationenverhältnisse diskutiert und theologisch begründet werden. Welche Bedeutung wird historischen Prozessen und kulturellen Bedeutungsverschiebungen zugeschrieben? Welche Bilder von Ehe und Familie werden aufgenommen und wie wird der Einfluss des sozialen und gesellschaftlichen Wandels bestimmt? Den exemplarisch ausgewählten Positionen des 20. Jahrhunderts wird ein Kapitel über die Grundlegung des evangelischen Familienverständnisses vorangestellt, das sich auf Martin Luther bezieht. Dies geschieht aus dem einfachen Grund, dass Martin Luthers Position zentraler Referenzpunkt des theologischen Nachdenkens über Ehe und Familie ist, weil er das spezifisch evangelische Profil dieser Fragestellung gegenüber der katholischen Auffassung paradigmatisch begründet hat.

22 Vgl. Kreß 1999.
23 Vgl. Honecker 1990, 31.

Im vierten Teil geht es schließlich um die Frage, welche Erkenntnisse aus der geführten Diskussion für ein theologisches Verständnis von Familie gewonnen werden können. Dieser Teil argumentiert grundsätzlich für eine Öffnung von Wahrnehmungszusammenhängen. Wenn Familie nicht mehr als vor-politische »natürliche« Einheit verstanden werden kann, sondern als eine Lebensform, die sowohl der historischen Veränderung als auch der kulturspezifischen Gestaltung unterliegt, so hat dies Konsequenzen für die theologische Anthropologie. Anstatt die universale Gültigkeit einer Lebensform zu behaupten, ist eine Hinwendung zur Lebenswelt notwendig. Familie wird mit ihr als kulturelle Aufgabe verstanden, die durch ein intentionales Familienverständnis bestimmt ist. Theologisch können dann die Handlungen reflektiert werden, die zum gelingenden Aufbau einer gemeinsamen Lebenswelt in Paarbeziehungen und Familien beitragen. Eine weitere Öffnung des Wahrnehmungszusammenhangs ergibt sich bei der Verhältnisbestimmung von Erwerbs- und Fürsorgearbeit. Familie kommt im Kontext von Gesellschaft und Wohlfahrtsstaat in den Blick, die wesentlich diese beiden Arbeitsbereiche strukturiert. Die Trennung zwischen Privatsphäre und öffentlicher Sphäre kann weder entlang des Geschlechterverhältnisses noch in der Hierarchisierung verschiedener Tätigkeiten aufrechterhalten werden. Deren Unterscheidung ist aber gleichwohl als die der Freiheit dienende Grenzziehung beizubehalten und theologisch als notwendige Wahrung der Autonomie von Familie zu begründen. Ein letzter Beitrag der theologischen Ethik für die Wahrnehmung von Familie liegt in der Ausweitung der Perspektive auf Generationenbeziehungen. Hier können aus der biblisch-theologischen Tradition wertvolle Anknüpfungspunkte gewonnen werden, die auf die gegenseitige Angewiesenheit der Generationen im Sinne der Zukunftssicherung und der Tradierung von Erfahrungen verweisen. Die in den Generationenbeziehungen angelegten Spannungsfelder von Nähe und Distanz, von Autonomie und Abhängigkeit weisen dabei sowohl auf die identitätsstiftenden als auch ambivalenten Erfahrungen im Zusammenleben hin und tragen damit zu einem lebensnahen Bild von Familie bei.

Erster Teil

Zur Genese der Familie
in der Moderne

Kapitel I
Partnerschaft, Ehe und Familie als Thema
in der historischen Kulturanthropologie

1. Historisch-kulturanthropologische Fragestellungen

Die Sozialgeschichte hat sich lange Zeit den gesellschaftlichen Strukturen, politischen Ereignissen und sozialen Formationen zugewandt, um
Aussagen über die Vergangenheit zu treffen.[1] Die Beiträge dieser Sozialgeschichte sind Rekonstruktionen von politischen, kulturellen oder
wirtschaftlichen Strukturen zur Erklärung bestimmter Gesellschafts-
strukturen. Die Aufmerksamkeit für den Umstand, dass es neben den
gesellschaftlichen Strukturen noch andere Faktoren gibt, die die soziale Welt prägen, ist dem Einfluss der Mentalitätengeschichte zu verdanken, wie sie durch die Historiker Georges Duby und Jacques Le Goff
vertreten wird. Sie betrachten neben der Analyse der materiellen Strukturen die geistigen Phänomene als ebenso determinierend wie ökonomische oder demografische Faktoren. Duby greift zur Erfassung dieser Phänomene auf den Begriff Ideologie zurück und bestimmt diese
als ein »von Fall zu Fall unterschiedliches System von Bildern, das seine
je eigene Logik und seine je eigene Strenge besitzt.«[2] Es sind die Bilder,
die sich eine Gesellschaft von sich selbst macht, die ihre Vorstellungen
von Verwandtschaft, Ehe und Familie sowie der Rolle der Frau prägen.
Mit diesem methodischen Zugriff verschiebt sich das Erkenntnisinter-
esse zugleich von den Sozialstrukturen zu den Praktiken und zum Verhalten im Alltag.
    Die Erweiterung der strukturgeschichtlichen Ansätze um Fragen der
Anthropologie hat zur Ausgestaltung einer historischen Kulturanthropologie geführt,[3] in der nach Einstellungen der Menschen und deren
Umsetzung in bestimmte Wertesysteme gefragt wird. Damit erhalten die Deutungen, die Menschen ihrem Leben geben, eine wesentliche Bedeutung zur Rekonstruktion der Geschichte, ebenso auch das,
was bislang als »privat« galt und nun zum Gegenstand historischer For-

---

1   Exemplarisch: Wehler 1987/1995.
2   Duby 1990, 33.
3   Vgl. Reinhard 2006, 9–39; Dressel 1996, 59–71.

schung werden kann.[4] Grundsätzlich fasst Duby diesen Zusammenhang so: »Wie alle lebendigen Organismen haben die menschlichen Gesellschaften eine Tendenz, sich im Rahmen stabiler Strukturen zu reproduzieren, um ihre eigene Existenz zu sichern. Die Dauerhaftigkeit dieser Strukturen wird in den menschlichen Gesellschaften gemeinsam von Natur und Kultur gewährleistet. Deswegen ist nicht nur die Reproduktion von Individuen wichtig, sondern auch die des kulturellen Systems, das diese Individuen vereint und ihre Beziehungen reguliert.«[5] Als kulturelles System versteht Duby in diesem Zusammenhang das System der Verwandtschaft, in dessen Zentrum Regulierungsmechanismen für die Ehe stehen. Die Verschiebung des Interesses auf kulturelle Praktiken erlaubt Rückschlüsse auf die mit der Methode verfolgten Ziele, wiewohl die kulturanthropologische Perspektive auch die Ordnungsleistung kultureller Praktiken herausstellt.

Mit dieser Annäherung der Geschichtswissenschaft an die Anthropologie hat sich eine Wende vollzogen, die nun nicht mehr ausschließlich nach den objektiven Strukturen einer Kultur, einer Gesellschaft oder eines geografischen Raumes fragt, sondern die Bedeutungen und Interpretationen der Individuen mit in die historische Analyse einbezieht. Damit werden Erfahrungen thematisierbar, die in der historischen Arbeit bis dahin weitgehend ausgeblendet wurden: Geschlecht, Geburt, Tod, Leiblichkeit, das Verhältnis zur Umwelt/Natur oder Kindheit konnten so als Themenfelder relevant werden, die in allen Kulturen einer spezifischen Gestaltung unterliegen.[6]

Die Perspektive der historischen Kulturanthropologie ermöglicht es auch, Phänomene der wissenschaftliche Analyse zu unterziehen, die aus einer Sozialstrukturanalyse herausfallen, wie dies lange Zeit mit dem Thema des Geschlechterverhältnisses geschehen ist: »Die unterstellte Ahistorizität von Geschlechterbeziehungen kommt vor allem darin zum Ausdruck, daß man Frauenbilder und Frauenrollen, die Frauen auf ihre ›natürliche Bestimmung‹ als Mutter, Ehe- oder Hausfrau festlegen, hinnimmt.«[7]

Setzt die historische Kulturanthropologie bei den Erfahrungen und Bedeutungen im menschlichen Leben ein, so wirft sie die Frage auf, »wie weit das kulturell Besondere eine Variante des allgemein Menschlichen

4 Vgl. Wunder 1993, 7ff.
5 Duby 1993, 7.
6 Vgl. Dressel 1996, 62ff.
7 Wunder 1993, 7.

sein mag.«[8] Es ist die Frage, wie Natur und Kultur, wie die Universalität menschlicher Erfahrungen und deren kulturelle Prägung gewichtet werden.

Der Historiker Jochen Martin spricht von »menschlichen Grundphänomenen«[9], die aber nicht im Sinne anthropologischer Konstanten verstanden werden können, als ob sie schon immer und überall gleich wären. Vielmehr untersucht die historische Kulturanthropologie die universalen Problemstellungen »unter dem Gesichtspunkt der Zeitlichkeit«[10], d. h. sie fragt nach der Gestaltung menschlicher Grunderfahrungen vor dem Hintergrund ihrer geschichtlichen Veränderbarkeit.

Das Thema Familie vor dem Horizont kulturwissenschaftlicher Fragestellungen aufzunehmen ermöglicht eine Arbeit der Rekonstruktion und des Verstehens. Wie äußern sich kulturelle Besonderheiten, in welchen Formen und Kontexten werden sie figuriert? In welche Rituale, Regelungen und Bilder sind sie eingelagert? Dabei kommt dem Alltäglichen und der sozialen Praxis eine bedeutende Rolle zu, die als »affirmation of ordinary life«[11] gekennzeichnet werden kann. An ihr können die Transformationen kultureller Praktiken beobachtet werden, wie das nächste Kapitel zeigen wird.

2. Bedeutungswandel der Familie

Der amerikanische Historiker John Gillis beschreibt die zeitgenössische Wahrnehmung der Familie wie folgt: »Viele Aspekte des modernen Familienlebens verändern sich; das einzige, was sich nie zu ändern scheint, ist die Ansicht, dass die Familie nicht mehr so ist wie früher.«[12] In der Tat haben die Bilder von dem, wie Familie früher war, einen entscheidenden Anteil daran, wie Familie in der Gegenwart wahrgenommen wird. Oft dient der Rekurs auf die Vergangenheit als legitimatorische Ressource, um die Geltung eines bestimmten Familienbildes zu begründen. Nicht erst heute wird unter Rückgriff auf das bürgerliche Familienideal ein bestimmtes Familienbild verklärt. Auch

---

8   Reinhard 2006, 39.
9   Martin 1994, 42.
10 Ebd.
11 Taylor 1989, 209.
12 Gillis 1997, 19.

Transformationen, die sich im Übergang von der vorindustriellen zur modernen Familie ergeben haben, liefern ein reiches Bildrepertoire über die Familie in früheren Epochen und haben damit nicht nur die Forschungsgeschichte, sondern auch das Alltagswissen über Familie bis heute geprägt. Es gibt einige instruktive Beispiele für diese Vergangenheitsorientierung der Familienbilder und die damit einhergehenden Generalisierungen und Normierungen. »Noch vor 20 Jahren hätte ein Historiker, der die Geschichte der Familie seit dem 16. Jahrhundert nachzeichnete, den langsamen Siegeszug der modernen Kernfamilie in Europa als Auswirkung des wirtschaftlichen Wandels und der ›Modernisierungsmaßnahmen‹ in den einzelnen Staaten dargestellt. Die Vorstellung eines Übergangs von der traditionellen Familie, die durch weitläufige und komplexe Hausgemeinschaften gekennzeichnet ist, zur Kleinfamilie von heute [...] war fester Bestandteil der meisten soziologischen Theorien.«[13] Diese einleitenden Bemerkungen nehmen die These kritisch auf, dass sich die »moderne Kleinfamilie« kontinuierlich aus der vorkapitalistischen Großfamilie in Mittel- und Westeuropa entwickelt habe. Bis in die 1970er Jahre hinein ging die Familiensoziologie davon aus, dass der Typ »des ganzen Hauses« die vorherrschende Familienform gewesen sei.[14] Dass in den Anfängen der Familiensoziologie überhaupt nach den historischen Familienformen gefragt wurde, kann auf das Aufkommen ethnologischen Materials zurückgeführt werden, das nahelegte, sich von der metaphysischen Begründung von Familie zu verabschieden und nach der Entwicklung der Familie oder ihrem Ursprung zu fragen.[15] Diese Einsichten sind durch die historische Familienforschung korrigiert worden, denn wie die Untersuchungen von André Burgière und François Lebrun[16] zeigen, muss man von einer Vielzahl unterschiedlicher Familienmodelle in Europa ausgehen, die sich vor allem unter der Frage differenzieren lassen, ob der Familie eine Produktionsfunktion zukam oder nicht.[17]

Heide Wunder hat den Zusammenhang von Familienform und Produktionsfunktion unter dem Blickwinkel analysiert, inwieweit der Wandel der Ehe im 14. und 15. Jahrhundert zum Wandel der Arbeit in Beziehung steht. Bis ins 14. Jahrhundert hinein war die Ehe zwar

13 Burguière/Lebrun 2005, 24.
14 Nave-Herz 2006, 38.
15 Vgl. Dies. 1998, 287.
16 Vgl. Burguière/Lebrun 2005, 13–119.
17 Vgl. Nave-Herz 2006, 46ff.

eine anerkannte gesellschaftliche Institution, aber sie stand nicht allen Männern und Frauen als Lebensform offen, denn über die Ehe wurde vor allem die Verteilung von Besitz und Vermögen geregelt. Erst die Zunahme von Lohnarbeit erlaubte es, unselbstständigen Männern und Frauen, ohne die Zustimmung der Eltern oder des Brotherren sowie ohne Rücksicht auf Erbe und Besitz eine Ehe einzugehen. Die Grundlage dieser Ehen war dann die gemeinsame Arbeitskraft des Ehepaares.[18] Die seit dem 11./12. Jahrhundert zunehmende Spezialisierung von Arbeit, die zur Warenherstellung in Familienhaushalten führte, war grundlegend für ein Geschlechterverhältnis, das als wechselseitige Ergänzung zu verstehen ist. Dass der Beitrag der Frauen zur Existenzsicherung auch in der Versorgungsarbeit lag, war nicht gleichbedeutend mit einer normativen Vorstellung eines Hausfrau- und Mutterbildes: »Vielmehr sind aus den sozialen Positionen und Arbeitsrollen ›Mutter‹ bzw. ›Hausfrau‹ erst im Zusammenhang mit dem wirtschaftlich-sozialen und kulturellen Wandel seit dem 15. Jahrhundert ›Mutter als Beruf‹ [und] ›Hausfrau als Beruf‹«[19] entstanden. Die strukturellen Folgen dieses Wandels, der die Ehe zunehmend öffentlich und für mehr Menschen zugänglich machte, lagen in einer gesellschaftlichen Stabilisierung: Die Ehe wurde »zum neuen Ordnungsfaktor des entstehenden modernen Staates.«[20]

Die Forschungsarbeiten von Michael Mitterauer zielen darauf, die kulturellen Ausprägungen von Verwandtschaft im europäischen Raum hervorzuheben, die jeweils zu einem vielschichtigen Familienverständnis führten.[21] Ein Blick in die Sozialgeschichte macht also deutlich, dass ein Familienverständnis, das auf der Grundeinheit der Kernfamilie unter Führung eines heterosexuellen Paares basiert, nicht überall gegeben war, sondern ein Spezifikum der protestantischen Reformation in Westeuropa und Nordamerika darstellt.

Die Unterstellung eines einheitlichen Familientyps der vorindustriellen Zeit hat sich in der Familiensoziologie gleichwohl lange gehalten und wurde durch die Idealisierung, »dass die Familie, so wie sie ›war‹, ›eigentlich‹ auch sein müsste«[22], gestützt. Die Vorstellung, dass sich die

18 Vgl. Wunder 1992, 20; vgl. auch Kaufmann 2009, 58ff. zu den ökonomischen Veränderungen.
19 Wunder 1992, 96.
20 Dies. 1993, 23.
21 Vgl. Gestrich 2003, 3–21.
22 Böhnisch/Lenz 1997, 11.

moderne Kleinfamilie aus der traditionalen Großfamilie entwickelt hat, ist sozialhistorisch als unzutreffende Vorstellung identifiziert worden. Sie kann als »Mythos der vorindustriellen Großfamilie«[23] bezeichnet werden. Dieser wird im Folgenden kurz skizziert, weil sich eine Art »ideale« Familie in den Vorstellungskomplexen herausbildet, nach deren Maßstab bis heute Familien beurteilt werden.

Die beiden Begründer der Familienforschung, Wilhelm Riehl (1823–1897) und Frederic le Play (1808–1882), begründeten in ihren Forschungen ein ideales Bild der vorindustriellen Großfamilie, die in der Form »des ganzen Hauses« ihrer Meinung nach wesentlich zur Stabilität der Lebensform Familie beigetragen habe; sie nahmen die Entstehung der Kleinfamilien eher als Verfall der (idealen) Familie wahr.[24] Diese großfamiliale Lebensform als Zusammenleben mehrerer Generationen unter einem Dach hat es historisch so kaum in Europa gegeben, vielmehr kann man sagen, »dass die reduzierte Familie seit dem Mittelalter in einem Großteil Europas dominant ist.«[25] Belegen lässt sich diese Aussage mit der geringeren Lebenserwartung, der höheren Säuglings- und Kindersterblichkeit und mit ökonomischen Gründen. Die Lebensform der Familie ist in der Frühen Neuzeit eher als eine »Hausgemeinschaft« zu sehen, in der neben der Kernfamilie unverheiratete Verwandte und Arbeitskräfte eine *oekonomia* bildeten.[26] Dies entspricht auch der Grundbedeutung des lateinischen Wortes *familia* im Sinne aller in einem Haushalt lebenden Personen, die der Autorität des *pater familias* unterstanden, wie er in einem anderen Begriff für Familie, *domus*, sich manifestiert und ebenfalls nicht auf die verwandtschaftliche Kleinfamilie eingeschränkt blieb, sondern Sklaven, Knechte und Mägde einbezog.[27]

Es bleibt festzuhalten, dass bereits Veränderungen, die sich im Zuge der Industrialisierung für die Familien ergaben, im Rückblick als defizitär zu einem »Vorher« erscheinen, »was dazu führt, dass wir die gute Familie als ›eine verlorene Welt‹ betrachten«.[28] Bei dem Thema Familie haben wir es nicht nur mit »reinen Fakten« zu tun, sondern mit vielfachen Bildern und Metaphern, die mit unserem Untersuchungsfeld verwoben

---

23 Mitterauer 1977, 46–71; dazu auch Hettlage 1998, 37–47.
24 Vgl. hierzu Nave-Herz 2006, 14ff.; Böhnisch/Lenz 1997, 11ff.
25 Burguière/Lebrun 2005, 25.
26 Gestrich 2003, 406–487; vgl. zu den Gründen auch Burguière/Lebrun 2005, 13–119. Burguière/Lebrun differenzieren insbesondere unterschiedliche Familienmodelle in Europa.
27 Vgl. Mitterauer 2003, 95ff.
28 Gillis 1997, 13.

sind, wie z. B. der Metapher des »Verlorenen«. Es scheint ein Grundzug der Diskussionen um Familie zu sein, dass vor allem die Vergangenheit gesehen und diese im Vergleich mit der Gegenwart als positiver erlebt wird. Dieser Fokus ist ein Hinweis darauf, wie sehr die Spannungen zwischen realer und idealer Familie zugunsten des Ideals eingeebnet werden. Es ist der Verdienst der historischen Familienforschung, die sich in den 1960er Jahren stärker durchsetzte, erkannt zu haben, dass es sich bei der historischen Abfolge von Familientypen nicht »um einen Wandel in der sozialen Realität vorfindbaren quantitativ dominanten familiären Realtyp«[29] handelte, sondern um Veränderungen von Familienleitbildern. Die Ausführungen zu den Mythen zeigen zweierlei: Zum einen ist ein Verständnis dessen notwendig, wie sich familiäre Lebensformen historisch gebildet und verändert haben, um eine sachgerechte Analyse der heutigen Familie vorzunehmen. Dafür genügt es nicht, »aus der Bestandsaufnahme der Gegenwart das alte Familienbild als Kontrastbild zu extrahieren«[30]. Es muss vielmehr kritisch gefragt werden, welche Bilder von Familie den Hintergrund bilden, vor dem heute über sie gesprochen wird. Zum anderen schließt diese Perspektive eine stärkere Berücksichtigung gesellschaftlicher Zusammenhänge ein, wo sowohl ökonomische Fragen (wie erhält die Familie ihr ›Auskommen‹?) als auch Fragen der sozialen Organisation von Geschlechter- und Generationenbeziehungen eine wichtige Rolle spielen. Das folgende Kapitel wird das historisch ausgebildete Familienbild des 19. Jahrhunderts in Bezug auf das Verständnis der geschlechterdifferenzierten Arbeitsteilung, dem daraus resultierenden Verständnis von Ehe, Elternschaft und Familie und seine Fundierung im Rechtsbereich in den Mittelpunkt stellen. Vor diesem Hintergrund wird deutlich, wie die Wahrnehmung heutiger Fragestellungen in Bezug auf Ehe und Familie von historisch gewachsenen Vorstellungen durchdrungen ist.

29 Nave-Herz 1998, 289.
30 Böhnisch/Lenz 1997, 11.

Kapitel II
Die Bestimmung der Geschlechterverhältnisse
im historischen Rückblick

1. Die Trennung von öffentlicher und privater Arbeitssphäre

Andreas Reckwitz zeigt in seiner kulturtheoretischen Untersuchung zur Verschiebung und zur Veränderung von Subjektkulturen in der Moderne auf, dass sich unterschiedliche soziokulturelle Antriebsfaktoren identifizieren lassen, die die Formierung des bürgerlichen Selbstverständnisses geprägt haben. Mit Subjektkulturen bezeichnet Reckwitz den Zusammenhang zwischen der sozio-kulturellen Prägung des Subjekts in der Moderne und damit einhergehenden körperlich-mentalen Dispositionen. Das Subjekt versteht er als sozial-kulturelle Form »als kontingentes Produkt symbolischer Ordnungen, welche auf sehr spezifische Weise modellieren, was ein Subjekt ist, als was es sich versteht, wie es zu handeln, zu reden, sich zu bewegen hat, was es wollen kann.«[31] Er benennt die Umstrukturierung der Klassen- und Milieukonfiguration, die Transformation der materialen Kultur im Zuge der Industrialisierung, die Subjektdiskurse der Humanwissenschaften und den Einfluss der Romantik als grundlegende Kontexte, in denen sich das Verständnis der Subjektordnungen im 19. Jahrhundert verändert hat.[32] Die Bürgerlichkeit wird als ein historisch spezifischer und deshalb partikularer Praxiskomplex verstanden, in dem sich neue kulturelle Praktiken entwickelt haben.[33] Reckwitz' kulturwissenschaftliche Forschungen zur Rekonstruktion moderner Subjektkulturen weisen drei Orte aus, an denen der sich verändernde Selbstausdruck fassbar wird: die Arbeit, der Bereich der Intimität und die Technologien des Selbst.[34] Unter letzteren versteht er die Produktion einer Innenwelt des Subjekts, die sich im Bürgertum maßgeblich im Medium der Schrift artikuliert. Reckwitz' Forschungsansatz erschließt zwei Punkte, die für die Thematisierung des historischen Wandels von Familie wesentlich sind: Zum

---

31 Reckwitz 2006, 34.
32 Vgl. ebd. 2006, 242–267.
33 Ebd. 2006, 99.
34 Vgl. ebd., 55ff.

einen geht es um die Sichtbarmachung spezifischer kultureller Formen, in denen sich Subjekte verstehen und ausdrücken. Zum anderen werden mit den genannten kulturellen Kontexten – der Arbeit, der Intimität und den Kommunikations- und Interaktionsstrukturen – die Kontexte angesprochen, die durch die Moderne transformiert worden sind und damit auch auf das veränderte Familienverständnis einen wesentlichen Einfluss ausgeübt haben.

Zunächst soll der Frage nach dem veränderten Arbeitsverständnis, seiner sich verschiebenden Lokalisierung und der Etablierung zweier entgegengesetzter Sphären nachgegangen werden, die auf dem Geschlechterdualismus aufbaut.

Edward Shorter hat 1975[35] mit seinem Werk *The making of the Modern Family*[36] die Veränderungen, die sich im 19. Jahrhundert in und für die Familien ergaben, untersucht und in drei wesentliche Kategorien zusammengefasst: erstens die geschlechtsspezifische Arbeitsteilung und die damit verbundene Aufteilung in eine private und eine öffentliche Sphäre, zweitens die Kopplung von Ehe und Familie und drittens die spezifische innerfamiliäre Ausgestaltung der Paarbeziehung, die durch Bildungsorientierung und Emotionalisierung geprägt ist.

Noch zu Beginn des 16. Jahrhunderts waren Frauen und Kinder an der Erwirtschaftung des Einkommens für die Familie beteiligt. Männer waren zwar zunehmend in Manufakturen beschäftigt, aber um wirtschaftlich überleben zu können, war die Arbeit von Frauen und Kindern unerlässlich. Dies setzte eine Produktionsform voraus, die sich durch den engen Zusammenhang zwischen einer auf Familienwirtschaft basierenden Haushaltsproduktion und einer kapitalistischen Organisation des Handels zum Ziel der Produktvermarktung gekennzeichnet war.[37]

In der zweiten Hälfte des 19. Jahrhunderts kam es immer mehr zu einer Ablehnung der weiblichen Berufstätigkeit, die sich zunächst im

---

35 Die Anfänge der Familiensoziologie liegen im 19. Jahrhundert, vgl. dazu den Abriss über die Geschichte der Familiensoziologie in Nave-Herz 2006, 9–23; vgl. hierzu auch Huinink/Konietzka 2007, 17–24.

36 Interessanterweise wird das Werk auf Deutsch mit *Die Geburt der modernen Familie* wiedergegeben. Es wird also im deutschen Titel suggeriert, dass sich die Herausbildung der modernen Familie mithilfe der Geburtsmetapher verstehen lässt und macht sie damit zu einem absoluten ›Neuanfang‹; die Familie wird so mit ›Natürlichkeit‹ konnotiert. Dies entspricht nicht unbedingt der Intention des Buches, denn Shorter geht es ja gerade darum, die Herausbildung der modernen Familie aufgrund von historischen und gesellschaftlichen Umbrüchen in ihren Grundzügen zu charakterisieren.

37 Vgl. Goody 2002, 173ff. und Rosenbaum 1982, 189–207.

Adel manifestierte, später wurde sie auch vom Großbürgertum abgelehnt und dann ebenso von der oberen Schicht der Arbeiterklasse.[38] Die Entwicklung des familiären Wandels betraf zunächst nur bestimmte Bevölkerungsgruppen bzw. eine bestimmte soziale Schicht. Im Laufe der Zeit, vor allem im 19. Jahrhundert, bildeten sich aber zwei Familienformen deutlich heraus: die bürgerliche und die proletarische Familie. Da sich in beiden Familienformen Erwerbsleben und Wohnbereich separierten, kann man sie als »Prototypen der ›modernen Familie‹ ansehen.«[39] Die Trennung der Produktionsstätte von einer gemeinsam wirtschaftenden Haushaltsfamilie war das Kennzeichen der neuen modernen Gesellschaft und ihre Analyse zugleich der Ausgangspunkt der sich formierenden Soziologie.[40] Die häusliche Produktionsgemeinschaft wandelte sich zu einer Konsumgesellschaft, der Haushalt war nun nicht mehr Teil des produktiven Wirtschaftslebens und seine Mitglieder nahmen an ihm nur als Konsumenten teil.[41] Damit verlor das Haus seine Funktion für die gesellschaftliche Produktion und veränderte so auch den Begriff von Ökonomie, dessen Zuordnung zum Haus (*oikos*) bis dahin fundamental war: »Die Hauswirtschaft wandelt sich zur politischen Ökonomie. Sie bildet eine selbständige Sphäre, die in Relation zur Familie, die nunmehr eigentlich erst zur Privatsphäre wird, als öffentlich erscheint; in Relation zum Staat jedoch als privat, als ›Privatwirtschaft‹ aufgefasst wird.«[42]

Diese Trennung wurde dadurch begünstigt, dass die bürgerlichen Schichten mit einer verbesserten ökonomischen Ausstattung Möglichkeiten hatten, die meisten Familienmitglieder von der Erwerbsarbeit freizustellen. Der Mutter wurde die Sorge um Kinder und Haushalt übertragen, der Vater war für das wirtschaftliche Auskommen der Familie außerhalb des Hauses zuständig. Im ausgehenden 18. Jahrhundert verfestigte sich die Tendenz, dass Männer der bürgerlichen Mittel- und Oberschicht zu ihrer Arbeit außer Haus gingen. Arbeit und Wohnbereich wurden getrennt[43] und »es entstand jenes bürgerliche Rollen- und

---

38 Vgl. Goody 2002, 215.
39 Rosenbaum 1982, 476.
40 Vgl. Durkheim 1996 (1893).
41 Vgl. Weber-Kellermann 1976, 124ff.
42 Klinger 2000, 38.
43 Vgl. Gestrich 2003, 465 und Rosenbaum, 1982, 301–307, 369–371.

Familienkonzept, das die Frau ganz als Mutter, Gattin und Hausfrau erforderte, ohne dass ihre Tätigkeit als Arbeit verstanden wurde.«[44]

Dieses Ungleichgewicht zwischen der öffentlichen und der privaten Sphäre wurde geschlechtsspezifisch differenziert, sodass dem Mann die öffentliche Sphäre als Wirkungsbereich vorbehalten war, während der Frau »der Verbleib im Haus auferlegt und ihr die unüberwindbare Abhängigkeit von der Natur zum Vorwurf gemacht wurde.«[45] Diese Trennung zwischen ›privat‹ und ›öffentlich‹ und ihre geschlechtsspezifische Differenzierung war nicht nur Ausdruck einer sich verändernden Form der gesellschaftlichen Arbeitsteilung, sondern griff mit ihrer dualistischen Etablierung von zwei sich gegenüber liegenden Sphären auch dort ein, wo es um die Entgegensetzung von Kultur und Natur ging: »Je nachdrücklicher der Gegensatz von Natur und Kultur auf der Folie des Kontrasts zwischen Privatsphäre und Öffentlichkeit begriffen wurde, desto mehr erschien die Familie als Naturphänomen. Sie war ›Hort der Natur‹, keine Institution wie die Straße oder das Theater.«[46]

Klinger arbeitet in diesem Zusammenhang zwei gegenläufige, aber miteinander gekoppelte Bewegungen heraus: Durch die Loslösung der Politik von ihrer metaphysischen Grundlegung kommt es zu einer Entsakralisierung der Politik, durch die Herausnahme des Haushalts aus der Produktion zu einer Entfamilialisierung der Ökonomie. Dieser Entwicklung stehen auf der Seite der Religion und der Familie Prozesse gegenüber, die als Sakralisierung und Familiarisierung oder als »Verinnerlichung und Privatisierung«[47] von Religion und Familie zu kennzeichnen sind.

Die bürgerliche Lebensform wird in separate Sphären geteilt und deren Antagonismus wird geschlechtsspezifisch zugeordnet. Die damit verbundene Hierarchisierung der Welt des Mannes und der Arbeit gegenüber der Welt der Frauen und des privaten Zuhauses schlägt sich auch in den liberalen Theorien zum privaten Leben nieder. Die liberale Theorie beruht auf der Trennung zwischen privat und öffentlich, indem es »Bereiche oder Lebensdimensionen [...] geben müsse, die der Gestaltung und Individualität der Einzelnen überlassen bleiben können, aus denen sich folglich der Staat mit seinen Eingriffsmöglichkeiten heraus-

---

44 Gestrich 2003, 531.
45 Rössler 2001, 43.
46 Sennett 2008, 169.
47 Klinger 2000, 40.

zuhalten habe.«[48] Dieser Begriff liberaler Privatheit ist »grundlegend für die Sozialstruktur moderner Gesellschaften und gehört zum selbstverständlichen Vokabular ihrer Selbstbeschreibungen,«[49] was sich in Bezug auf die Familienthematik an der Frage festmacht, wann und inwieweit der Staat regulierend in das Ehe- oder Familienleben eingreifen darf.

Wie Beate Rössler herausarbeitet, läuft neben diesem Verständnis von Privatheit in der liberalen Tradition ein anderer Begriff von Privatheit mit, der auf die private Familie und das Haus abzielt. Er ist durch ein grundlegendes, hierarchisches Strukturmerkmal gekennzeichnet und basiert auf der geschlechtsspezifischen Arbeitsteilung, die den Frauen den Lebensraum Haus zuweist und den Männern den öffentlichen Raum, der durch die Gesetze der Ökonomie und des Gewinnstrebens gekennzeichnet ist. Damit ist der liberale Begriff von Privatheit »fundamental widersprüchlich«[50], denn ›Privatheit‹ wird zum einen als ein rechtlich-konventioneller Begriff, der eine vom Staat gesicherte Freiheit der Lebensführung meint, und zum anderen als geschlechtsspezifischer Bereich gefasst, der als quasi natürlicher Begriff den Bereich kennzeichnet, welcher der Familie, der Reproduktivität und den Frauen gewidmet ist.[51]

Als ein Kennzeichen der modernen Familie kann gelten, dass die Kleinfamilie privatisiert worden ist, indem sie ganz auf den privaten Raum zurückgewiesen wurde. Franz-Xaver Kaufmann wertet diese Ausdifferenzierung der privatisierten Kleinfamilie unter makrosoziologischen Aspekten durchaus als »Erfolgsgeschichte«[52], da die institutionelle Verselbstständigung und die soziale Entflechtung spezifischer Funktionsbereiche als ein »durchgehender Grundzug neuzeitlicher Entwicklungsprozesse«[53] angesehen werden kann, die zu einer erheblichen Leistungssteigerung und zur Nachwuchssicherung geführt habe. Dass der Typus der privatisierten Kleinfamilie als Ergebnis eines strukturellen Differenzierungsprozesses von Gesellschaft, aber auf einem hierarchischen Ordnungsmodell zwischen Männern und Frauen und damit im Wesentlichen auf dem ungleichen Zugeständnis sozialer Rechte beruht, macht diese »Erfolgsgeschichte« unter freiheitlichen Gesichts-

---

48 Rössler 2001, 43.
49 Ebd.
50 Ebd., 44.
51 Ebd., 43ff.
52 Kaufmann 1988, 403.
53 Ebd.

punkten durchaus ambivalent. Die Separierung zwischen der öffentlichen Sphäre Arbeit und der privaten Sphäre der Familie sowie die Eingrenzung der sozialen Rechte für die Frauen wird dadurch verstärkt, dass sie mit zwei unterschiedlichen Zeithorizonten verbunden wird: »diese kulturell produzierte, antagonistische ›funktionale Differenzierung‹ der Subjektpositionen erfährt eine Verkomplizierung dadurch, dass die Frau tatsächlich nur an der Privatsphäre partizipiert, der Mann hingegen zwar schwergewichtig in der Arbeitssphäre, aber zumindest auch im Bereich des Privaten agiert.«[54] Die geschlechtliche Rollendifferenzierung wurde dann auch die Grundlage der Differenzierung der sozialen Rollen von Mann und Frau aufgrund ihres biologischen Geschlechts, wie das folgende Kapitel aufzeigen wird.

2. Das Geschlecht als historisches Phänomen

Mit dem Aufstieg der bürgerlichen Gesellschaft entstand ein neues Verständnis von Mutter- und Vaterschaft. Vorher bedeutete Elternschaft in erster Linie, eine bestimmte soziokulturelle Rolle zu übernehmen, nicht aber, organisch der einen oder anderen Gruppe anzugehören. Mütter wurden bis dahin alle Frauen genannt, die mütterliche Aufgaben übernahmen, unabhängig davon, ob sie tatsächlich biologisch Mütter waren oder nicht, denn »bis zum neunzehnten Jahrhundert galt die Fähigkeit des Nährens und Erziehens eher als erworbene, nicht als geschlechtsspezifische Eigenschaft.«[55] Im Laufe des 18. und 19. Jahrhunderts vollzog sich ein Transformationsprozess, dessen Ursprünge sowohl in der Separierung von Männern und Frauen in der gesellschaftlichen Arbeitsteilung und deren normativen Zuschreibungen als auch in der Separierung der Kindheit vom Erwachsenenalter lagen: »Erst im 18. Jahrhundert *erfand man das Geschlecht, wie wir es kennen*. Die Frau wurde zu einer vollständig anderen ontologischen Kategorie.«[56] Wie Koschorke in seiner literarischen Analyse der Briefe Heinrich von Kleists an seine Verlobte Wilhelmine herausarbeitet, kann das in diesen Briefen zu beobachtende Geschlechterverständnis als beispielhaft für seine Zeit gelten: Das Wesen der Frau ist die Liebe, der Mann hat außerdem vaterländische Pflichten zu erfüllen. Die Frau ist nicht der einzige Gegenstand

54 Reckwitz 2006, 268.
55 Gillis 1997, 250.
56 Reinhard 2006, 46.

des Mannes, so schreibt Kleist, das Glück des Mannes hingegen sei der alleinige Gegenstand der Frau: »Der Mann *hat* ein Geschlecht; die Frau *ist* es. Der Mann kann unabhängig von seinem Geschlecht gedacht werden; die Frau nicht, denn ohne Geschlecht würde sie ihre ganze Bestimmung verfehlen.«[57] Die Differenz zwischen Männlichkeit und Weiblichkeit, die die Romantik noch als grundlegende Differenz, aber auch als natürliche Komplementarität verstand sowie das Geschlechterverhältnis, das als notwendige Ausbalancierung der jeweilig eigenen Individualität verstanden wurde, wird in den bürgerlichen Diskursen des 19. Jahrhunderts zu einer Differenzierung der Sphären, die sich dualistisch gegenüberstehen.[58] Die gegenseitige Durchdringung der Sphären wurde für Frauen und Männer sozial unmöglich, und diese Entwicklung wurde verschärft durch die ›Naturalisierung‹ der Tätigkeit der Frauen. Ihre Tätigkeit wurde nämlich als »selbstverständlicher Akt der Liebe«[59] verstanden, was die Fürsorge für das Zuhause und die Kinder quasi als genetisch verankerte Merkmale des Weiblichen festschrieb. Dieser Wandel war im Wesentlichen darauf zurückzuführen, dass insbesondere die Mutterschaft unter Berufung auf die weibliche Natur eine neue Wertung bekam und in einen strikten Geschlechterdualismus[60] eingebettet wurde. Wie stark die Differenz zwischen Frauen und Männern war und wie sehr diese zu einem wichtigen Trennungs- und Distinktionszeichen wurde, mit dem sich das Bürgertum von anderen Schichten und Klassen zu unterscheiden suchte, lässt sich daran erkennen, dass die Unterscheidung des Geschlechts auch auf andere Sphären übertragen wurde, indem häufig nationale, historische und soziostrukturelle Differenzen in Geschlechterbegriffen ausgedrückt wurden.[61]

Wie anders das Verhältnis von Mutterschaft und Frausein vorher gesehen wurde, lässt sich anhand der Geburtsriten des 17. und 18. Jahrhunderts verständlich machen. Diese stellten die Mutterschaft nicht als Anfang einer allumfassenden Aufgabe da. Mutterschaft wurde viel-

---

57 Koschorke 2000, 193.
58 Vgl. hierzu Reckwitz 2006, 220ff., 242ff.
59 Gestrich 2003, 531.
60 Hausen 1976, 363–393. Allerdings hat Bettina Rang zu Recht darauf hingewiesen, dass die Vorstellung von Natur vorgegebenen Geschlechtscharakteren eine bis in die Antike hinein zurückreichende Tradition besitzt. Dass diese Thematik im 18. und 19. Jahrhundert erneut aufgegriffen wird, deutet auf das Bedürfnis hin, den Geschlechterdualismus legitimieren zu müssen, vgl. Rang 1989, 194–204.
61 Frevert 1995, 141.

mehr als eine Episode im Leben der Frau verstanden. Wie Jaques Gélis in seiner *History of Childbirth* beschreibt, wurden Säuglinge meist nicht sofort an die Brust angelegt, sondern zuerst zum Herdfeuer gebracht, sodass symbolisch eine Identifikation mit dem Haus und nicht mit der Mutter stattfand.[62] Nach der Entbindung dauerte es mehrere Wochen, bis der jungen Mutter wieder ihre Rolle als Ehefrau und Partnerin bei der Arbeit zugewiesen wurde. Rituell wurde dies durch eine religiöse Zeremonie der Reinigung und Danksagung, dem *churching*, abgeschlossen, das sich bis ins 18. Jahrhundert bei Frauen aller Schichten großer Beliebtheit erfreute, weil sich mit diesem Ritual die Rückkehr in die eheliche Partnerschaft und gesellschaftliche Stellung verband.[63]

An der Neubewertung des Stillens kann aufgezeigt werden, welchem fundamentalen Wandel die Einstellung zur Mütterlichkeit im 18. Jahrhundert unterlag und wie sie zu deuten ist. Das sogenannte Ammenwesen, d.h. das Weggeben eines Säuglings an eine andere Frau, ist in der Geschichte bereits für die römische Zeit sowie auch für das Mittelalter vor allem für die Oberschichten belegt.[64] Während das Ammenwesen in der frühen Neuzeit in den adeligen Oberschichten Europas darin bestand, eine Amme ins Haus kommen zu lassen, setzte sich im 18. Jahrhundert vor allem in den Mittel- und Unterschichten der französischen Städte die Variante durch, Säuglinge an Frauen vom Land wegzugeben. Als ›Höhepunkt‹ des Ammenwesens wird angesehen, dass in Paris 1781 von 21.000 registrierten Geburten nur fünf Prozent der Säuglinge von der eigenen Mutter gestillt wurden, die überwältigende Mehrheit wurde von Ammen gestillt. War dieses Phänomen für Evolutionstheoretiker wie Herbert Spencer ein unnatürlicher Vorgang, weil es gegen den »natürlichen Mutterinstinkt« sprach, der sich im Nähren und Aufziehen der Kinder verwirkliche, so wurde dasselbe Phänomen zum »centerpiece for late-twentieth century feminist arguments debunking the existence of maternal instinct.«[65] Die Kritik und das Infragestellen einer »natürlichen Mutterliebe« durch die feministisch sozialkonstruktivistischen Theorien bündelte sich in der Frage: »How could mothers treat their own flesh and blood this way? How could any mother differentiate between offspring, caring for one, while sending another away? I'm not questioning maternal love«, sagt Badinter, »I'm questioning mater-

---

62 Gélis 1996, 163ff.
63 Vgl. Gillis 1997, 252ff.
64 Vgl. Gestrich 2003, 129ff., 333ff.
65 Hrdy 2001, 67.

nal instinct.«[66] Die Tatsache, dass es das Phänomen des Kinderweggebens immer gegeben hat, war die Grundlage der These, dass Mutterschaft sozial konstituiert sei.

Die Anthropologin und Sozialbiologin Sarah Hrdy hat in diesem Zusammenhang eine interessante Hypothese aufgestellt, die im Kern darauf hinausläuft, das Phänomen der Weggabe der Säuglinge als Anpassung der Mutter an ihre Umstände zu verstehen und nicht als ›Gleichgültigkeit‹. Sie hat herausgearbeitet, dass die Handlungen einen klaren Sinn ergeben, wenn sie im Rahmen des jeweiligen kulturellen Umfeldes betrachtet werden: »In the absence of other forms of birth control, women's maternal response were heavily influenced by an amalgam of old and new rules. Old mammalian decision rules for dealing with tradeoffs between subsistence and reproduction were reinforced by a conscious pragmatism on the part of mothers.«[67] Wurde ein Säugling im Haus der Eltern von einer Amme gestillt, dann hatte er dieselbe achtzigprozentige Überlebenschance, wie wenn er von seiner Mutter gestillt worden wäre, dies führte zu schnelleren Geburtenfolgen, einer erhöhten Fertilität. In einer Gesellschaft, in der Kinderreichtum als Statussymbol angesehen wurde, kann dieses Verhalten also als Strategie für Kinderreichtum identifiziert werden. Dramatischer noch sah es bei den Frauen der Unterschicht aus, die wegen einer langen Stillzeit nicht in der Lage gewesen wären, weiterhin zum Familieneinkommen beizutragen. Die Entscheidung, ihr Kind zu einer Amme zu geben, reduzierte die Opportunitätskosten, die durch den Wegfall ihrer Arbeit entstanden wären.[68] Abhängig vom ökonomischen Vermögen der Familie wurden Säuglinge für kürzere oder längere Zeiten in die Obhut von Ammen gegeben; es waren vor allem Säuglinge aus armen Familien, die früher oder später in ein Kinderheim gebracht wurden. Hrdy schlussfolgert: »It was not maternal nature (always contingent on circumstances) that changed through time, but maternal options.«[69] Die romantischen Diskurse über die Neuinterpretation der menschlichen Natur und das durch die Biologie beeinflusste Geschlechterverständnis bildeten den Hintergrund für die Entwicklung, aufgrund der hohen Sterblichkeit der Säuglinge das Ammenwesen abzulehnen. Mediziner, Theologen und Pädagogen ver-

---

66 Badinter 1981, ix.
67 Hrdy 1999, 356.
68 Dies. 2001, 71.
69 Hrdy 1999, 368.

suchten, die Frauen zum Stillen ihrer Kinder anzuhalten, und führten ihnen die schädlichen Konsequenzen des Ammenwesens vor Augen.

Beispielhaft für die neue Einstellung zum Stillen war Jean-Jacques Rousseau[70], der die Natürlichkeit der Mutterrolle und das »Ineinsfallen von biologischer und sozialer Elternrolle«[71] propagierte und mit dieser Gleichsetzung der Mutterrolle eine neue Bedeutung gab, die »in der westlichen Welt keine historischen Vorbilder hat.«[72] Dieses Rollenverständnis hatte unmittelbare Auswirkungen auf die Bedeutung der Mutter- bzw. Vaterrolle: »Nicht jede Frau, die ein Kind zur Welt brachte, musste eine vorbildliche Mutter sein; nicht jeder Mann, der ein Kind zeugte, wurde automatisch als Vaterfigur betrachtet. Und vor dem neunzehnten Jahrhundert hatte die Tatsache, wessen Kind man war, eher etwas mit den jeweiligen Umständen als mit der Biologie zu tun.«[73]

Die Naturbetrachtung der Romantik in all ihren Facetten und die in ihr fundierte Emotionalisierung blieb für das Verständnis von Mutter- und Vaterschaft nicht ohne Folgen. Mann oder Frau zu sein, bedeutete nicht mehr, eine soziokulturelle Rolle zu übernehmen, sondern organisch der einen oder der anderen Gruppe anzugehören. Die Bedeutung der Mutter für ihr Kind wurde zunehmend als natürlich angesehen. Wesentliche Voraussetzung für dieses Verständnis war die neue weibliche Rollenzuweisung: »Es ist wahrscheinlich kein Zufall, dass das Stillen des Kindes durch die Mutter genau in jener Zeit [seit Mitte des 18. Jahrhunderts, Anm. A.S.] zu einem Thema und Test für Mutterliebe wurde, als sich die Strukturen der bürgerlichen Familien so veränderten, dass die alten Rollen- und Verhaltensvorgaben des ›ganzen Hauses‹ obsolet wurden.«[74]

Das neue Verständnis von Mutterschaft hatte unmittelbare Auswirkungen auf das alltägliche Leben, es veränderte die Rolle der Mutter gegenüber den Kindern und damit auch fundamental die eigene Rollenwahrnehmung. Die emotionale Bindung der Mutter an das Kind begründete nun in anderer Weise ihre Stellung im privaten Bereich, was Auswirkungen auf die Arbeitsteilung zwischen Mann und Frau hatte. Das Zusammenwachsen von biologischer und sozialer Mutterrolle schloss

---

70 Vgl. zur Bedeutung Rousseaus Gestrich 2003, 531f. und Gillis 1997, 245f.
71 Vinken 2007, 137; vgl. insb. 134ff., wo die Autorin die Rolle beschreibt, die Rousseau dem Stillen zuweist.
72 Gillis 1997, 244.
73 Ebd., 75.
74 Gestrich 2003, 574.

die Frau in der häuslichen Sphäre ein, wo sie, wie Rousseau meinte, »kaum weniger eingeschlossen als eine Nonne in ihrem Kloster«[75] sei. Die Konsequenz aus dieser Biologisierung der Mutterrolle durch die Gleichsetzung von Weiblichkeit und Mütterlichkeit war die für die kindliche Entwicklung als notwendig angesehene enge Mutter-Kind-Bindung, die die Frauen aus der Öffentlichkeit und dem Arbeitsleben herausnahm und ihre Aufgaben ganz in das Haus verlagerte. Die Körperkonzepte, die auf der Tatsache, dass die Frauen die Kinder zur Welt brachten und nähren konnten, beruhten, wurden normativ mit einer umfangreichen Geschlechtszuschreibung verknüpft. Die Folge dieser Zurückgezogenheit der Frauen in die häusliche Sphäre und ihre abnehmende Verfügungsmacht über Produktionsmittel war nicht, wie Riehl befürchtet, eine Verkümmerung der Familie.[76] Vielmehr wurde die Ausgestaltung des privaten Bereichs zur Hauptaufgabe der bürgerlichen Ehefrau. Dies umschloss eine spezifische Gestaltung des Inneren; als Epochenbegriff avancierte der Biedermeier zu einer auf Behaglichkeit und Nützlichkeit bezogenen Repräsentation dieses Selbstverständnisses. Die Hausfrauentugenden wurden zu den weiblichen Tugenden schlechthin, hier entwickelte sich die Vorstellung von der »guten Hausfrau« deren Arbeit in die Herstellung des Hausgemachten und Selbstgeschneiderten fließt.[77]

Zusammenfassend lässt sich feststellen, dass aus den biologischen Geschlechterunterschieden soziale Konsequenzen abgeleitet worden sind, die wesentlich zu einer spezifischen Vergeschlechtlichung des Subjekts geführt haben, eine Entwicklung, die als »Training in einer bestimmten Sex-Gender Matrix«[78] verstanden werden kann. Auf die enge, aber keineswegs notwendige Verbindung zwischen biologischen Geschlechtsunterschieden und deren Strukturierung der sozialen Ordnung hat Erving Goffman aufmerksam gemacht. Seine Vermutung ist, dass es sich hierbei um eine enorme Vereinfachung sozialer Organisation durch die Aufgliederung nach Geschlecht und Abstammungslinien handelt. Gender wird hier nicht als personale Kategorie verstan-

---

75 Vinken 2007, 140.
76 Vgl. Nave-Herz 2006, 10ff.
77 Vgl. exemplarisch die zeitgenössische Beschreibung des bürgerlichen Haushaltes durch Fanny Lewald (1811–1889), die den Anspruch, dass alles selbstgemacht werden muss, die »Grille der Selbstfabrikation« nennt, Lewald 1871.
78 Reckwitz 2008, 177; zur Theoretisierung geschlechtlicher Subjektivierung und der Bedeutung der Kategorie Geschlecht vgl. auch Butler 1991.

den, sondern als soziale Kategorie, die in sozialen Prozessen immer erst hergestellt wird.[79] In diesem historischen Zusammenhang kommt der Geschlechterdifferenz sowohl im individuellen als auch im gesellschaftlichen Kontext ein entscheidender Beitrag zur Etablierung und Aufrechterhaltung sozialer Ordnung zu. Die Ordnungsleistung beruht auf der Konstruktion zweier gesellschaftlicher Sphären, die geschlechtsspezifisch konnotiert und in den wissenschaftlichen und biologistischen Diskursen als antagonistisch gegenübergestellt werden. Die Transformationsprozesse des 18. und 19. Jahrhunderts trugen dazu bei, die biologische Differenz zwischen den Geschlechter zur Grundlage einer sozialen Differenz zu machen.

3. Ehe, Elternschaft und Familie

Flankiert wurde die neue Rolle von Mutter und Vater durch eine veränderte Einstellung zur Ehe. Grundsätzlich ist festzuhalten, dass die Bedeutung der Heirat sehr hoch war: »Im bürgerlichen Sprachgebrauch setzte sich streng die Unterscheidung ›Frau‹ und ›Fräulein‹ durch, eine sprachliche Opposition also, die eben der damals für weibliche Wesen wichtigsten Unterscheidung Rechnung trug: verheiratet oder nicht verheiratet zu sein.«[80] Die Situation der unverheirateten bürgerlichen Frau wurde in der zeitgenössischen Diskussion als »soziale Frauenfrage« aufgenommen und bot den unverheirateten Frauen – unter Beibehaltung der natürlichen Bestimmung der Frau zum Muttersein – »die Ausweitung der familialen Funktion auf die Volksfamilie«[81] an: Bestimmte Berufsfelder, die Hilfe, Pflege und Fürsorge erforderten, wurden für die Frauenerwerbstätigkeit geöffnet.

Mit dem romantischen Liebescode[82] des 18. Jahrhunderts, der emphatisch die Liebe zueinander betont und sie in den Kontext der Freundschaft rückt, wird die Ehebeziehung auf eine exklusive, weil nicht austauschbare Personengemeinschaft verdichtet. Diese frühbürgerliche, im Rahmen der Romantik in literarischen und theoretischen Arbeiten verarbeitete kulturelle Liebessemantik basiert auf einer Einheit von Zuneigung und sexueller Leidenschaft sowie einer spezifischen Struktur des

---

79 Vgl. Goffman 1994, insb. 115.
80 Weber-Kellermann 1976, 100.
81 Drerup 1997, 88.
82 Vgl. Luhmann 1982, 163–183; vgl. dazu auch Reckwitz 2006, 217ff.

Begehrens, die das Sich-Verlieben sowohl als Spiegelung des Ich im Anderen als auch in der Auflösung der eigenen Person in der Gemeinschaft mit dem/r Geliebten fasst.[83] Die Elemente der romantischen Liebe, die als kulturelle Leitbilder die Verhaltensweisen und Symbole prägen, zeichnen sich allerdings »durch einen hohen Grad an ›unheilbarer Vagheit‹ aus«.[84] Denn sie machen zwar gewisse Vorgaben, lassen aber auch vieles offen, wodurch Raum für individuelle Interpretationen der Liebenden eröffnet wird.

Die Ehe kam nun weitgehend ohne den Einfluss der Familie zustande, ein Umstand, der gegenseitige Zuneigung und Respekt als Kriterium der Partnerwahl ausschlaggebend machte. Die prinzipielle Unersetzbarkeit des Partners/der Partnerin aufgrund seiner Einzigartigkeit war die Grundlage der Ehe, die das Versprechen in sich trug, gerade deshalb anerkannt und bestätigt zu werden. Was Luhmann als »Autonomisierung von Intimbeziehungen«[85] bezeichnet, also die Konstitution der Ehe auf Basis der Liebe, wird zur Erfahrung des Schicksalhaften. Das Schicksal führt ein Paar zusammen. Gleichzeitig stellt die Gründung der Ehe auf Liebe und damit auf eine selbst zu leistende Stabilisierung immer auch eine Gefahr dar, denn sie macht den Fortbestand der Ehe von der mitunter unberechenbaren Liebe abhängig.

Das romantische Liebesideal integriert auch die Elternschaft. Als Ausdruck der Liebe der beiden Partner wurde zunehmend das Kind angesehen: »Das Kind wird zudem Liebespfand und ist die zentrale Schaltstelle, an der die Emotionalisierung der Ehebeziehung in eine Emotionalisierung der Eltern-Kind-Beziehung«[86] übergeht. Diese Emotionalisierung schließt in der romantischen frühbürgerlichen Intimsphäre Vater und Mutter gleichermaßen mit ein. Von dieser, beide Elternteile gleichermaßen berücksichtigten Emotionalisierung, hebt sich allerdings die spätere bürgerliche vor allem durch die Stilisierung der Mutterschaft deutlich ab.

Während das frühbürgerliche romantische Ehemodell auf der Idee der Komplementarität der Geschlechter basiert, zeichnet sich für das spätbürgerliche Ehemodell eine Konzentration auf die »vernünftige Liebe«[87] ab, die zur Grundlage der Eheschließung wird. Die Differenz

83 Vgl. Reckwitz 2006, 217–223.
84 Lenz 2005, 239.
85 Ebd., 198.
86 Lenz 2005, 242.
87 Rosenbaum 1982, 264.

zwischen den Partnern wird zur Grundlage der Ehe, und »diese Differenz wird als Differenz bestimmter Kompetenzen und Rollen fixiert.«[88]

An dieser Stelle sei darauf hingewiesen, wie schwierig es ist, die Bedeutung wirklich zu erfassen, die Emotionen und Einstellungen in dieser Zeit hatten. Angemessen ist es, von »Bedeutungsdimensionen des Symbols ›Liebe‹«[89] zu sprechen, die im Laufe des 18. und 19. Jahrhunderts immer enger mit Individualität, Differenz der Geschlechter und Emotionalität konnotiert wurden. Dabei ist es in der historischen Familienforschung eine offene Frage, ob es Liebe und Gefühl als Grundlage der Ehe vorher nicht bereits gab.[90] Die Vorstellung, dass in einer spezifischen historischen Situation auf einmal die Liebe quasi befreit worden wäre, während sie vorher nicht vorhanden war, übersieht die Tatsache, »dass Emotionen wie Liebe historisch und kulturell wandelbare Konstruktionen sozialer Beziehungen«[91] sind. Emotionen, so zeigt die kulturwissenschaftliche Perspektive, sind immer eingebettet in soziokulturelle Umfelder, je nach Diskurs werden unterschiedliche Akzente gesetzt. Es kann zwischen der frühbürgerlichen romantischen Sichtweise von Liebe und der späteren bürgerlichen Thematisierung unterschieden werden. Im Blick auf diese Unterscheidung lassen sich Veränderungen wahrnehmen und beschreiben, über die man sich in unterschiedlichen Diskursen verständigte. Die Liebe war kein völlig neues Gefühl, aber ihre Bedeutung änderte sich, denn noch nie zuvor ist die Liebe »so ausschließlich durch die Liebe zwischen lediglich zwei Menschen symbolisiert worden.«[92] Diese Bedeutungsverschiebung, die sich im Wandel der kulturellen Praktiken zeigt, markiert »eine sehr spezifische emotionale Subjektwerdung«[93], die für das sich entwickelte Ideal der auf Liebe begründeten Ehe kennzeichnend ist. Sie macht aber auch klar, dass die romantische Liebe ein historisch entstandenes Kulturmuster ist, das mit spezifischen Formen der Artikulationen über Emotionen einhergeht: »Das Reden und Schreiben über derartige Emotionen samt der entsprechenden kulturellen Stilisierung«[94] veränderte sich. Damit offenbaren die »bürgerlichen Selbsttechnologien«[95], wie z.B. die Schriftlichkeit,

---

88 Reckwitz 2006, 258
89 Tanner 2005, 10.
90 Vgl. Gestrich 2003, 484ff.
91 Ebd., 487; vgl. auch Burkart 1997, 15–51.
92 Gillis 1997, 213.
93 Reckwitz 2006, 177.
94 Reinhard 2006, 207.
95 Reckwitz 2006, 155.

etwas über die jeweiligen (Selbst-)Thematisierungen, sie sind die materiale Voraussetzung der frühbürgerlichen Emotionalisierung.[96] Davon zeugen beispielsweise die im Laufe des 18. Jahrhunderts entstandenen Romane, in denen der Zusammenhang der Themen Liebe, Ehe und Ehebruch behandelt und in den Mittelpunkt gerückt werden. Die drei Titelheldinnen Madame Bovary, Anna Karenina und Effi Briest der Romane von Gustave Flaubert, Leo Tolstoi und Theodor Fontane sterben alle. Sie, die in unterschiedlicher Weise für die Liebe gekämpft haben, unterliegen am Ende. Vielleicht war den Autoren schon in dieser Epoche die Krisenanfälligkeit der romantischen Liebe bewusst.

4. Die Fundierung des Familienleitbildes im Recht

Das diskutierte Familienleitbild des 19. Jahrhunderts ist nicht nur Ausdruck bestimmter Mentalitäten, gesellschaftlicher Veränderungsprozesse, sondern es manifestiert sich auch in der Rechtsgeschichte. Das kulturelle Selbstverständnis drückt sich nämlich in der Rechtsordnung aus. Das zuvor dargestellte romantische Liebesideal wurde in die Gesetzgebung über die Ehe integriert. Hatte Preußen zu Beginn des 18. Jahrhunderts ein liberales Eherecht eingeführt, das auf dem Vertragsgedanken basierte, so wurde dies 1848 abgeschafft und unter dem Einfluss von Fichtes Naturrecht umgebildet. »Ehe ist Liebe und Liebe ist Ehe«[97], so fasst Luhmann den Grundgedanken Fichtes zusammen. Wie der Familienrechtler Dieter Schwab in seinen Überlegungen zu methodischen Aspekten der Rechtsgewinnung im Familienrecht ausführt, wird die Rechtsprechung mit der Realität in doppelter Weise konfrontiert: einmal mit »dem zu beurteilenden Sachverhalt, zum anderen als einer vorgestellten Wirklichkeit im Kontext der Norm selbst«.[98] Auch die Gesetzgebung und Rechtsprechung bedienen sich also bestimmter Bilder und Vorstellungen der Realität, die im Recht konstituiert werden, und formt sie zu normativen Rechtsregelungen. Indem Rechtsprechung und Gesetzgeber auf die Wirklichkeit reagieren, erweisen sich die normativ genutzten Wirklichkeitsvorstellungen als »zeitbedingt und – zumal in einer pluralistischen Gesellschaft – von nur begrenzter

96 Ders. 2008, 185.
97 Luhmann 1982, 173.
98 Schwab 2003, 174.

Überzeugungskraft.«[99] Diese methodischen Überlegungen sind für die Analyse rechtshistorischer Sachverhalte hilfreich, denn sie schärfen den Blick für die Wirklichkeitsvorstellungen, die hinter den entwickelten Rechtsnormen stehen, und lassen die zeitliche Bedingtheit im Kontext des gesellschaftlichen Diskurses erkennen.

In unserem Zusammenhang spielt insbesondere das seit 1900 gültige *Bürgerliche Gesetzbuch* (BGB) eine Rolle, weil es das Familien- und Eherecht umfassend neu ordnet. Auch wenn der Münchner Kommentar zum BGB feststellt, dass »das BGB [...] kein Leitbild von Ehe und Familie«[100] enthält, so werden dennoch bestimmte Vorstellungen von diesen beiden Lebensformen deutlich, die sich in den Formulierungen niederschlagen.

Als ideengeschichtlicher Vorläufer zur Konstituierung des besonderen Leitbildes von Ehe und Familie gilt die Formel vom »Wesen der Ehe«, die die Ehe weniger als rechtliches, sondern mehr als ein sittliches Verhältnis begreift. Die Ehe wurde als Institution verstanden, die eine vom Willen der Ehepartner unabhängige sittliche Ordnung bildet.[101] Konsequenterweise traten die Vertragselemente der Ehe zurück.[102] Die Ehe war nicht mehr eine individuelle, in Freiheit gestaltete Lebensform, sondern eine den Ehepartnern vorgegebene Ordnung, die von ihnen die Pflicht zur ehelichen Lebensführung verlangte. Sie zielte auf die Vorherrschaft des Mannes in der Ehe, die als Formel vom »Wesen der Ehe« bis weit ins 20. Jahrhundert in der Rechtsdogmatik verwendet wurde und die Dominanz des Ehemannes als gesetzt und »natürlich« behauptete.[103] Wie Ute Gerhardt festhält, war die institutionelle Lehre von der Ehe »ein Produkt der Rechtswissenschaft«[104], die eine patriarchale Gesellschaftsordnung regelte und legitimierte sowie dem Mann alle Entscheidungsbefugnisse, insbesondere die Verfügungsgewalt über das Eigentum, die Verpflichtung zum Unterhalt und die elterliche Gewalt gegenüber den Kindern zuordnete. Die Frau hingegen war zur Einhaltung der ehelichen Pflichten, zu Unterordnung und Gehorsam verpflichtet.

---

99 Ebd., 195.
100 Willutzki 1998, 142.
101 Vgl. zur Rechtsgeschichte: Willutzki 1998, 142ff., Gerhard 1998, 84ff.
102 Vgl. Marthaler 2009, 33–39.
103 Vgl. Duncker 2003, 207–295.
104 Gerhard 2007, 273.

Als gesellschaftliches Leitbild wurde im BGB die geschlechtsspezifische Arbeitsteilung festgeschrieben: Dieses kodifizierte die Hausfrauenehe als Recht und Pflicht der Frau zur Leitung des gemeinschaftlichen Hauswesens. Berufstätigkeiten außerhalb des Hauses konnten durch den Ehemann erlaubt, aber auch aufgehoben werden.[105] So manifestierte sich das Konzept der natürlichen Verschiedenheit der Geschlechter bis in die Ausgestaltung des Rechts und normierte so die Lebensform Familie, die an die Ehe gebunden war. Es konstruierte damit »die wirtschaftlich autonome, ent-gesellschaftete Kleinfamilie«[106], die durch Sittlichkeit gestaltet und damit für rechtliche Regelungen unzugänglich war. Dem BGB liegt also ein Eheleitbild zugrunde, das vor allem den autonomen, sittlichen Charakter der Ehe betont und den vertraglichen Charakter hinter einem moralischen Verständnis des »Wesens der Ehe« zurücktreten lässt. Das Familienleitbild beruht auf der kaum eingeschränkten elterlichen Gewalt als prägendes Moment des Verhältnisses von Eltern und Kindern, es unterliegt keiner direkten staatlichen Kontrolle und setzt die Verknüpfung von Elternschaft und Ehe voraus.

Das am Idealtypus der bürgerlichen Familie orientierte Familienmodell lag auch den Beratungen zum Grundgesetz 1949 zugrunde. Nach Art. 6 Abs. 1 GG stehen Ehe und Familie »unter dem besonderen Schutze der staatlichen Ordnung«. Im Jahr 1957 wurde vom Bundesverfassungsgericht festgestellt, dass die Erwerbstätigkeit der Frau nicht von vornherein als ehezerstörend zu werten ist.[107] Noch weitere zwanzig Jahre mussten vergehen, bis 1977 die Normierung der Hausfrauenehe in der Ehe- und Familienrechtsreform aufgehoben wurde.

---

105 Vgl. Marthaler 2009, 37f.
106 Ebd. 2009, 64.
107 Vgl. Gerhard 2007, 273.

Kapitel III
Die Kindheit im historischen Rückblick

1. Kindheit als historisches Phänomen

Nicht nur das Geschlechterverhältnis veränderte sich im Zuge des 18. und 19. Jahrhunderts, sondern auch das Generationenverhältnis, das unter dem Stichwort »Entdeckung der Kindheit«[108] von der Wahrnehmung der Kindheit und Jugend als einer eigenständigen Entwicklungsphase im Leben eines Menschen geprägt wurde. Der Historiker Philippe Ariès beschreibt, wie im Übergang vom Mittelalter zur Neuzeit Kinder in ihrer Besonderheit wahrgenommen und ihnen ein eigener Status zuerkannt wurde. Dabei richtet sich sein Blick auf Einstellungen und Mentalitäten, und er fragt danach, wie das Phänomen Kindheit einer kulturellen Formung unterliegt. Er setzt also bei der Historisierung eines Phänomens an, das bis dahin weitgehend als natürlich gegolten hatte. Die Ursache für die eigenständige Wahrnehmung von Kindheit und Jugend sieht Ariès in den gesellschaftlichen Veränderungen begründet. Diese lassen sich in einer Art Doppelbewegung fassen: zum einen als eine Privatisierung und Intimisierung des familialen Zusammenlebens und zum anderen als zunehmende Ausdifferenzierung von öffentlichen Räumen und Einrichtungen.

Die mittelalterliche Familie war nach Ariès von der Notwendigkeit und Auffassung geprägt, für die Erhaltung des Besitzes sorgen und ein Handwerk gemeinsam ausüben zu müssen. Die Kinder wurden in diese (handwerklichen) Tätigkeiten sehr früh einbezogen. Ariès bezeichnet deshalb das Zusammenleben von Kindern und Jugendlichen mit Erwachsenen als Lehrverhältnis: »Es [das Kind] lernte die Dinge, die es wissen musste, indem es den Erwachsenen bei ihrer Verrichtung half.«[109] Diese »Lehrzeit« verbrachten die Kinder sehr oft in anderen Haushalten, sie wurden von ihrem siebten Lebensjahr an als Dienstboten in andere Familien geschickt. Die verwandtschaftlichen Netzwerke wurden gestärkt, um Erfolge im Warenhandel und in der Landwirtschaft zu erreichen. Der Wechsel zwischen Hausgemeinschaf-

---

108 Vgl. Ariès 2007, insb. 92–112; Rosenbaum 1982, 280f.
109 Ariès 2007, 46.

ten im Gesindedienst, die Erfahrungen der Wanderschaft und die insgesamt hohe individuelle Mobilität führten zur Lockerung der Bindung an die Herkunftsfamilie und ermöglichte den Kindern und Jugendlichen, unterschiedliche Rollenvorbilder zu entdecken.[110] Außerdem wurden die Kinder und Jugendlichen in vorgegebene Rollen eingeführt, indem sie bereits früh vielfältige Arbeiten übernahmen. Dieses Spezifikum der europäischen Familienentwicklung erfüllte gesellschaftlich eine nicht unbedeutende Aufgabe, denn es war mitunter ein Grund dafür, das sich eine Tendenz zur Individualisierung innerhalb der Familie bzw. zur Entstehung des Individualismus herausbildete.[111] Die solcherart gestalteten familiären und verwandtschaftlichen Beziehungen, das frühe »In-Dienst-Treten« außerhalb des Haushalts, in dem das Kind geboren war, bot einen fruchtbaren Boden für die sich verändernde Gesellschaft: »So besteht denn auch eine Kongruenz zwischen dem, was die Kernfamilie an Voraussetzungen mitbringt und den neuen gesellschaftlichen Erfordernissen [...] Gleichwohl ist die Annahme nicht unberechtigt, dass von dem seit dem Mittelalter in jenem Teil Europas verankerten Familienmodell und der dort ab dem 16. Jahrhundert festzustellenden frühkapitalistischen Dynamik wechselseitige Anstöße ausgingen.«[112]

Die Familialisierung des Privaten und die damit einhergehende Distinktion von Kindern und Erwachsenen lässt sich exemplarisch an dem Rückzug der Familie von der Straße deutlich machen: »Noch im späten 17. Jahrhundert gab es kaum eine Grenze zwischen Spielen, an denen Kinder, und Spielen, an denen Erwachsene ihren Spaß hatten [...] der Grund hierfür ist, dass es damals noch nicht die scharfe Scheidung der verschiedenen Lebensalter gab.«[113] Mit dem Ende des 17. Jahrhunderts wurde das öffentliche Leben zunehmend auf Erwachsene begrenzt. Die Familie organisierte sich in ihren privaten Räumen neu, die zugleich funktional spezialisiert wurden (Salon, Esszimmer, Schlafzimmer). Als ausdifferenzierte Lebensphase wurde die Kindheit zum Schutz- und Vorbereitungsraum. Einerseits wurden Kinder damit aus dem Arbeitsprozess herausgenommen und stärker in den privaten Bereich integriert, der auch Raum war für Emotionalität und Persönlichkeitsentfaltung.

---

110 Vgl. Gillis 1997, 108f. und auch Burguière/Lebrun 2005, 47–55 sowie Mitterauer 2003, 320–332.
111 Vgl. ebd., 358f. und Burguière/Lebrun 2005, 52f.
112 Ebd., 28.
113 Sennett 2008, 173.

Andererseits erhielt die Bildung und Erziehung in eigens dafür vorgesehenen Räumen eine hohe Stellung.

Die Intimisierung der familiären Sphäre ist – so der kritische Einwand von Dieter Richter – nicht ausschließlich als eine Bewegung zu mehr Nähe zwischen Erwachsenen und Kindern zu verstehen. Als Literaturwissenschaftler hat Richter sich mit Kindheitsbildern in verschiedenen Genres auseinandergesetzt. Er gelangt zu der Feststellung, dass die zunehmende Beachtung, die Kindern und dem Status Kindheit in der Neuzeit geschenkt wurde, »nicht wachsender Nähe, sondern wachsender Distanz zwischen Erwachsenen und Kindern geschuldet«[114] ist. Richter expliziert diese Distanzerfahrung im Anschluss an Norbert Elias' These über den Prozess der Zivilisierung als einer zunehmenden Abgrenzung gegenüber der Triebnatur. So wie die Oberschichten mit Abgrenzung gegenüber der Triebnatur und den Verhaltensmustern der Unterschicht reagieren, so kommt es im Erwachsenen-Kind-Verhältnis zunehmend zu einer Abgrenzung gegenüber der Wildheit und Unzivilisiertheit der Kinder, die durch die Erziehung normativ überbrückt werden soll: »Die Differenz Zivilisiertheit/Primitivität bezieht sich eindeutig auf einen ›höherrangigen‹ und einen ›niederen‹ Wert im Sinne einer Statusdifferenz.«[115] Das ›wilde Kind‹, wie es in Literatur, Märchen und Kinderliteratur beschrieben wird,[116] ist beides: ungebildet und roh. Die Statusdifferenz zwischen Kind und Erwachsenen kann nur im Modus der Erziehung als eine Verwandlung und Angleichung des Kindes an die Erwachsenen überwunden werden.

Der Mentalitätswandel, der als Herausbildung von Aufmerksamkeit für die Eigenart von Kindern beschrieben werden kann, enthält sowohl einen Aspekt der zunehmenden Nähe als auch einen der Distanz und hat sich unter bestimmten kulturellen und historischen Bedingungen herausgebildet. Ariès' Untersuchung verändert die Wahrnehmung der Kindheit, die nicht mehr als selbstverständlich Gegebenes oder gar ›Natürliches‹ erscheint: »Die Kindheit ist keine anthropologische Universalie; sie muß vielmehr als ein historisch wandelbares Phänomen begriffen werden.«[117] Gleichwohl machen die Beobachtungen Richters deutlich, dass die zunehmende Aufmerksamkeit für Kinder vor

---

114 Richter 1987, 25.
115 Reckwitz 2006, 249.
116 Beispielhaft in der Novelle Robinson Crusoe von Daniel Defoe, der auf den ›wilden‹ Freitag trifft.
117 Honig 1999, 18.

dem Hintergrund einer Entfremdung der Generationen zu verstehen ist. Die »Entdeckung des Kindes« vollzieht sich als Ausbildung von Gegensätzen und »sprengt die trügerische Homogenität und Linerarität der Mentalitätsgeschichte auf«.[118]

Die Bedeutung der Ariès-These sieht der Erziehungswissenschaftler Michael-Sebastian Honig darin, dass sie auf die Unterscheidung zwischen Erwachsenen und Kindern zielt und die Vorstellung problematisiert, es könne eine quasi außergesellschaftliche Seinsweise von Kindheit geben. Honig schlussfolgert aus dieser Erkenntnis: »Kindheit ist daher kein deskriptiver, sondern ein normativer Begriff.«[119] Dies wird am Beispiel der frühbürgerlichen Gesellschaft im nächsten Kapitel exemplarisch gezeigt werden.

2. Erziehungskindheit als Konzept der bürgerlichen Gesellschaft

Im frühbürgerlichen romantischen Verständnis des Kindes wird Kindheit zur Projektion eines natürlichen, ursprünglichen und heilen Status: Das Kind wird zur Chiffre des besseren Menschen, wie es exemplarisch in Goethes Werther formuliert ist: »Meinem Herzen sind die Kinder am nächsten auf der Erde. Wenn ich ihnen zusehe und in dem kleinen Dinge die Keime aller Tugenden, aller Kräfte sehe, die sie einmal als nötig brauchen werden; wenn ich in dem Eigensinne künftige Standhaftigkeit und Festigkeit des Charakters, in dem Mutwillen guten Humor und Leichtigkeit, über die Gefahren der Welt hinzuschlüpfen, erblicke, alles so unverdorben, so ganz! – immer, immer wiederhole ich dann die goldenen Worte des Lehrers der Menschen: ›Wenn ihr nicht werdet, wie eins von diesen‹.«[120] Hier schafft die Naturnähe die Differenz zwischen Moral und Unmoral. Das Moralische wird über die Natur begründet in Form der besonderen Reinheit der Kinder und ausdrücklich in dem Kontext der christlichen Tradition verankert.

An diese Unterscheidung von Kindern und Erwachsenen knüpft eine pädagogische Anthropologie an, die die Entdeckung des Kindes als Entdeckung seiner Natur beschreibt. Diese Kindheitskonzeption wird paradigmatisch von Jean-Jacques Rousseau in seinem Buch *Emile* (1762) herausgearbeitet, wo die Differenzierung zwischen der Person

118 Ebd., 24.
119 Ebd., 29.
120 Zitiert bei Richter 1987, 232.

des Kindes, der des Erwachsenen und dem Eigenrecht der Kindheit konstitutiv ist. »Das heranwachsende Kind wird als ein Geschöpf eigener Art und eigenen Wertes betrachtet, in seiner Entwicklung gleichermaßen durch die Natur wie die Gesellschaft bestimmt, so dass es zur Aufgabe der Pädagogen wird, der wahren Bestimmung des Menschen zum Durchbruch zu verhelfen.«[121] Kindheit erhält eine doppeldeutige Struktur: Zum einen wird dem Kind als Mensch ein eigener Wert zugesprochen, zum anderen ist das Kind der Natur verhaftet und als solches Objekt der Erziehung. Die Natur macht das Kind zugleich unvollkommen und moralisch überlegen. Das Kind, so Rousseau, bedürfe wie die Pflanzen der Züchtung, damit rückt die Erziehung als Prozess zur Veredelung der Natur zwischen die Kinder und die Erwachsenen. Erzogen zu werden, wird so zum Prozess der Menschwerdung: »Das Kind der Moderne ist ein Projekt.«[122] Gerade in einer kulturellen Situation, in der durch die Trennung von Wohnbereich und Arbeitsstätte die Möglichkeit wegfällt, durch Anschauung und Nachahmung Kenntnisse und Fertigkeiten zu erwerben, wird die Kindheit als Lernzeit neu strukturiert: »Die Erziehung von Kindern erfolgte in der Neuzeit nicht mehr en passant, sondern wurde seit der Aufklärungsepoche zu einer bedeutenden und verantwortungsvollen Aufgabe, die immer mehr auch ins Zentrum zumindest der bürgerlichen Familie rückte.«[123] Der Rolle des Erziehers kommt dabei eine überragende Funktion zu, denn er bricht die familiale Generationenfolge auf und wird so zum Gegenüber des Kindes, das von ihm lernt.

3. Kindheit als Phase der Entwicklung und des Wachstums

Die Idee der Erziehungskindheit, die im 18. Jahrhundert entwickelt wurde, ist der Anknüpfungspunkt für deren Weiterentwicklung im 20. Jahrhundert, wo Kindheit zunehmend als Lebensphase der Entwicklung und Vorbereitung eingeordnet wurde. Wie Honig in seinem *Entwurf einer Theorie der Kindheit* plausibel ausführt, ist es der von Rousseau systematisierte Gedanke der Entsprechung von Entwicklung und Wachstum, der die Leitmotive der Theoriebildung über Kinder auch im 20. Jahrhundert prägte: »Die ›Natur des Kindes‹ transformiert sich

121 Tenorth 1988, 77.
122 Honig 1999, 37.
123 Surall 2009, 36.

zum Deutungshorizont einer familial dominierten, aber sozialstaatlich geschützten und regulierten Lebensphase des ›Aufwachsens‹.«[124] Diese Struktur des wissenschaftlichen Konzepts von Entwicklung suggeriert einen »linearen Prozeß der Vervollkommnung, es hat eine evolutionistische Konnotation«.[125]

Die neuzeitliche Wahrnehmung des kindlichen Lernens übernimmt mit der Metapher ›Entwicklung‹ einen Begriff der Embryologie, der Entwicklung als einen inneren Prozess ansieht, der sich nach eigenen Gesetzen entfaltet: »Die kindliche Entwicklung wird als individualgenetischer Nachvollzug der zivilisatorischen Entwicklung aufgefasst.«[126] Kritisch anzumerken ist, dass diese Vorstellung von »Groß-Werden«, was zur Übernahme einer historisch spezifischen Erwachsenenkultur hinführt, im Kern eine teleologische Vorstellung enthält, die es erlaubt, »fast unbemerkt von einer Beschreibung kindlicher Entwicklung zu einer Normierung kindlicher Entwicklung zu wechseln«.[127]

Eine Konzeption von Kindheit, die eine spezifische Schutz- und Vorbereitungszeit voraussetzt, entspricht einem funktionalen Verständnis von Kindheit im Verhältnis der Generationen: »Kinder sind die nachwachsende Generation und als solche notwendig für den Fortbestand der Gesellschaft.«[128] Diese Einsicht entspricht einem Verständnis von Sozialisation, welches das Aufwachsen der Kinder primär unter dem Gesichtspunkt sieht, die Kinder als gesellschaftlich Handlungsfähige zu erziehen. Für das Verständnis von Kindheit als Schutz- und Vorbereitungszeit ist maßgeblich, dass sich diese Vorstellung vor dem Hintergrund der Entwicklung industriegesellschaftlicher Arbeitsorganisation vollzogen hat. Erst mit der Herausnahme der Kinder aus dem Arbeitsprozess konnte die »Scholarisierung und Familialisierung der Kindheit«[129] erfolgen.

Ein Verständnis der Kindheit unter dem Leitbegriff der Entwicklung ist nach Honig in zweierlei Hinsicht zu kritisieren: Einerseits reduziert es Sozialisation auf individuelle Entwicklungsprozesse und blendet die Frage aus, wie » ›Aufwachsen‹ sozial als ›Kindheit‹ organisiert

---

124 Honig 1999, 59.
125 Ebd., 61.
126 Ebd., 61.
127 Ebd., 62.
128 Zeiher 1996, 29.
129 Ebd. 1996, 27.

wird«[130], andererseits formalisiert es »Kindheit« zu »einem Bindeglied zwischen einem Zustand des ›Noch-nicht-Erwachsen-Seins‹ und einem des ›Nicht-mehr-Kind-Seins‹.«[131] Die sozialisationstheoretische Perspektive, so eine weitere Kritik, nimmt Kindheit ausschließlich als Phänomen zur Reproduktion sozialer Ordnung wahr: »Kindheit erscheint hier lediglich als Durchgangsstadium, sie erhält ihren Wert vom Interesse an den in ihr grundgelegten Motiven, Kompetenzen und Fertigkeiten des ›voll gesellschaftsfähigen‹ Erwachsenen her.«[132]

Die Analyse der historischen Veränderung von Kindheit und die Entzifferung von Kindheitskonzepten mit den ihnen zugrunde liegenden Bildern eröffnen eine Perspektive auf die gesellschaftliche Organisation des Aufwachsens von Kindern. Sie machen deutlich, dass die Unterscheidung von Kindern und Erwachsenen historisch getroffen wird und bestimmten Veränderungen unterliegt. Wesentlich wird so z. B. die veränderte Kindheit von der Ausdifferenzierung der Arbeitswelt geprägt. Dies soll keine Leugnung des Unterschiedes zwischen Erwachsenen und Kindern darstellen, hier geht es vielmehr darum, einen Blick dafür zu gewinnen, wie stark das Verhältnis zwischen Erwachsenen und Kindern von gesellschaftlichen Übereinkünften geprägt ist und in welchen Bildern es gefasst wird.

130 Honig 1999, 85.
131 Ebd., 68.
132 Kaufmann 1986, 5.

Kapitel IV
Die Privatisierung der Kleinfamilie

Das in den vorhergehenden Abschnitten skizzierte Verständnis von Familie basierte auf der Annahme, dass sich im 18. und 19. Jahrhundert wesentliche Veränderungen in den kulturellen Praktiken der Arbeit, der Intimität und der Ausdrucksformen des Selbstverständnisses ergeben haben. Die Familialisierung des Privaten hat maßgeblich die Struktur der Geschlechterverhältnisse, aber auch die Wahrnehmung von Kindern beeinflusst. Die Lebensform Familie ruht auf einer »Ordnungsidee«[133], die von einer Trennung zwischen der privat-familialen und der politisch-ökonomischen Sphäre ausgeht und die darin anfallenden Tätigkeiten dem Vater/Mann und der Mutter/Frau zuweisen. Die Kinder finden sich in einer Art Zwischenposition zwischen Eltern und Erziehern, zwischen dem privaten und dem öffentlichen Raum. Als Spezifikum der »modernen« Familie im Gegensatz zur Familie der vorindustrialisierten Zeit kann also die Privatisierung der Kleinfamilie gelten. Die Schaffung der umlagefinanzierten Rente begründet Konrad Adenauer 1957 mit den Worten »Kinder kriegen die Leute immer«; der Satz spiegelt die ungebrochene Selbstverständlichkeit dieses Familienbildes bis in die 1950er und 1960er Jahre hinein wider. Es ist die »Hoch-Zeit« des bürgerlichen Familienbildes, das sich – wie bereits dargestellt wurde – im Rechtsbereich ebenso niedergeschlagen hat, wie in der generellen Erwartungshaltung, das herkömmliche Familienideal in jeder Normalbiografie zu verwirklichen. Allerdings: »[W]as als ›herkömmlich‹ oder gar ›traditionell‹ galt, ist bei genauerer Beurteilung eine recht junge Synthese zwischen Elementen des im 19. Jahrhundert entstandenen bürgerlichen Familienideals und solchen des erst im 20. Jahrhundert Profil gewinnenden lohnarbeitsabhängigen Familientypus: das ›mittelschichtspezifische‹ Familienleitbild.«[134]

Auch familienpolitisch wurde dieses Modell industrieller Arbeitsteilung und nach Takt eingeteilten Zeitstrukturen auf die geschlechterspezifischen Rollenerwartungen übertragen. Sozialpolitische Regelungen wurden auf die nach dem männlichen Ernährermodell organisierte

133 Honig 2007, 354.
134 Kaufmann 1988, 404.

Familie bezogen, die auf einer lebenslang stabilen Ehe beruhte und die männliche Erwerbstätigkeit zur ökonomischen Grundlage der Familie machte. Eine wesentliche Funktion des Normarbeitsverhältnisses war auch die Absicherung der Familie und ihrer Mitglieder gegenüber zentralen Lebensrisiken. Die Erziehung der Kinder unter sechs Jahren war vor allem Aufgabe der Mutter. Erst 1996, am Ende des 20. Jahrhunderts, wird in Deutschland ein Rechtsanspruch auf einen Kindergartenplatz für Kinder ab dem dritten Lebensalter eingeführt. Die Erziehung der Kinder unter drei Jahre ist immer noch weitgehend privat organisiert. Politisch wurde diese Trennung also über Jahrzehnte bewahrt und gepflegt. Dass sich in Deutschland der Staat möglichst lange aus dem privaten Bereich der Familie herausgehalten hat, ist historischen Erfahrungen geschuldet. In der durch Rassismus und Erbtheorien geprägten Sicht der Nationalsozialisten wurden Ehe und Familie eine politische Bedeutung zugemessen und rassenhygienischen Gesichtspunkten unterstellt.

Wie stark das Familienkonzept noch von der Vorstellung von Privatheit geprägt ist und damit der staatlichen Intervention entzogen ist, lässt sich daran ablesen, wie sehr die Verletzbarkeit des Einzelnen in Form von häuslicher Gewalt noch bis in die jüngste Gegenwart kaum wahrgenommen wurde. Die zunehmende Diskussion über Missbrauch von Kindern und Gewalt an Frauen kann als Hinweis gelten, dass die Familie zunehmend entprivatisiert und rechtlich stärker zugänglich gemacht wird, als es noch vor wenigen Jahrzehnten der Fall war.

Zweiter Teil

Familienbilder am Anfang
des 21. Jahrhunderts

Kapitel I
Familienbilder zwischen Krise,
Wandel und Anpassung

1. Reflexion soziologischer Familienbegriffe und -bilder

Innerhalb der Familiensoziologie wird seit den 1990er Jahren eine Debatte über die Frage geführt, wie die Umbrüche in den Lebensformen zu bewerten sind und welche Konsequenzen sich daraus sowohl für die Familien selbst als auch für die Gesellschaft ergeben. Gegenüber der Familiensoziologie hat Ulrich Beck auf dem Soziologentag 1990 eine viel zitierte provokative These formuliert: »Die Familiensoziologie [ist] seit Jahren damit beschäftigt, ›Entwarnung‹ zu geben. Im Kern der Kernfamilie ist alles kerngesund! Es drängt sich die Frage auf, ob die Familiensoziologie in Deutschland mit der Kleinfamilie verheiratet ist [...] Und wenn Sie mich jetzt noch einmal fragen (ich weiß, Sie tun es nicht, deshalb muß ich es für Sie tun), warum die Kleinfamilie in Deutschland so stabil ist, dann gebe ich Ihnen meine Geheimantwort: weil die Familiensoziologie so treu nach ihr fragt.«[1] Die damit angestoßene Diskussion um die Bewertung der Indikatoren des familiären Wandels, die Hinterfragung des Familienverständnisses innerhalb der Soziologie selbst und die auch in der Öffentlichkeit immer wieder vorgenommene Pathologisierung der Familie ist jedoch noch nicht abgeschlossen.

Wie Günter Burkart zum Stand der und zu den Perspektiven in der Familiensoziologie 2006 konstatiert, geht es gegenwärtig zunehmend um den Familienbegriff, also die Ab- und Eingrenzung des Gegenstandsbereichs der Familiensoziologie, die sich im Kern um die Frage dreht, welcher Begriff von Familie in der Lage ist, die unleugbaren Veränderungen im familiären Zusammenleben wahrzunehmen. Eine kritische Debatte ist zu dieser Frage 2003 in der Zeitschrift *Erwägen Wissen Ethik* geführt worden, die sich mit der These von Karl Lenz auseinandergesetzt hat, dass die Familiensoziologie immer noch auf der unkritischen »Übernahme und Fortschreibung des ›bürgerlichen‹ oder ›modernen‹ Fami-

---

1   Beck 1991, 43.

lienmodells – und damit einer historisch gebundenen Familienform«[2] basiere und deshalb den sozialen Wandel der Familie nicht angemessen wahrnehmen könne. Die dokumentierte Debatte gibt einen Überblick über die Fragen, die innerhalb der Familiensoziologie diskutiert werden und die sich forschungskritisch mit den eigenen Bildern von Familie auseinandersetzen; deshalb sollen die von Lenz zur Diskussion gestellten Thesen hier analysiert werden.

Die soziologische Definition von Ehe und Familie hat über lange Zeit dieses Leitbild mitgeprägt und ihm eine universale Geltung zugesprochen. Flankiert von anthropologischen und ethnologischen Untersuchungen wurde die Kernfamilie als eine »der wenigen fast universalen Erscheinungen des gesellschaftlichen Lebens«[3] bezeichnet. Des Weiteren habe sich die Familienforschung lange an einem Familienverständnis orientiert, das auf der biologischen Elternschaft basiert, das zu einem Biologismus in den Familiendefinitionen geführt habe.[4] Allerdings, so der kritische Einwand Burkarts, werden mit bestimmten Familienbegriffen immer auch normative Positionierungen verbunden, wenn beispielsweise häufiger darauf verzichtet wird, die Rechtsform Ehe, die Anwesenheit *zweier* Eltern, die Anwesenheit eines *heterosexuellen* Elternpaares als Grundelement der Definition von ›Familie‹ zu betrachten. Diese Annahmen seien, so sein Einwand, »nicht immer theoretisch oder empirisch begründete Setzungen, sondern manchmal eher implizite politische Stellungnahmen«,[5] für nicht eheliche Lebensgemeinschaften, für Ein-Eltern-Familien (Alleinerziehende) oder für homosexuelle Elternpaare.

Diese kurz skizzierte Diskussion zeigt die Normgebundenheit auch wissenschaftlicher Auseinandersetzungen mit ihrem Gegenstand auf. Ob die implizierten Veränderungen als Krise, Wandel oder Anpassung verstanden werden, hängt davon ab, in welcher Weise die wissenschaftliche Auseinandersetzung auch die ihr zugrunde gelegten Bilder von Familie kritisch reflektiert und damit der Diskussion zugänglich macht. Es wird aber zunehmend auch nach dem Verhältnis von Wandel und Kontinuität gefragt: »Wieviel Wandel, aber auch: wieviel Kontinuität kennzeichnen die Entwicklung von Familienformen, Familienleitbildern und Familienverhalten in Deutschland und anderen europäi-

---

2 Lenz 2003a, 12; vgl. auch Nave-Herz 2006, 23f.
3 Neidhardt 1975, 14.
4 Vgl. hierzu die Diskussion zu Lenz 2003a, 498–561.
5 Burkart 2006, 81.

schen Gesellschaften?«[6] Kritisch gefragt werden muss außerdem, ob die Konzentration auf den Wandel und die damit oft verbundene Wertung der ›Auflösung‹ der Familie den Blick auf Entwicklungen verstellt, die kontinuierlich verlaufen. In ähnlicher Weise muss auch theologisch selbstkritisch nach den Normen gefragt werden, die das zugrunde gelegte Gesellschafts- und Familienverständnis prägen. Die Voraussetzung dafür ist, sich theologisch mit dem Struktur- und dem damit einhergehenden Wertewandel in der Gesellschaft auseinanderzusetzen.

2. Strukturwandel der Gesellschaft

Dieses über lange Zeit selbstverständliche Leitbild der privaten Familie und seiner Voraussetzungen werden zunehmend infrage gestellt. Im Folgenden sollen die Grundzüge der gegenwärtigen Debatten zu drei Themenkomplexen aufgezeigt werden. Im ersten Teil wird das Thema Familie im Wandel vor dem Hintergrund der Individualisierungsthese von Ulrich Beck und Elisabeth Beck-Gernsheim sowie ihre Infragestellung durch Rosemarie Nave-Herz diskutiert. Der Fokus liegt hierbei auf den Wechselwirkungen zwischen gesellschaftlichem Strukturwandel und den veränderten Formen von Intimität sowie der ihr zugewiesenen Bedeutung. Im zweiten Abschnitt wird ein Kernbestand der Individualisierungsthese, – die unterstellte Konkurrenz zwischen Familie und ›Marktanforderungen‹ diskutiert. Hier wird danach zu fragen sein, welche Veränderungen im Arbeitsleben und im Verständnis von Erwerbs- und Fürsorgearbeit sichtbar werden. Zu fragen ist hier nach den prägenden soziokulturellen Leitbildern, die hinter der Diskussion um Vereinbarkeit von Familie und Beruf stehen. Der dritte Abschnitt befasst sich mit dem Thema Kindheit unter dem Aspekt des kindlichen Aufwachsens in familiären und institutionellen Formen.

Der gewählte Titel dieses Kapitels »Familienbilder zwischen Krise, Wandel und Anpassung« impliziert eine beschreibbare Veränderung hinsichtlich des Zusammenlebens in der Familie und muss anhand der Frage Kontur gewinnen, in welcher Weise sich gegenwärtige Formen des familiären Zusammenlebens von vergangenen Formen historisch abgrenzen lassen. Damit zielt die Fragestellung darauf ab, ob es spezifisch neue Entwicklungen gibt und in welchen Bereichen sich Verände-

6 Vaskovics 1997, 24.

rungen ausdrücken. Komplementär zu den Veränderungen muss aber auch danach gefragt werden, ob Kontinuitäten festzustellen sind.

»Während die Entstehungsgeschichte der *modernen Familie* in den Grundzügen geklärt ist, bewegt sich die Diskussion über einen möglichen Übergang zur *postmodernen Familie* immer noch auf dünnem Eis.«[7] Mit dieser Feststellung zielt Burkart auf die Frage, wie sich die Familie im 21. Jahrhundert wandelt und welche Indikatoren für die Veränderungen herangezogen werden. Es wird vor allem von der Pluralisierung der Lebensformen gesprochen, von Individualisierung, verstärkter Erwerbstätigkeit der Frauen, Single-Gesellschaft und Patchwork-Familien. Einige Merkmale deuten darauf hin, dass sich die Gesellschaft wiederum in einer Übergangsphase befindet, die mit Veränderungen der Lebensformen und den damit verbundenen Bedeutungszuschreibungen einhergeht.

Ob dieser Wandel damit zugleich auch eine krisenhafte Entwicklung anzeigt, wird auch in der Familiensoziologie kontrovers diskutiert: »Ganz und gar strittig ist die Frage, ob wir es mit einer krisenhaften Entwicklung der Familie in der Moderne zu tun haben.«[8]

Auch wenn die Überlegung von Nave-Herz berechtigt ist, dass bei einer Analyse über den familialen Wandel immer die Künstlichkeit der Ausgrenzung einer bestimmten Zeitepoche mit bedacht werden muss und demzufolge unterschiedliche Diagnosen möglich sind,[9] so spricht vieles doch dafür, dass der Beginn des Strukturwandels seit 1960/1970 als »die *entscheidende Zäsur* für unsere heutigen Fragestellungen«[10] gelten kann. Zur Diskussion steht für die Soziologie nicht, dass es einen beschreibbaren Unterschied zur industriegesellschaftlich geprägten Gesellschaft gibt. Undeutlich bleibt jedoch, in welchen Erscheinungsformen das Neue zum Ausdruck kommt.

Diese Transformationen werden auf unterschiedlichen Ebenen thematisiert: Es geht vor dem Hintergrund der demografischen Entwicklung um die Zukunft der sozialen Sicherungssysteme und ihrer Grundlagen. Der sozialökonomische Wandel führt zu einem grundsätzlichen Strukturwandel in der Erwerbsarbeit, die als Entwicklung von der Industrie- zur Dienstleistungsgesellschaft gekennzeichnet ist. Die zunehmende Erwerbsbeteiligung von Frauen stellt das bürgerliche

---

7 Burkart 2006, 188.
8 Vaskovics 1997, 26.
9 Vgl. Nave-Herz 1998, 293f.
10 Kaufmann 1988, 410; vgl. dazu auch Lüscher 1997, 60f.

Modell der geschlechtsspezifischen Trennung verschiedener Arbeitsbereiche infrage und konzentriert sich bei der Familienthematik auf das Arrangement zwischen Erwerbs- und Fürsorgearbeit. Die kulturellen und normativen Vorstellungen von Ehe und Familie verändern sich und bewirken unterschiedliche Praktiken in konkreten Fragen, wie beispielsweise die Entscheidungen, Familiengründung oder Eheschließung zugunsten einer Berufsausbildung oder -karriere auf später zu verschieben, zeigen.

Die Diskussion zeigt, dass Familie nicht allein eine Frage der individuellen Lebensgestaltung ist, sondern in gesamtgesellschaftliche Veränderungen eingebettet ist. Diese Erkenntnis bewirkt eine veränderte wissenschaftliche Perspektive auf das Thema Familie: »Andererseits wird immer deutlicher, dass man der Familie als Forschungsgegenstand, in Anbetracht des Zusammenwirkens makro-struktureller Kontextbedingungen und individueller Lebensgestaltung nur durch einen interdisziplinären Forschungsansatz gerecht werden kann.«[11] Mit dem sozialen Wandel gehen aber auch Einstellungsveränderungen einher, die sich in konkreten Handlungszusammenhängen und veränderten Leitbildern fassen lassen.

Im Folgenden soll es darum gehen, den sozialen und kulturellen Wandel aus unterschiedlichen Perspektiven heraus zu identifizieren, um für die theologische Ethik die Fragehorizonte abzustecken, die wesentlich sind, wenn man sich ethisch-theologisch dem Thema Wandel der Familie widmet.

3. Pluralisierung der Lebensformen

Ein großer Teil der Diskussionen über die Familie speist sich aus der Interpretation statistischer Daten, die in ein Verhältnis zueinander gesetzt werden: Eheschließung, Scheidungszahlen, Anzahl der Kinder, demografische Entwicklung. Diese »List-based accounts«[12], die Grundmaterial für politische Entscheidungsträger, kirchliche und kulturelle Organisationen sind, beanspruchen, aus der Interpretation des statistischen Materials bestimmte Entwicklungstrends abzuleiten und zu

---

11 Vaskovics 1997, 22. Vaskovics kritisiert in diesem Zusammenhang auch die kaum vorhandene interkulturelle Perspektive, die bezüglich der Familienrealitäten in Europa erhebliche Unterschiede aufdecken könnte.

12 Morgan 1996, 15.

bewerten. So konstatiert Burkart für die Familiensoziologie in seinem Forschungsüberblick seit den 1990er Jahren »eine Dominanz familiendemographischer Fragestellungen«[13], die vor allem durch die Thesen von der Pluralisierung der Lebensformen und der Abkehr von der klassischen Normalfamilie zu einer Orientierung an demografisch erfassbaren Phänomenen nach sich zog.

Die Pluralisierungsthese, die auf der Annahme einer zunehmenden Individualisierung beruht, hatte in den letzten zwei Dekaden einen erheblichen Einfluss auf die allgemeine familiensoziologische Diskussion[14] und wird im Hinblick auf ihre zentrale Annahme diskutiert, dass es in der Moderne eine zunehmende Pluralisierung von Lebensformen gibt.

Der theoretische Hintergrund der Pluralisierungsthese ist die von Ulrich Beck geforderte Neubestimmung der Moderne. Dazu hat er die Unterscheidung zwischen einfacher und reflexiver Moderne bzw. Erster und Zweiter Moderne in die Diskussion eingebracht. Beck hat die gesellschaftlichen Veränderungen vor allem in den Bereichen der Erwerbsarbeit, der persönlichen Beziehungen und der Politik analysiert und diese als Prozesse der Individualisierung von Identität und Verschiebung von institutionellen Grenzziehungen beschrieben.[15] Die von ihm wahrgenommenen Wechselwirkungen zwischen der Veränderung von Erwerbsarbeitsstrukturen und der persönlichen Beziehungen ermöglichen konkret nachzufragen, wie diese Veränderungen auch den Bereich der Familie betreffen. Becks zentrale These ist, dass die Gesellschaften des 21. Jahrhunderts nicht mit den Konzepten des 19. und 20. Jahrhunderts begriffen werden können, sondern vielmehr kategoriale Neuorientierungen notwendig seien. Der von ihm genannten einfachen Moderne liegt ein lineares Entwicklungsmodell zugrunde, das den sozialen Wandel wesentlich als Prozess der funktionalen Ausdifferenzierung von gesellschaftlichen Basisinstitutionen versteht. Diese Erste Moderne, die nach Beck um 1960 herum abgeschlossen war, beruht auf »einer Figuration sich gegenseitig stützender Institutionen, wie dem Nationalstaat, dem fordistischen Unternehmen, der Kernfamilie, dem System industrieller Beziehungen, dem Wohlfahrtsstaat und der unhinterfragten Wissenschaft.«[16] Beck arbeitet heraus, dass die institutionelle Hand-

13 Burkart 2006, 182.
14 Vgl. dazu ebd., 3f.
15 Vgl. Beck 1986.
16 Beck/Lau 2005, 109.

lungslogik der Ersten Moderne am Prinzip des Entweder-Oder orientiert war. Sie gab den Menschen eindeutige Zuschreibungen für ihren Lebensvollzug vor, die durch ein komplexes Muster von Grenzziehungen, Standardformen und Unterscheidungen in ein Ordnungssystem überführt wurden, z.b. in die Einteilung der Bevölkerung in Lohnabhängige und Nichterwerbstätige aufgrund geschlechtlicher Differenzierung und des Generationsunterschieds. Als wichtigste Funktionen dieser institutionellen Grenzziehung benennt er die Zuweisung bzw. Entlastung von Verantwortung und die Standardisierungs- und Normalisierungswirkung.[17]

Ein Resultat der Zweiten Moderne sieht er in dem Aufbrechen dieser Zusammenhänge und in der ihnen unterstellten Eindeutigkeit sowie die damit entstehenden Entscheidungsprobleme; das »sowohl als auch« sei die typische Erscheinungsform der reflexiven Moderne,[18] die an die Stelle der Leitvorstellung der Eindeutigkeit tritt und zu Grenzverschiebungen und -auflösungen führt. Eine wesentliche Kritik an der Unterscheidung zwischen Erster und Zweiter Moderne ist von Münch formuliert worden. Seiner Einschätzung nach wird bei der Proklamierung eines universellen Epochenwandels übersehen, dass es hier lediglich um einen Wandel der bundesrepublikanischen Gesellschaft zwischen 1965 und 1985 geht, mithin der Wandel sich auf einen engeren historischen Zeitrahmen bezieht, als vorgegeben wird.[19]

Beck bezeichnet diesen Übergang von Erster zu Zweiter Moderne nicht als einen vollständigen Bruch, sondern behauptet im Gegensatz zu einem postmodernen Verständnis ein Ineinander von Kontinuität und Gegensatz, welches vor allem in dem Einsatz unterschiedlicher Strategien zur Wiederherstellung kategorialer Ordnung sichtbar wird. Er beschreibt den Prozess also wesentlich als einen ambivalenten, in dem zwar Veränderungen sichtbar werden, Kontinuitäten aber dennoch beibehalten bleiben. Für die vorliegende Arbeit wird es also eine Frage sein, ob und gegebenenfalls wie die von Beck beschriebenen Phänomene in der Familie sichtbar werden.

Die Pluralisierungsthese ist maßgeblich durch die Publikationen von Ulrich Beck und Elisabeth Beck-Gernsheim seit Mitte der 1980er Jahre

---

17 Beck/Lau 2005, 117f.
18 Ebd., 122.
19 Münch 2002, 426; vgl. dazu auch Reckwitz 2006, 14f., der das Grundmuster der großen gesellschaftstheoretischen Erzählungen als Homogenisierung der Moderne identifiziert.

bestimmt und beruht auf der These der zunehmenden Autonomie des Einzelnen von Verwandtschaft und Familie. Als Gründe für die zunehmende Auflösung der traditionellen Familien nennen sie die Individualisierungs- und Modernisierungsprozesse, die sich vor allem in der zunehmenden Erwerbstätigkeit der Frauen widerspiegeln und zu einer Auflösung der alten Orientierungsmuster und Rollenzuschreibungen führten. Dies habe zu einem Traditionsverlust geführt, der aber als ein Zugewinn an Freiheit und persönlicher Entscheidungsfähigkeit durch einen »Individualisierungsprozess« bewertet wird.[20] Beide Autoren gehen davon aus, dass die gesellschaftlichen Modernisierungsprozesse zu einem Herauslösen der Individuen aus normativ geprägten sozialen Strukturen geführt haben: »Es geht darum, wie [...] der Individualisierungsschub der letzten Jahrzehnte und Jahre immer stärker in den Bereich von Familie, Ehe, Elternschaft eingreift, [und] dabei die Beziehungen zwischen den Geschlechtern wie zwischen den Generationen nachhaltig verändert.«[21] Anstatt der sozialen Strukturen und kulturellen Normen, die die Handlungen der Menschen in den vormodernen Gesellschaften prägten, treten nun neue soziale Integrationsmuster auf den Plan, die sich unmittelbar an das Individuum richten: »Der oder die einzelne selbst wird zur lebensweltlichen Reproduktionseinheit des Sozialen.«[22] Damit bekommt die Verantwortung, die jeder Einzelne für sein Leben übernehmen muss, einen größeren Stellenwert. So sei es zu erklären, dass es neben der »klassischen« Familie auch zunehmend andere Lebensformen wie uneheliche Lebensgemeinschaften usw. gebe. Beck und Beck-Gernsheim beschreiben nicht die Auflösung *der Familie*, sondern nur die Auflösung einer bestimmten Form von Familie. So lautet die Antwort auf die Frage, was nach der Familie kommt: »ganz einfach: Die Familie«.[23] Die zunehmende Individualisierung hat aber dazu geführt, dass zwischen dem Anspruch auf ein selbstbestimmtes Leben und der Sehnsucht nach Nähe, Bindung und Gemeinschaft ein Spannungsverhältnis entstanden ist, das zu einem Anstieg von neuen Lebensformen führt: »ohne Trauschein oder ohne Kinder; Alleinerziehende, Fortsetzungsfamilien oder Partner desselben Geschlechts; Wochenend-Beziehungen und Lebensabschnittsgefährten; Leben mit

20 So u.a. Beck 1986 und Beck-Gernsheim 1998.
21 Ebd.,18.
22 Beck 1986, 209.
23 Beck-Gernsheim 1998, 18.

mehreren Haushalten oder zwischen verschiedenen Städten«.[24] Das Monopol von Ehe und Familie hat sich aufgelöst und an seine Stelle treten mobile und vielfältige Lebensformen.

Das Neue an diesen Lebensformen ist, so Beck-Gernsheim, dass die Wahl der Lebensform heute der eigenen Entscheidung unterliegt und darum nicht mehr klar ist, »wo man für die neuen Fragen und Entscheidungen überhaupt Orientierungen und Wegweiser findet.«[25] Die Modernisierungsprozesse haben aufgrund der zunehmenden Individualisierung zu einem Orientierungsvakuum geführt, an dessen Stelle die Liebe als moderne Nach-Religion getreten sei.[26]

Die Individualisierungsthese ist vielfach diskutiert worden und hat ihren Eingang in viele wissenschaftliche und journalistische Publikationen gefunden, die sich der Frage nach dem Wandel der Lebensformen widmen.[27] Es ist umstritten, ob dieses Risikoszenario, mit den beschriebenen Ursachen und Wirkungen, der Herauslösung der Menschen aus Bindungen und Verpflichtungen der traditionellen Kernfamilie als Ausdruck ihrer Ablehnung zu verstehen ist. Die Diagnose der Individualisierung unterstellt eine Einheitlichkeit der sozialen Prozesse, die das Widersprüchliche innerhalb der sozialen Prozesse kaum beschreibbar macht.[28] Die Grundlage der Individualisierungsthese ist die behauptete Freisetzung der Individuen aus sozio-kulturellen Vorgaben und die damit implizit verbundene These, dass eine Ablösung von Subjekten aus ihren kulturellen Rahmenbedingungen grundsätzlich möglich ist. Wenn aber davon ausgegangen werden kann, dass soziale Lebensformen und ihre spezifische Ausgestaltung historisch bedingt und kulturell verortet sind, dann lässt sich diese Annahme in gleichem Maße auch für gegenwärtige Lebensformen geltend machen. Vieles spricht also dafür, von einer »Verschiebung dieser kulturellen Kriterien der Subjektivation«[29] auszugehen, die in den gegenwärtigen Diskursen, Bildern und Handlungen selbst Ausdrücke eines sich veränderten Selbstverständnisses darstellen.

24 Ebd., 20.
25 Ebd., 26.
26 Beck/Beck-Gernsheim 1990, 231ff.; vgl. die Diskussion der These bei Nord 2001, 15–25.
27 Vgl. Vaskovics 1997, 36ff., der von ca. 400 sozialwissenschaftlichen Buchpublikationen zu Familienfragen im Zeitraum zwischen 1988 und 1994 spricht.
28 Vgl. dazu Reckwitz 2006, 9–33, insb. 14ff.
29 Ebd., 448.

Die Ausführungen zu der Pluralisierung der Lebensformen differenzieren zudem nicht zwischen familiären (auf ein Zusammenleben mit Kindern bezogene) und nicht familiären Lebensformen, was zu der Einschätzung führt, dass sich sowohl soziale Lebensformen (z. B. das Single-Leben) als auch familiäre Lebensformen (wie z.b. das Leben als Alleinerziehende/r) gleichermaßen verändert hätten, ein Eindruck, der nicht unwidersprochen geblieben ist.

4. Die Pluralisierungsthese in der Diskussion

Kritisch zur These der Pluralisierung der Lebensformen hat sich die Familiensoziologin Nave-Herz geäußert, die diese als ein »Konstrukt der Wissenschaft«[30] bezeichnet, weil sie ungeeignet sei, die soziale Realität angemessen zu beschreiben. Ihre Kritik richtet sich auf eine mangelnde Begriffsreflexion, weil die Charakterisierung der Pluralisierung notwendigerweise deutlich machen muss, auf was sie sich bezieht: »auf die innerfamilialen Wandlungsprozesse, auf die Rollenbesetzung in der Familie und/oder auf die Familienbildungsprozesse«.[31] Die These der Pluralisierung fokussiere zu einseitig die Vielfältigkeit im Hinblick auf die Familienbildungsprozesse (durch Geburt, Scheidung, Tod des Partners) und die familiale Rollenzusammensetzung (Zwei-Eltern-Familien sowie die verschiedenen Ein-Eltern-Familien) und nehme so die entscheidenderen Wandlungsprozesse wie z. B. den Einstellungswandel zu Ehe und Familie sowie die Veränderungen im innerfamilialen Leben nicht in den Blick. Weit gravierender sind ihrer Analyse zufolge die funktionale Differenzierung von Ehe und Familie in den letzten 25 bis 40 Jahren und nicht die Individualisierung biografischer Lebensformen. Zur Begründung ihrer These, dass die Vielfalt von familiären Lebensformen im Vergleich zur vorindustriellen Zeit nicht angestiegen ist, legt sie eine soziostrukturell-statistische und eine lebenslaufspezifische Perspektive zugrunde. Denn zunächst müsse man einen unerwarteten Befund konstatieren: Die Pluralisierung der Lebensformen trifft im weit geringerem Maße, als oft suggeriert wird, die ›Lebensform Familie‹. Die entscheidenden Verschiebungen der letzten Jahrzehnte ergeben sich nicht innerhalb der Lebensform Familie, sondern im Verhältnis

30 Nave-Herz 1997, 36.
31 Ebd., 45.

zu ihr: So gibt das Statistische Bundesamt den Anteil der verheirateten Eltern (mit mindestens einem minderjährigen Kind im elterlichen Haushalt) für das Jahr 2009 bundesweit mit 72,5 Prozent, in Ostdeutschland mit 58 Prozent an. Die Zahl von nicht ehelichen Lebensgemeinschaften, in denen Kinder aufwachsen, liegt bei 8,5 Prozent und der Anteil der Alleinerziehenden bei 19 Prozent. Immer noch wächst also ein Großteil der minderjährigen Kinder mit verheirateten Eltern auf. Deutlichere Verschiebungen haben sich entlang der Linie Lebensformen mit Kindern und Lebensformen ohne Kinder ergeben: 2009 lebten in 8,2 Millionen Haushalten (gut 20 Prozent der Haushalte) minderjährige Kinder, 1991 waren es noch 27 Prozent gewesen.[32] Die Anzahl der Haushalte, in denen überhaupt Kinder aufwachsen, ist mittlerweile auf weniger als ein Drittel geschrumpft. Folgendes Fazit lässt sich aus diesen Erkenntnissen ziehen: »Es sind vor allem die unterschiedlichsten Haushalts- und Lebensformen (ohne Kinder), die zugenommen haben und durch die die Lebensform der Familie (Eltern/Elternteile mit Kind/ern) in eine Minoritätenposition gedrängt wurde.«[33] Es ist also zu differenzieren »zwischen dem Begriff der ›Lebensform‹ als übergeordnetem Begriff und dem der ›Familie‹ als eine von vielen Lebensformen, deren essenzielles Kriterium die Generationendifferenzierung aufgrund von biologischer und/oder sozialer Elternschaft ist.«[34] Die Pluralisierung der Lebensformen betrifft vor allem die Zunahme von Haushalten, in denen keine Kinder (mehr) aufwachsen.

Der Wandel der Familie zeigt sich in einer Aufspaltung der Gesellschaft in einen relativ unveränderten Familien- und einen nicht familiären, pluralen Lebensformensektor. Die Lebensform Familie ist also gegenüber anderen Lebensformen deutlich auf dem Rückzug. Diese Entwicklung ist vor allem darauf zurückzuführen, dass die zunehmende Lebenserwartung und die Reduktion der Kinderzahl in den Familien zu einer zeitlichen Verschiebung der Familienzyklen geführt haben. Nave-Herz spricht von einer »Paargesellschaft«[35], denn die nachelterliche Phase hat sich gegenüber früheren Zeiten deutlich ausgeweitet. Die Familienphase (d. h. Eltern mit minderjährigen Kindern) hat sich dagegen deutlich verkürzt: »Diese Zeitspanne macht nur noch ein Viertel

---

32 Angaben des Statistischen Bundesamtes über Haushalte und Familien, vgl. www. destatis.de (abgerufen am 20.11.2010).
33 Bundesministerium für Familie, Senioren, Frauen und Jugend 1994, 72.
34 Nave-Herz 1998, 293.
35 Dies. 1997, 40.

des gesamten Lebens aus, vor 100 Jahren noch über die Hälfte.«[36] Das Zusammenleben mit Kindern ist zu einer »transistorischen Phase«[37] geworden, die gleichwohl in der subjektiven Perspektive die Familie mit einem lebenslangen Zugehörigkeitsgefühl verbindet.[38]

Die soziologische Forschung hat vor dem Hintergrund der angenommenen Prozesse von Individualisierung und Pluralisierung der Lebensformen die Familie in erster Linie unter dem Aspekt der emotionalen Beziehungen thematisiert und deren Labilität hervorgehoben. Die Familie als Solidargemeinschaft zu verstehen, in der Solidarleistungen von einer Generation in die nächste gegeben werden, ist erst in der jüngeren Forschungsliteratur zunehmend als Thema wahrgenommen worden. Internationale Untersuchungen belegen, dass die Solidarleistungen in Bezug auf Eltern/Kind und Großeltern/Enkel gerade in Gesellschaften, die sich in Umbruchsituationen befinden, zugenommen haben und die Transferleistungen in den Familien zwischen den Generationen auch bei getrennten Haushalten sehr hoch sind.[39] Die Entwicklung einer egozentrierten Gesellschaft kann also mit den vorhandenen Daten nicht bestätigt werden, vielmehr gilt: »Die Multilokalität der Mehr-Generationen-Familie bedeutet aber keinesfalls eine Aufkündigung der familialen Mehr-Generationen-Solidargemeinschaft.«[40]

Die hier erörterte Diskussion zeigt zweierlei: Zum einen ist die Pluralität der Lebensformen nicht gleichzusetzen mit der gestiegenen Pluralität familiärer Lebensformen. Neu ist die quantitative Zunahme von anderen Lebensformen, die nicht familiär sind. Andere Lebensformen sind aber kein Produkt der Moderne, in dem Sinne, dass eine einheitliche Familienform historisch vorausgesetzt werden kann. Es kann »allenfalls dann von einer Vervielfältigung der Lebensformen gesprochen werden, wenn nur die Zeit nach dem Zweiten Weltkrieg bis zur Mitte der 1960er Jahre als Vergleichsmaßstab dient«.[41] Denn: »Kaum wird eine ›neue‹ Familienform in der gegenwartsbezogenen aktuellen Familienforschung entdeckt (sei es in Form des nicht ehelichen Zusammenlebens, Ein-Eltern-Teilfamilien, aber auch sukzessive Polygamie etc.), melden sich die historischen Familienforscher kurz danach und sagen:

36 Ebd.
37 Dies. 1998, 294.
38 Schneider 1994, 20.
39 Vaskovics 1997, 33; vgl. dazu Lettke 2007; vgl. dazu Nussbaum, 2002, 206f.
40 Nave-Herz 1998, 298.
41 Gerhard 2009, 183.

Diese Familienform als Prototyp gab es im Laufe unserer Geschichte schon früher.«[42] Auch historisch sind Familienformen immer vielfältiger gewesen als gemeinhin unterstellt, verändert haben sich jedoch die Prozesse, in denen Ehe und Familie gegründet werden sowie Generationen und Geschlechter miteinander leben.

Im Hinblick auf sogenannte ›neue‹ Lebensformen hat sich die quantitative Bedeutung erhöht, vor allem aber auch die gesetzliche Legalisierung dieser Familienformen, wie die Veränderungen zu Sorge- und Unterhaltsrecht belegen.[43] ›Neu‹ im historischen Sinne sind gleichgeschlechtliche Partnerschaften mit Kindern, in denen die Konstitutionsprinzipien ›Ehe‹ und ›gemeinsame Elternschaft‹ gleichermaßen alteriert werden und die durch die moderne Reproduktionsmedizin ermöglichte Elternschaft, die auf einer spezifischen Trennung zwischen biologischer und sozialer Elternschaft basiert.

5. Die Lebenslaufperspektive

Die Veränderung der Familienkonstellationen anhand des Lebenslaufs deutlich zu machen, führt dazu, die zeitliche Ausrichtung von Familiengründung und Familienleben stärker zu berücksichtigen. Auch wenn das Zusammenfallen von biologischer und sozialer Elternschaft bei minderjährigen Kindern mehrheitlich nach wie vor von denselben Personen (leibliche Mutter und leiblicher Vater) ausgeübt wird, so sagen die angegebenen Zahlen nichts darüber aus, »wie viele dieser Eltern, simultan eine andere Elternschaft auch gegenüber Kindern aus einer früheren Partnerschaft wahrnehmen«.[44] Vaskovics' Differenzierung von sozialer und biologischer Elternschaft zielt darauf ab, den zeitlichen Verlauf von Elternschaft- und Elternschaftskonstellationen in den Blick zu nehmen, aus denen sich biografisch auch eine »Pluralisierung der Kindschaftskonstellationen«[45] ergeben kann. Die Rollen können mehrfach besetzt werden. Der Vorteil dieser Blickrichtung besteht darin, auch Phänomene wahrnehmen zu können, die als »latente« Familie oder

---

42 Vaskovics 1997, 25.
43 Vgl. Marthaler 2009, 187–224; vgl. Hohmann-Dennhardt 2010, 51–69.
44 Vaskovics 2009, 281.
45 Ebd., 278.

»erweiterte Kernfamilie« bezeichnet werden und die wesentlich auf der subjektiven Bewertung der Beziehungsqualität beruhen.[46]

Die Diskussion über die Pluralisierung familiärer und nicht familiärer Lebensformen zeigt auf, dass sie sich vor allem auf die formalen bzw. morphologischen Aspekte von Familie konzentriert. Es drängt sich der Eindruck einer begrenzten Pluralität auf, die nicht zuletzt deshalb Aufmerksamkeit findet, weil sie mit einem Abbau von Normalitätsvorstellungen einhergeht, nach denen das Häufigste auch das Richtige sei.[47] Die Familie bleibt unter Individualisierungsbedingungen auch heute noch die wahrscheinlichste Option der Lebensführung. Die der Pluralisierungsthese zugrunde gelegte Sicht auf das Subjekt als eine »Instanz der autonomen Selbstregierung«[48], das sich aus traditionellen Vorgaben befreit, unterschlägt den Anteil der sozialen Kontextbezogenheit, auch wenn sich Entscheidungsmöglichkeiten und Optionen bezüglich der Lebensformen erweitert haben.

Die kritische Diskussion der Pluralisierungsthese legt weiterhin nahe, stärker zwischen familialen und nicht familialen Lebensformen zu unterscheiden und die biografische Umsetzung unterschiedlicher Lebensformen zu berücksichtigen. Die Einbeziehung der lebenslaufspezifischen Perspektive kann als Korrektiv wirken, wird aber im Hinblick auf die tatsächlichen Veränderungen in der Biografie unterschiedlich bewertet: Während Nave-Herz vor allem die zeitlichen Verschiebungen im Lebens- und Familienzyklus im Blick hat, bestätigen die Ausführungen von Vaskovics die von Beck konstatierte Pluralisierung familialer Lebensformen in dem Punkt, dass es verschiedene, sich voneinander ablösende (oder simultan nebeneinander stehende) Lebensformen innerhalb einer Biografie geben kann. Mit Blick auf die »alternativen« Lebensformen lässt sich feststellen, dass sie vorwiegend Alternativen in bestimmten Lebensabschnitten sind.[49]

Im Hinblick auf die Unterstellung von Risiko und der Auflösung von Strukturen zeigt sich hingegen, dass Familien wie Individuen im Wesentlichen als »Gefährdete« im Mittelpunkt stehen. Dieser verengte Blick lässt den Wandel als ein risikobehaftetes Phänomen erscheinen. Es werden die »Suchbewegungen«[50] akzentuiert, nicht die Kontinuitäten. Aus

46 Ebd., 290ff.
47 Lüscher 1999, 4.
48 Reckwitz 2006, 13.
49 Burkart 2007, 87.
50 Beck-Gernsheim 1998, 56.

dieser Perspektive unterliegen Familien vornehmlich Gestaltungszwängen, haben jedoch kaum oder nur negativ begründete Gestaltungsfreiheiten. Auch wenn diese Einsicht für die sozialwissenschaftliche Forschung ein gewohnter Blick ist, wie Vaskovics konstatiert,[51] so wird zu wenig danach gefragt, welchen Einfluss Familien auf die Umwelt haben, welche Gestaltungsmöglichkeiten ihnen zukommen und wie sie diese verwirklichen.

6. Deinstitutionalisierung von Ehe und Familie

In der Diskussion um die Pluralisierung von Lebensformen spielt die steigende Zahl der Ehescheidungen immer wieder eine große Rolle. Es ist der »Streit um die Zahlen«[52] innerhalb der soziologischen Forschung, der zu sehr unterschiedlichen Einschätzungen führt. Anhand der Zahlen wird die Frage diskutiert, in welchem Umfang sich die Bedeutung der Ehe verändert hat und wie sich die höhere Zahl an Scheidungen auf das »System Familie« auswirkt.

Die Frage ist, ob weiterhin klar identifizierbare Muster von Partnerschaft und Familiengründung hervortreten oder ob es im Bereich von Ehe und Familie mehr Instabilität, mehr Übergänge und Zwischenformen gibt, die die Biografien der Einzelnen zu »Bastelbiographien«[53] machen.

An diesem Punkt zeigt sich, dass die von Nave-Herz eingeforderte »stärkere semantische Differenzierung zwischen Ehe und Familie«[54] hilfreich ist, denn es scheint so zu sein, dass sich weniger die Familie als vielmehr das Sozialsystem Ehe verändert: »Im Hinblick auf die Scheidungszahlen muß zunächst betont werden, dass diese eine Abnahme des Verpflichtungs- und Verbindlichkeitscharakters der Ehe, weniger der Familie [...] signalisieren.«[55] Nave-Herz folgert aus dieser Erkenntnis, dass die Ehe separat von der Familie zu betrachten sei. Dies entspricht weitgehend der Deinstitutionalisierungsthese von Hartmann Tyrell, der von einer Entkopplung von Ehe und Familie ausgeht, die er als eine »Reduktion (aber durchaus nicht des Verschwindens) der insti-

51 Vaskovics 1997, 34.
52 Beck-Gernsheim 2000, 29.
53 Beck/Beck-Gernsheim 1994, 13.
54 Nave-Herz 1997, 45.
55 Dies., 1998, 305.

tutionellen Qualität von Ehe und Familie«[56] beschreibt. Vor dem Hintergrund des bürgerlichen Leitbildes, dass Ehe und Familie notwendig zusammen gehören, zielt die Deinstitutionalisierungsthese auf die Darstellung des Abbaus elementarer Selbstverständlichkeiten, da Sinn- und Verweisungszusammenhänge für das Handeln unverbindlicher werden und ihre Eindeutigkeit verlieren.

Das heute übliche Modell der individuellen Partnerwahl, das die Form der arrangierten Ehe und die Beteiligung der Herkunftsfamilie an der Entscheidung abgelöst hat, hat allerdings zu neuen Verhaltenskonstanten geführt wie der Voraussetzung des Ausbildungsabschlusses und der ökonomischen Selbstständigkeit.[57] Die Partnerschaftsbildung ist eingebettet in bestimmte kulturelle Wertmuster, die heute als »Bildungshomogamie«[58] zu beschreiben sind und als Phänomen erscheinen, die Partnerwahl durch ähnliche Bildungsabschlüsse oder durch analoge soziale Hintergründe vorzustrukturieren. Gleichzeitig lassen sich heute milieuspezifisch divergierende Partnerschafts- und Liebesorientierungen aufzeigen.[59] Während das bürgerliche Ehe- und Familienleitbild davon geprägt war, mit der Heirat wesentliche Veränderungen zu verbinden (gemeinsamer Haushalt, Beginn der legitimen Sexualität, Bereitschaft zur Familiengründung), sind diese Markierungen heute weit auseinander gezogen. Jugendliche haben sehr viel früher Beziehungen, die nicht mit der Absicht eingegangen werden, den/die künftige/n Partner/in für das Leben zu finden. In Deutschland heiraten nach wie vor viele Paare, die auf ein längeres gemeinsames Zusammensein zurückblicken. Die Partnerschaft zielt also wie im bürgerlichen Modell oft auf eine Ehe, allerdings schaltet es dieser Ehe »eine offene Phase der Partnerwahl unter ›Marktbedingungen‹ vor.«[60] Die Institution Ehe verschwindet zwar nicht, es ändern sich aber die kulturellen Muster, wie Partner gefunden werden, zu welchem Zeitpunkt im Leben eine Entscheidung für die Ehe getroffen wird und welche Veränderungen in der Biografie mit diesem Schritt einhergehen. Neben diesen offensichtlichen Verschiebungen sind aber auch Angleichungstendenzen familiärer Verhaltensweisen festzustellen. Sie zeigen sich in der Beschränkung der

56 Tyrell 1990, 145.
57 Vgl. Nave-Herz 2006, 119–131; vgl. auch Burkart 2009, 250ff.
58 Burkart 2008, 176.
59 Vgl. Burkart/Fietze/Kohli 1989.
60 Reckwitz 2006, 373.

Kinderzahl, der Eheschließung zum Zeitpunkt der Familiengründung und dem kleiner werdenden Altersabstand der Kinder.[61]

Offen bleibt die Frage, ob die Steigerung der Ehescheidungen so interpretiert werden muss, dass sie einen Bedeutungswandel bzw. -verlust der Ehe gegenüber anderen Lebensformen aufzeigen. Dieser Zusammenhang lässt sich nicht zwingend herstellen, wie Untersuchungen über die Ursachen von Scheidungen zeigen,[62] zumindest ist dieser Zusammenhang ambivalent: Obwohl immer mehr Ehen geschieden werden, weisen Kinder, Jugendliche und Erwachsene der Ehe nach wie vor hohe Spitzenwerte in der persönlichen Bedeutung zu. Diese zunächst widersprüchliche Datenlage wird durch die bereits 1969 von René König vertretene These verständlich, die davon ausgeht, »dass die Instabilität der Ehe gerade wegen ihrer hohen subjektiven Bedeutung für den einzelnen zugenommen hat«.[63] Damit wird auch die Institution der Ehe nicht generell in Zweifel gezogen: »In Frage gestellt wird nur die eigene Ehe.«[64] Der Ehe wird immer noch eine hohe Bedeutung zugewiesen, weil aber die »Qualität der persönlichen Beziehung stärker im Vordergrund steht als früher«[65], wird eine bestehende Ehe unter Umständen eher getrennt. Die romantische Liebe, als ein historisch entstandenes Kulturmuster ist heute noch als Bindungsmotiv für das Eingehen einer Partnerschaft und als kulturelles Ideal fest verankert. Damit unterliegt die eingegangene Partnerschaft auch bestimmten Risiken: »Eine derart autonomisierte Ehe bietet keinen ausreichenden Schutz gegen die Hauptgefahr intimer Beziehungen: ihre Instabilität.«[66]

Nave-Herz formuliert in diesem Zusammenhang die Kritik, dass familienstatistische Trends als Motivanalysen interpretiert würden[67] und damit ein Bedeutungsverlust unterstellt wird, der nicht so einfach zu konstatieren ist. Deutlich ist allerdings auch, dass die hohen Erwartungen an emotionale Stabilität nicht zwingend zu einer größeren institutionellen Stabilität führen. Die Liebe als Grundbedingung einer Partnerschaft vorauszusetzen und ihre unveränderte Geltung über einen langen Zeitraum anzunehmen, zeigt die kulturellen Konflikte auf, die

---

61 Lüscher 1988, 255.
62 Vgl. Nave-Herz u.a. 1990.
63 Bundesministerium für Familie, Senioren, Frauen und Jugend 1994, 87.
64 Nave-Herz 1998, 305.
65 Burkart 2006, 180.
66 Luhmann 1982, 199.
67 Vgl. Nave-Herz 1998, 295f.

sich mit diesem Liebesmodell ergeben. Die angesprochenen Veränderungen können als Deinstitutionalisierungsprozesse von Ehe und Familie verstanden werden, die diese beiden nicht mehr notwendigerweise als miteinander gekoppelt betrachten.

7. Von der ehe- zur kindzentrierten Familie

Die angesprochene Entkopplung von Ehe und Familie lässt sich an zwei Phänomenen verdeutlichen: Erstens spiegelt das moderne Familienrecht die Aufspaltung in zwei nicht mehr notwendig aufeinander bezogene Bereiche wider, zweitens kommt den Kindern als Anlass zur Eheschließung eine hohe Bedeutung zu.

Das Familienrecht hat in den vergangenen Jahrzehnten zunehmend Änderungen in Bezug auf die Rechtsstellung des Kindes vorgenommen. Die Rechte von Kindern auf Schutz, Erziehung und Entfaltung der Persönlichkeit sind kontinuierlich gestärkt worden. Kinder werden als eigene Rechtssubjekte wahrgenommen.[68] Vor allem die Gleichstellung ehelicher und nichtehelicher Kinder im neuen Kindschaftsrecht von 1998 führte zu einem erweiterten Familienverständnis: Es umfasst nun die Ein-Eltern-Familie bzw. verbindet als Unterhalts- und Erbengemeinschaft auch den Vater mit seinen außerhalb der Ehe geborenen Kindern. Im neuen Unterhaltsrecht (2008) soll das Wohl der Kinder mehr als bisher Berücksichtigung finden. Deshalb wird minderjährigen Kindern ungeachtet der Frage, ob sie aus ehelicher oder nicht ehelicher Beziehung, aus erster oder zweiter Ehe stammen, der erste Rang bei der Anspruchsberechtigung von Unterhalt eingeräumt.[69]

Rechtsfolgen werden zunehmend statusunabhängig angeknüpft, d.h. die Ehe ist nicht mehr das einzige rechtliche Familienverhältnis, das die Rechtsbeziehungen von Mann und Frau sowie Eltern zu ihren Kindern regelt. Die Rechte der Kinder werden zunehmend von der Ehe abgelöst, Elternschaft und Partnerschaft/Ehe werden als rechtlich differenzierte institutionelle Komplexe behandelt. Das moderne Familienrecht spricht davon, Rechtsfolgen statusunabhängig anzuknüpfen. Dabei orientiert es sich an dem Verantwortungsprinzip, das Elternschaft inten-

---

68 Zu nennen wäre hier das Nichtehelichenrecht von 1969, das Sorgerechtsgesetz von 1979, das Kinder- und Jugendhilfegesetz von 1991. Vgl. Marthaler 2009, 153–182; vgl. Surall 2009, 35–106.
69 Vgl. Hohmann-Dennhart 2010, 59.

tional versteht: »Das Modell intentionaler Elternschaft verwirklicht zudem die drei zentralen Prinzipien eines modernen Familienrechts, d. h. Nichteinmischungs-, Verantwortungs- und Kindeswohlprinzip, darf doch davon ausgegangen werden, dass es dem Kindeswohl am besten dient, wenn zwei Menschen willentlich Verantwortung für ein Kind übernehmen.«[70] So lässt sich zusammenfassend noch einmal sagen, dass das moderne Familienrecht hat eine gravierende Veränderung vollzogen: Die Ehe ist nicht mehr das einzige anerkannte rechtliche Familienverhältnis, das die Rechtsbeziehungen zwischen Mann und Frau sowie zwischen Eltern und Kindern prägt, d.h. Rechte sind nicht mehr ausschließlich vom Status der Ehe abgeleitet.

Die Kindzentrierung spiegelt sich auch im veränderten Heiratsverhalten, denn de facto werden in Deutschland (West) zunehmend Eheschließungen zum Zeitpunkt der Familiengründung vollzogen bzw. nicht eheliche Lebensgemeinschaften dann in Ehen überführt, wenn aus Partnern Eltern werden. Die Ehe ist weniger Voraussetzung, sondern Folge von Kindern. Die Entscheidung für ein Kind wird dann gefällt, wenn die Eltern sich in der Lage sehen, die Verantwortung sowohl für die Übernahme und Sicherstellung der ökonomischen Belastung als auch für die psychische Zuwendung zum Kind inklusive der dafür benötigten Zeitressourcen zu übernehmen. Kaufmann hat dieses Phänomen als »Normkomplex verantworteter Elternschaft«[71] bezeichnet, der mit der kindorientierten Ehegründung eng verbunden ist.

Diese Verhaltensänderungen können nach Nave-Herz auch im Zusammenhang mit der nach wie vor traditionellen Arbeitsteilung zwischen Mann und Frau gesehen werden, die oft nach der Geburt eines Kindes wieder aufgenommen wird. Sie versteht das Zusammenfallen von Eheschließung und Geburt des Kindes als »realitätsgerechte Antworten auf die noch immer in unserer Gesellschaft gegebene strukturelle Ungleichheit zwischen den Geschlechtern, vor allem für Mütter«.[72] Auf der Ebene der individuellen Entscheidung zur Eheschließung spiegelt sich die Wechselwirkung zwischen der sich verändernden ökonomischen Abhängigkeit und der entsprechenden Anpassung der Individuen an diese Strukturen. In dem Moment, in dem Kinder zur Welt kommen und die Mütter anschließend für eine gewisse Zeit vorwiegend zu Hause bleiben, wird auf die Absicherung in der Ehe zurückgegriffen.

70 Schwenzer 2010, 113.
71 Kaufmann 1988, 395.
72 Nave-Herz 2007, 21.

Die unterschiedlichen Wertorientierungen von Familie und Beruf führen zum Zeitpunkt, an dem Kinder geboren werden, in vielen Fällen immer noch zu einer Hinwendung zum traditionellen Familienmodell. Die folgenden Überlegungen zum Zusammenhang von Wohlfahrtsstaat und Familie sollen diese Befunde noch einmal in anderer Perspektive beleuchten.

Kapitel II
Familie und Wohlfahrtsstaat

1. Vereinbarkeit von Familie und Beruf
als Entscheidungsproblem

Im Kontext der Frage des Wandels der Familie und der gesamtgesellschaftlichen Zusammenhänge kommt dem Bereich der Ökonomie und insbesondere dem Erwerbsleben eine zentrale Bedeutung zu. Es geht um die Frage, wie sich Lebensformen, die von der Fürsorge für andere geprägt sind, überhaupt mit Erwerbstätigkeit vereinbaren lassen. Im 7. Familienbericht von 2006 der Bundesrepublik heißt es: »Eines kann mit Sicherheit über die Zukunft gesagt werden: Wir können davon ausgehen, dass das Modell geschlechter-segregierender Zeitstrukturen, der Arbeitsteilung zwischen Elternhaus und Schule und der klaren Trennung zwischen ökonomischer Verantwortung für die Familie und regenerativer Sozialisation keine Zukunft haben kann.«[73] Die traditionelle geschlechtsspezifische Arbeitsteilung wird aus unterschiedlichen Gründen für beendet erklärt. Die Frage ist nun, welche Konsequenzen sich aus dieser Erkenntnis ergeben.

Offensichtlich hat sich das Verhältnis von Erwerbs- und Fürsorgearbeit verändert und mit ihr die dahinter stehenden soziokulturellen Leitbilder. Dieser Wandel lässt sich anhand der Vereinbarkeitsdebatte nachzeichnen, da in ihr die Wechselbeziehungen zwischen Erwerbs- und Fürsorgearbeit für das Geschlechterverhältnis zum Tragen kommen. Der Wandel erfolgt aber auch auf der Ebene der Generationen, weil die Verhältnisbestimmung von Erwerbs- und Fürsorgearbeit immer auch Konsequenzen für den Lebensalltag von Kindern hat. Dieser differenzierende Zugang ist deshalb notwendig, weil sich erst in dieser Form die strukturellen Ambivalenzen der Vereinbarkeitsproblematik auf beiden Ebenen aufzeigen lassen.

Die These der Individualisierung basiert auf einer spezifischen Wahrnehmung der veränderten ökonomischen Bedingungen, die Ehe und Familie zunehmend in Konkurrenz zu den modernen Wirtschaftssystemen stellen, welche Mobilität und Flexibilität erfordern: »Das Markt-

---

73 Bundesministerium für Familie, Senioren, Frauen und Jugend 2006, 8.

subjekt ist in letzter Konsequenz das alleinlebende, nicht partnerschafts-, ehe-, oder familien- ›behinderte‹ Individuum. Entsprechend ist die durchgesetzte Marktgesellschaft auch eine *kinderlose* Gesellschaft.«[74] Beck erklärt das Feld der Erwerbsarbeit und Familie für nicht integrierbar, weil sich damit zwei Systeme gegenüber stünden, die nicht miteinander vermittelt werden könnten. Etwas vorsichtiger, aber von der Zielrichtung ähnlich, argumentiert Kaufmann. Das »magische Viereck« einer lebenslangen Ehe, eines eigenständigen beruflichen Fortkommens von Mann und Frau und von (mehrfacher) Mutterschaft ließe sich nur in Ausnahmefällen realisieren. Er zieht daraus die Schlussfolgerung: »Das aktuelle öffentliche Interesse an alternativen familialen Lebensformen nährt sich gerade aus der zunehmenden Unrealisierbarkeit dieses mit unterschiedlichen Akzentsetzungen heute allgemein gewordenen Ideales. Praktisch bedeutungsvoller erscheint jedoch die zunehmende Polarisierung zwischen denjenigen jungen Menschen, die ›in Familie investieren‹ und denjenigen, die auf diese Investition ganz oder weitgehend zugunsten von ›Selbstverwirklichungsmöglichkeiten‹ in Beruf und Freizeit verzichten.«[75]

Wie ein Leben mit Kindern unter den Bedingungen der Marktökonomie materiell gesichert werden kann, wird aufgrund von Individualisierungsbewegungen und wirtschaftlichen Anforderungen an die Verfügbarkeit der Arbeitskraft nur in Ausnahmefällen als lösbar angesehen. Die Vereinbarkeit von Familie und Beruf wird dann als Problem angesehen, wenn dessen Lösung im Raum der Familie zu leisten ist, quasi als privates Arrangement zwischen zwei Partnern verstanden wird.

Nave-Herz gelangt zu der These, dass es für die Frauen deshalb zu einem Entscheidungskonflikt kommt, weil sie sich zunehmend beruflich engagieren wollen, aber die entsprechende Erwartung an die Mutterrolle gleichgeblieben ist: »das Schul-, Ausbildungs- und Berufssystem hat sich für Frauen zeitgeschichtlich verändert und damit ist ihr Berufsengagement gestiegen; das Familiensystem, einschließlich der Mutter-Rollendefinition und der geschlechtsspezifischen Arbeitsteilung, hat für Frauen keine Veränderung in gleich starken Maße erfahren«.[76] Dieses Argument ist ein wesentlicher Grund, weshalb der Kinderwunsch bei gut ausgebildeten Frauen im Lebenslauf immer weiter nach hinten geschoben wird. Es besteht ein Entscheidungskonflikt, wenn der

74 Beck 1986, 191.
75 Kauffmann 1988, 398.
76 Nave-Herz 1998, 299.

Wunsch nach Kindern wegen des Berufsengagements bei gleichzeitigem Wunsch nach einem traditionellen Familienleben verschoben wird, denn »beide Wertorientierungen sind antagonistisch«[77], weil sich berufliche Ambitionen und traditionelle Mutter-Rolle unvereinbar gegenüberstehen. Die antagonistischen Wertorientierungen sind Ausdruck biografischer Einstellungsmuster, sie spiegeln aber auch den unterschiedlichen Wandel von gesellschaftlichen Teilsystemen wider.

Der hier angesprochene Wertekonflikt, der auch als ein Konflikt zwischen einem neuen Leitbild der erwerbstätigen Mutter und den nicht veränderten mütterlichen (eigenen) Rollenzuschreibungen verstanden werden kann, findet komplementär zu den Diskursen über die ›neue Väterlichkeit‹ statt. Gemeint sind die veränderten sozialen Anforderungen an Männer, ihre Rolle als Vater nicht mehr ausschließlich als Versorger zu verstehen, sondern auch als (Mit-)Verantwortlicher an der Erziehung und Haushaltsführung. Dabei ist die faktische Geltung der Norm der männlichen Versorgerrolle nach wie vor hoch, auf die unter anderem die aufwendigen Begründungen für die Nichtinanspruchnahme der Erziehungszeit hinweisen.[78]

Dennoch: Geschlechterrollen und eindeutige Fixierungen geschlechtsspezifischer Aufgabenzuweisungen werden zunehmend problematisiert, obwohl sie gerade dann oft übernommen werden, wenn Frau und Mann Eltern werden. Sie werden auf der Ebene der inkorporierten kulturellen Leitbilder und des praktischen Alltagshandelns virulent, etwa wenn es um die Frage geht, wer für die Kindererziehung verantwortlich ist.

Der Diskurs über die Vereinbarkeit von Familie und Beruf zeigt das Hineinwirken historisch entstandener kultureller Leitbilder über Mutter- und Vaterschaft in die gegenwärtigen Entscheidungsprozesse von Paaren. Es ergeben sich spezifische Mischungsverhältnisse von traditionellen und neuen Segmenten, die in diesen Diskurs mit einfließen. Werden die Ambivalenzen ausschließlich als private Entscheidungs- oder Wertekonflikte beurteilt, so wird deren gesellschaftliche Dimension ignoriert.

Aus feministischer Perspektive wird dieser Zusammenhang noch einmal deutlicher durch die intensive Beschäftigung mit dem Verhältnis von Erwerbs- und Fürsorgearbeit erhellt. Sie stellen das Verhältnis

77 Ebd.
78 Burkart 2007, 85ff.

von Erwerbs- und Fürsorgearbeit in den Kontext der gesellschaftlichen Anerkennung beider Formen von Arbeit.[79] Ute Gerhard resümiert, dass »der durchaus feststellbare soziale und kulturelle Wandel in den Geschlechterverhältnissen [...] durch Widersprüche und Ungleichzeitigkeiten gekennzeichnet«[80] ist. Die schwierige Balance zwischen Arbeit und Familie führt sie darauf zurück, dass Frauen nach wie vor mit der Geburt von Kindern oder der Übernahme von Pflegeleistungen für Angehörige ihre beruflichen Ambitionen zurückstellten und diese Tätigkeiten der Fürsorge und Pflege für andere nicht als Arbeit aufgefasst werden. Dieser Zugang versteht das Problem der Vereinbarkeit nicht als eines der individuellen Gestaltung, sondern fragt danach, wie beide Formen von Arbeit gesellschaftlich bewertet werden.

Gleichzeitig wird deutlich, mit wie vielen Widersprüchen und Ambivalenzen Transformationsprozesse verbunden sind, in denen sich alte Strukturen auflösen, neue aber (noch) nicht vorhanden sind. An dieser Stelle ist der von Beck postulierte Verlust von Standardisierungen wahrzunehmen. Es wird deutlich, dass die Veränderungen der familiären Strukturen den Anstoß geben »für eine gesamtgesellschaftliche Reflexionsnotwendigkeit, die sich der Aufgabe einer gesellschaftlichen Reformulierung von Funktionen zu stellen hat, die bisher im Rahmen bürgerlicher Familienvorstellungen dem privaten Nahbereich, vor allem den Frauen oblagen«.[81] Eine angemessene Analyse von Familie kann dementsprechend nur gelingen, wenn Fürsorge- und Erwerbstätigkeit systematisch aufeinander bezogen werden.

2. Vereinbarkeit als sozialstaatliche Regelung

Im internationalen Vergleich ergeben sich hinsichtlich der Vereinbarkeit von Fürsorge- und Erwerbstätigkeit aus deutscher Perspektive aufschlussreiche Befunde, denn es zeigt sich, dass die Länder mit der höchsten Frauen- und Mütter-Erwerbstätigkeit auch über die höchsten Geburtenraten verfügen (Schweden, Dänemark, Frankreich) und die Länder mit den niedrigsten Geburtenraten, zu denen auch Deutschland

---

79 Vgl. die Diskussion der terminologischen Bestimmung von Fürsorge und *care* bei Schnabl 2005, 15ff.
80 Gerhard 2009, 180.
81 Schnabl 2005, 13.

zählt, die niedrigste Frauenerwerbsquote aufweisen.[82] Die Fragestellung verschiebt sich auf das Verhältnis von Staat, Markt und Familie und wird aus dem binnenfamiliären Raum herausgenommen. Dieser Befund kann anhand zahlreicher empirischer Daten als gesichert gelten[83] und bewirkt, dass zunehmend erörtert wird, welche Konsequenzen sich daraus nicht nur für die sozialen Sicherungssysteme ergeben sondern auch für die zukünftige politische, soziale und ökonomische Situation Deutschlands.[84]

Die Ansätze der vergleichenden Wohlfahrtspflege, insbesondere die Arbeiten von Gøsta Esping-Andersen, bieten mithilfe der Differenzierung von verschiedenen »Wohlfahrtstypen« ein Instrumentarium an, die Beziehungen zwischen Wirtschaft, Arbeitsmarkt und Geschlechterordnungen zu berücksichtigen und sie vor dem Hintergrund unterschiedlicher soziokultureller Leitbilder zu differenzieren. Er arbeitet die Interdependenzen zwischen Erwerbstätigkeit und sozialstaatlicher Politik heraus und zeigt auf, welche Konflikte sich aufgrund unterschiedlicher Verhältnisse ergeben können. In seiner Arbeit *The Three Worlds of Welfare Capitalism*[85] unterscheidet er zwischen drei verschiedenen Wohlfahrtstypen: Die liberalen Wohlfahrtsstaaten, zu denen er die USA, Kanada und Australien und in den 1980er Jahren auch zunehmend Großbritannien zählt, sind durch ein Modell der Sozialstaatlichkeit geprägt, das sich in der Unterstützung des Staates für die freie Marktwirtschaft widerspiegelt und auf die Eigenleistungen und privaten Versicherungen seiner Bürger setzt.

Das konservativ-korporatistische Modell, als deren Vertreter er Deutschland, Österreich und Italien ansieht, sind von einem Sozialstaatlichkeitssystem gekennzeichnet, das stark arbeitsmarktzentriert ist und soziale Sicherheiten aufgrund erworbener Leistungen aufbaut: »It is a welfare state built on the traditionalist conservative and Catholic principle of subsidiary, meaning that women and social services (outside health) belong to the domain of family. [...] But it is also a welfare state powerfully dedicated to income maintenance for those who have ›earned‹ it. However, German eligibility-conditions are comparatively

---

82 Vgl. Gerhard 2009, 186.
83 Vgl. hierzu ausführlich Bundesministerium für Familie, Senioren, Frauen und Jugend 2006, 14–62.
84 Vgl. ebd., 63.
85 Esping-Andersen, 1990.

strict, and to earn benefits requires a long work-career, a serious disadvantage for many women.«[86]

Das sozialdemokratische Wohlfahrtsregime, das vor allem in den skandinavischen Ländern verwirklicht ist, knüpft die soziale Sicherheit als ein Recht aller Arbeitnehmer grundsätzlich an die Staatsbürgerschaft. Die soziale Sicherung wird über hohe Steuern finanziert und ist nicht abhängig vom individuellen Rechtsstatus, z. B. der Verheiratung. Je nachdem, auf welcher Basis ein Sozialstaat angelegt ist, wie man zu Berechtigungsansprüchen kommt und wie sie bezahlt werden, kommt der Erwerbstätigkeit eine andere Bedeutung zu, genauso wie sich aus diesen Arrangements unterschiedliche soziale Konflikte ergeben: »Welfare states indeed have a direct causal impact on how employment-structures and, as a result [...] new axes of social conflict, evolve.«[87]

Im Mittelpunkt der Analyse von Esping-Andersen stehen deshalb gesellschaftliche Strategien, die den Grad der Abhängigkeit der sozialen Sicherung von der Erwerbstätigkeit erfassen. Diese Aussage impliziert unterschiedliche Auswirkungen sowohl für die Geschlechterperspektive als auch für die zugrunde liegenden Familienstrukturen: »Contemporary welfare states and labour markets regulations have their origins in, and mirror a society that no longer obtains: an economy dominated by industrial production with strong demand for low-skilled workers; a relatively homogenous and undifferentiated, predominantly male, labour-force (the standard productive worker); stable families with high fertility and a female population primarily devoted to housewifery.«[88] Damit wird das Spannungsverhältnis von Erwerbstätigkeit und Fürsorge angesprochen, welches die im Haushalt geleistete Arbeit des einen als quasi natürliche Ressource des anderen für dessen Erwerbstätigkeit erst möglich macht: »Die Grundlage des bisherigen wohlfahrtsstaatlichen Arrangements beruhte somit auf Normalitätsannahmen, zu denen eine bestimmte Familienverfassung und Geschlechterordnung gehören.«[89] Die Analyse zeigt deutlich, dass soziokulturelle Leitbilder von Familie im Wesentlichen davon abhängen, wie zwei zentrale gesellschaftliche Institutionen, die Familie und der Arbeitsmarkt, auf der Grundlage der geschlechtlichen Arbeitsteilung miteinander verknüpft sind.

---

86 Ebd., 224.
87 Ebd., 221.
88 Ebd., 4.
89 Gerhard 2009, 188.

Esping-Andersens Kategorisierung stellt das Verhältnis von Markt, Staat und Familie in den Mittelpunkt seiner Analyse. Seine Arbeit kann zu Recht als »Paradigmenwechsel«[90] bezeichnet werden, da in der sozialpolitischen Analyse Aspekte der Geschlechterperspektive enthalten sind. Er kommt zu folgendem Resultat: »The emerging risk of postindustrial society comes primarily from the revolution that is unfolding in both labour markets and households.«[91] Deutlich ist, dass die geschlechtliche Separierung von Tätigkeiten als Grundlage der modernen Gesellschaft nicht mehr als selbstverständlich vorausgesetzt werden kann. An anderer Stelle betont er, dass diese Unausgewogenheiten weder von der einzelnen Familie noch vom Markt allein ausgeglichen werden können, sondern eine Anforderung an die Wohlfahrtsstaatspolitik sind.[92]

Als Konsequenz für den Wandel der Familie ergeben sich aufgrund der Frageperspektive folgende Einsichten: Wie der Bereich der Erwerbstätigkeit strukturiert ist und sozialstaatlich begleitet wird, wie groß also die Abhängigkeit bzw. Unabhängigkeit jedes Einzelnen von bezahlter Arbeit ist, hat Auswirkungen auf die Frage, wie Paare Erwerbs- und Familientätigkeit miteinander vereinbaren können.

Welche Arbeit zur Verfügung steht und wie der Zugang zur ihr ermöglicht wird, hat allerdings erheblichen Einfluss auf die Familie. Dabei kennzeichnet die Veränderung des Verhältnisses von Arbeitsmarkt und Haushalt eine gesellschaftliche Perspektive des sozialen Wandels, denen Familien in ihrem Alltagsleben unterliegen.

In Esping-Andersens Analyse bleibt jedoch weitgehend die Frage unbeachtet[93] – und auf diesen Aspekt richtet sich die feministische Kritik –, ob Pflege-, Erziehungs- und Betreuungsarbeit als kulturelle und materielle Wohlfahrtsproduktion sozialpolitisch eine Rolle spielen.[94] Weiterhin ist kritisch angemerkt worden, dass Esping-Andersen den Grad der Abhängigkeit des Einzelnen von der Erwerbsarbeit für die soziale Sicherung von einem männlichen Arbeitnehmer aus bestimmt, ohne zu thematisieren, dass es für Frauen, die die Zuständigkeit für alle

---

90 Ebd., 191.
91 Esping-Andersen 2009, 5.
92 Ders. 1999, 5.
93 Diese Kritik ist richtig, allerdings hat Esping-Andersen in späteren Veröffentlichungen den Zusammenhang zwischen Erwerbs- und Fürsorgearbeit aufgenommen, vgl. u. a. ders. 2009.
94 Gerhard 2009, 191.

Formen der Fürsorge übernehmen, zu völlig anderen Abhängigkeiten kommt.[95]

Birgit Pfau-Effinger[96] hat auf der Grundlage der differierenden wohlfahrtsstaatlichen Politiken drei Entwicklungspfade herausgearbeitet, die die Veränderung der kulturellen Leitbilder deutlich macht: das Hausfrauen-, das Vereinbarkeits- sowie das Doppelversorgermodell mit Kinderbetreuung außer Haus oder in der erweiterten Familie. Das Hausfrauenmodell der männlichen Versorgerehe, das in den 1950er und 1960er Jahren in Westdeutschland die zentrale kulturelle Basis für die Familie darstellte, hat sich seit den 1970er Jahren zu einem Vereinbarkeitsmodell der männlichen Versorgerehe entwickelt, das Frauen und Männern gleichermaßen die Beteiligung am Erwerbsleben zugesteht, im Fall der Geburt von Kindern aber von den Frauen erwartet, dass sie ihre Erwerbstätigkeit unterbrechen und danach in Teilzeit fortsetzen. In Gesellschaften (vor allem Skandinaviens und Frankreichs), die sich entlang des zweiten Entwicklungspfades verändert haben, dominiert ein Doppelversorgermodell mit außerhäuslicher Kinderbetreuung, das darauf basiert, dass beide Partner in Vollzeit beschäftigt sind und die Kinder vorwiegend in außerfamiliären Institutionen betreut werden. Für mediterrane Länder wie Spanien und Italien arbeitet sie ein Doppelversorgermodell mit Kinderbetreuung in der erweiterten Familie heraus, das sich als vorherrschendes kulturelles Leitbild der Familie herausgebildet hat. Im europäischen Vergleich bestehen erhebliche Differenzen in der Strukturierung von Erwerbstätigkeit und Fürsorge, so dass sich die Leitbilder von männlicher und weiblicher Erwerbstätigkeit vor dem Hintergrund der spezifischen Wohlfahrtspolitik spiegeln.

In der westdeutschen Vereinbarkeitsdebatte reflektiert sich also die Schwächung eines Familienmodells, das auf der geschlechtsspezifischen Arbeitsteilung beruht. Es ist ein Verdienst der vergleichenden Sozialstaatspolitik und der kritisch hinterfragenden feministischen Sozialwissenschaften, dieses Arrangement als eine spezifische und damit prinzipiell veränderbare Politik herausgearbeitet zu haben. Die Sozialwissenschaften zeigen, dass auch die sozialen Sicherungssysteme einem bestimmten Geschlechts- und Familienverständnis unterliegen und damit Weichen für biografische Entscheidungen stellen. Aus dieser Per-

---

95 Vgl. Lewis 1992.
96 Pfau-Effinger 2009, 243ff.

spektive rückt das Verhältnis von Erwerbsarbeit und Fürsorge sowie deren kultureller Bedeutung in den Mittelpunkt der Wahrnehmung.

Der 7. Familienbericht der Bundesregierung nimmt in diesem Zusammenhang das Stichwort »Humanvermögen«[97] auf, um zu beschreiben, in welcher Weise Familien durch die in ihnen geleistete Arbeit für die Gesellschaft notwendig sind. Die Bereitschaft, Kinder zu erziehen oder ältere Menschen im privaten Kontext zu pflegen, sei als Produktion gemeinsamer Güter zu verstehen, die eine genauso erschöpfbare Ressource sei wie andere Ressourcen auch. Von solchen Leistungen profitiere die gesamte Gesellschaft und sei es nur, weil bestimmte Kosten nicht anfallen, an denen sich ansonsten jeder Einzelne beteiligen müsse.[98] Der Familienbericht spricht in diesem Zusammenhang von der »Herstellungsleistung« der Familie und markiert einen Perspektivenwechsel, der die in der Familie geleistete Arbeit nicht als selbstverständliche, sondern als voraussetzungsvolle Aktivität der Familien versteht und die Aufgabe in den Blick nimmt, die in der Entwicklung von Praktiken und Gestaltungsleistungen liegt, um das gemeinsame Leben täglich neu zu meistern.

Dabei erwächst aus der Perspektive des Sozialstaats nicht nur ein Gerechtigkeitsproblem zwischen Erwerbs- und Fürsorgearbeit in Bezug auf die Geschlechterbeziehung, sondern auch ein Solidaritätsproblem zwischen den gesellschaftlichen Gruppen, die Fürsorge übernehmen, und denen, die es nicht tun.

Der Begriff »Humanvermögen«, der die gesamtgesellschaftliche Bedeutung der Arbeit in Erinnerung ruft, die in Familien geleistet wird, steht in der Gefahr, die Familie funktionell als ökonomischen Faktor für die Gesellschaft festzulegen. Gerade deshalb ist es so wichtig, den Blick dafür zu schärfen und keinesfalls zu vergessen, dass in Familien Aufgaben übernommen werden, die für den Bestand einer Gesellschaft von wesentlicher Bedeutung sind, und die Frage ihrer gesellschaftlichen Anerkennung in den Horizont der gesellschaftlichen Diskurse über Arbeit aufzunehmen.

Die in der sozialpolitischen Perspektive entwickelten Überlegungen drehen sich ausschließlich um die Frage nach der Arbeitsteilung zwi-

---

97 Der Begriff »Humanvermögen« wurde erstmals in dem 5. Familienbericht der Bundesregierung (1994) verwandt, um die gesamtgesellschaftliche Bedeutung der Familien herauszustellen. Vgl. dazu auch Kaufmann 2005, 28ff.; vgl. die Diskussion über Sozial- und Humankapital in Bayerl 2006, 107–177.
98 Bundesministerium für Familie, Senioren, Frauen und Jugend 2006, 5.

schen Männern und Frauen und deren gesellschaftspolitischer Basis. Obwohl das Vereinbarkeitsproblem immer auf die Vereinbarung von Familie und Beruf rekurriert und damit grundsätzlich das Vorhandensein von Kindern voraussetzt, kommen Kinder als eigenständige Akteure kaum in den Blick. Da aber das Generationenverhältnis und das Geschlechterverhältnis in der Institution Familie verschränkt sind, zieht »die Veränderung des einen [...] unweigerlich Veränderungen des anderen nach sich«.[99]

Nimmt man die Kinder stärker in den Blick, zeigt sich das Vereinbarkeitsproblem noch einmal aus einer anderen Perspektive: Welche Form von Privatheit benötigen Familien? Für wie notwendig erachtet man, dass die Fürsorgeleistung ausschließlich von einem der beiden Eltern übernommen wird? Es geht hierbei um einen Konflikt zwischen familiärer und institutioneller Fürsorgeleistung, dessen Kern die Frage ist, welche Formen Kinder benötigen, um gut aufwachsen zu können. Dies bettet die Familienthematik in einen weiteren Horizont ein als nur in den des Humanvermögens. Damit zielt die Frage wiederum auf eine über das individuelle Familienarrangement hinausgehende Frage: Wie wird Kindheit und Jugend unter sich verändernden Strukturen von Arbeit sozial organisiert?

99 Zeiher 1996, 38.

Kapitel III
Aufwachsen von Kindern zwischen familiären und institutionellen Formen

1. Gestaltung von Pflege, Erziehung und Fürsorge

Vielversprechende Impulse für die Diskussion um die Familie ergeben sich aus der Frage, welche Leistungen Familien erbringen. Diese Frage ließe sich ausschließlich als ein funktionales Problem formulieren, mit dem auf die notwendig zu leistende Sozialisationsarbeit hingewiesen wird. Dieses Verständnis ist unzureichend, denn die Frage, wie die Nachwuchspflege in Gemeinschaften organisiert wird, provoziert »Sinngebungen und Vorstellungen darüber, welche der Formen als richtig angesehen werden.«[100] Erst wenn diese Sinngebungen und Vorstellungen deutlich werden, kann zum Ausdruck kommen, welche Familienformen zur Förderung des menschlichen Gedeihens angemessen sind und welche unter Umständen nicht. Es geht also darum, eine, wie Martha Nussbaum es ausdrückt, »noch so vage und allgemeine Vorstellung«[101] davon zu haben, welche Bedingungen menschliches Werden benötigt, und anschließend zu fragen, welche Formen der Fürsorge im familiären und gesellschaftlichen Zusammenhang bereitgestellt werden sollten. Familie kann nicht als ein autonomes System gesehen werden, denn »wie Eltern und Kinder ihr Zusammenleben organisieren müssen und können, [wird] ständig und kräftig, direkt und indirekt von den sozialen Umwelten beeinflusst.«[102]

Ausgehend von der Tatsache, dass menschliche Säuglinge andere und längere Fürsorge als alle anderen Primaten benötigen, bis sie selbstständig sind, kommt die Sozialbiologin Sarah Hrdy durch einige bemerkenswerte Untersuchungen zu der Hypothese, dass der Mensch, ähnlich wie zahlreiche Säugetiere und Vogelarten, in Gruppen ein »cooperative breeding« betrieben haben muss, um das eigene Überleben zu sichern. Sie untersuchte statt des Fortpflanzungsverhaltens die Bedingungen der Aufzucht, unter denen Säugetiere, aber auch Jäger- und Sammlergesell-

100 Lüscher 2008, 121.
101 Nussbaum 2002, 210.
102 Lüscher 2008, 122.

schaften in Tansania ihre Nachkommen aufziehen und fragte dabei nach der Bedeutung der sozialen Umwelt für die Aufzucht des Nachwuchses, um letztendlich zu identifizieren, »welche Vorteile bestimmte Verhaltensmuster in der Evolution hatten.«[103] Die Studien dieser kooperativen Aufzucht zeigen, dass überall dort, wo Großmütter, Tanten und zumeist andere weibliche Helfer sich um die Kindererziehung kümmern, der Nachwuchs besser ernährt wird und gesünder ist. Mütter, so ihre These, ziehen dann ihren Nachwuchs erfolgreich auf, wenn andere weibliche oder männliche Helfer (»allomothers«), an dieser Aufgabe beteiligt sind. Der Vorteil dieser Form des Großwerdens liegt auf der Hand: »Where allomothers defray the burden of carrying infants, mothers are freed to forage more efficiently breed after shorter interbirth intervals without suffering higher infant mortality.«[104] Entgegen der seit Darwin vertretenen These, dass bei den Jägern und Sammlern die Nachwuchssicherung im Rahmen einer Kernfamilie stattgefunden habe, geht Hrdy davon aus, dass »humans evolved as cooperative breeders« und gerade diese zahlreichen weiblichen Lebens- und Überlebensstrategien wesentlich zum evolutionären Werden des Menschen beigetragen haben.

Der gegenüber der Soziobiologie oft kritisch unterstellte »genetische Determinismus«, der Verhalten aufgrund genetischer Dispositionen erklärt, trifft für die Thesen von Hrdy nicht zu.[105] Sie identifiziert Strategien, die evolutionär daran Anteil hatten, das Überleben der Kinder zu sichern und weist damit gerade genetisch bedingte »Muttergefühle« zurück, indem sie auf das soziale Arrangement und dessen wichtige Funktion in der Versorgung verweist. Der kritische Einwand von Burkart, dass sich die »kulturelle Evolution des Menschen von seiner biologischen Basis«[106] mehr und mehr gelöst habe und sich damit aus soziobiologischer Perspektive keine nennenswerten Erkenntnisvorteile ergäben, übersieht, dass insbesondere menschlicher Nachwuchs auf Bedingungen angewiesen ist, die er selbst nicht herstellen kann.

Sarah Hrdy zieht aus ihren Beobachtungen weitreichende Ergebnisse, sowohl für das Verständnis von Mutterschaft als auch für das Verständnis des menschlichen Umgangs mit Kleinkindern. Aus ihren soziobiologischen Studien lässt sich ableiten, dass sich nicht ausschließlich die Mutter um den Nachwuchs kümmern muss und soll: »Acknow-

---

103 Kappeler 2005, 133.
104 Hrdy 1999, 79.
105 Vgl. die Diskussion in Burkart 2008, 81–89; vgl. Dressel 1996, 40–49.
106 Burkart 2008, 90.

ledging infants needs does not necessarily enslave mothers.«[107] Kindliche Bedürfnisse werden nicht notwendig und ausschließlich durch die Mutter befriedigt, aber Kinder benötigen einen sozialen Raum, in dem diese wahrgenommen und erfüllt werden. Aus der dargestellten anthropologischen Perspektive stellt sich die Frage: »Under what circumstances can a mother safely afford to delegate care to allomothers? And: additionally: How can allomothers be motivated to care?«[108] Diese Fragen knüpften, so Hrdy, aus anthropologischer Perspektive an die Überlegung an, welche Bedingungen von familiärer und nicht familiärer Betreuung für die Wahrnehmung spezifisch kindlicher Bedürfnisse gewährleistet sein müssen. Den sozialen Bedingungen und Unterstützungssystemen kommt dabei eine wesentliche Aufgabe zu. In Bezug auf eine Studie des *National Institute of Child Health and Human Development* (USA) folgert Hrdy: »The critical variable was not the presence of the mother per se, but how secure infants presumably felt when cared for by familiar people who the infants had learned would be sensitive and responsive to their needs.«[109] Offensichtlich benötigen Kinder zunächst eine intime und kontinuierliche Fürsorge von Seiten einer kleinen Zahl von Erwachsenen, die die emotionale Stabilität und materielle Sicherheit der Kinder gewährleisten können. Indem die Soziobiologie auf die Bedingungen des Aufwachsens rekurriert, wird die Bedeutung des sozialen Systems deutlich, ebenso die mannigfaltige Ausgestaltung der Nachwuchsbetreuung. Es gibt von der Natur keine »natürlich« vorgegebene Art der Nachwuchsbetreuung, die wesentlich auf »Mutterinstinkt« oder »Naturgesetzen« basiert.[110] Hrdy folgert: »We need to consider models based on cooperative breeding.«[111] Die Gestaltung der Pflege, Erziehung und Fürsorge, die nach traditioneller Definition als privat und natürlich gelten, unterliegen damit einer ›begrenzten Freiheit‹. Wie Martha Nussbaum ausführt, kann die kulturelle Prägung von Familie zum einen als Quelle der Freiheit verstanden werden, weil sie Veränderungen zulässt, zum anderen ist sie eben auch begrenzt durch biologische Notwendigkeiten. Hier können sich soziobiologische und anthropologische Perspektiven und Theorien der sozialen Konstruktion

107 Hrdy 1999, 494.
108 Ebd., 494.
109 Dies. 2001, 101.
110 Vgl. hierzu die Diskussion über den Zusammenhang von biologischer Forschung und der Theorie der sozialen Konstruktion in Nussbaum 2002, 200ff.
111 Ebd., 100.

gegenseitig wichtige Impulse geben: »Die Theorie der sozialen Konstruktion bestreitet keineswegs, dass die Biologie dem Leben der Gruppen wie der Individuen Zwänge auferlegt, obwohl sie zu gesunder Skepsis ermuntert, wenn die Forschung allzu rasch Entdeckungen macht, wonach die Wurzeln des Status quo in der ›Natur‹ liegen.«[112] Festzuhalten ist aber, dass Fürsorge und Pflege als anthropologische Notwendigkeit vorgegeben sind. Wie dies geschieht, ist historisch variabel. Im Zentrum steht die Angewiesenheit des Kindes auf einen möglichst stabilen sozialen Rahmen, der durch die Verantwortungsübernahme Erwachsener geprägt ist.

2. Expansion und Erosion des Schutz- und Vorbereitungsraumes

Die »Erziehungskindheit« des 19. und 20. Jahrhunderts hat für die Kinder viele Veränderungen bewirkt: So wurde Kinderarbeit verboten, denn Kinder wurden nunmehr als eigenständige Persönlichkeiten anerkannt, und Spielen und Lernen unter der Aufsicht pädagogisch geschulter Erwachsener sind seitdem selbstverständlich geworden. Dennoch darf nicht vergessen werden, dass die Kinderarbeit – auf Grundlage von innerfamilialer Arbeitsteilung und Anpassung an die Zeitstrukturen der Industriegesellschaft – die Kindheit und Jugend als Lernphase, das Erwachsenenalter als Arbeits- und Familienphase sowie das Rentenalter als Ruhestand nachhaltig geprägt hat. Allerdings befindet sich der Schutz- und Vorbereitungsraum des klassischen Kindheitsmusters, das die Integration der Kinder in die Gesellschaft durch Separation in eigens für Kinder und Jugendliche vorgesehene Institutionen versteht, im Wandel.

Die Soziologin Helga Zeiher widmet sich in ihren Arbeiten den veränderten Bedingungen der Kindheit in der Gegenwart. Ihre These ist, dass die Gesellschaftswissenschaften ›Kindheit‹ lange Zeit ignoriert hätten, weil ihre Perspektive auf Gesellschaft vornehmlich auf die Struktur der Arbeitsgesellschaft gerichtet gewesen sei. Kindheit sei durch die Bildungs- und Erziehungswissenschaften als Schutz- und Vorbereitungsraum von dieser gesellschaftlichen Perspektive abgetrennt worden. Die zentrale soziologische Perspektive auf die Gesellschaft als Arbeitsgesellschaft habe dazu geführt, dass Kindheit sowohl als Hineinführen in

112 Nussbaum 2002, 212.

diese Gesellschaft verstanden werde als auch als Abgrenzung von der Erwachsenenwelt.[113] Zeiher setzt sich damit von den funktionalen Sozialisationstheorien ab, die die Kindheit nur unter der Perspektive ihrer Funktion für die Zukunft der Gesellschaft wahrnehmen und an der Frage ausgerichtet sind, wie Kinder optimal in die bestehende Gesellschaft hineinwachsen. Unter dieser Perspektive, die maßgeblich von Émile Durkheim begründet worden ist, wird Sozialisation »als Prozess des ›Sozial*machens*‹ begriffen und beschrieben.«[114]

Helga Zeiher charakterisiert den Wandel der Kindheit als einen Doppelprozess von Expansion und Erosion des Schutz- und Vorbereitungsraums: Die Expansion bezieht sich zunächst auf die zeitliche Ausdehnung institutionalisierter Betreuung, Erziehung und Bildung im Lebenslauf. Deutlich wird diese Expansion in der derzeitigen Debatte um die frühkindliche Förderung, die mit dem Recht jeden Kindes ab drei Jahren auf einen Kindergartenplatz ihre erste rechtliche Ausgestaltung erfahren hat. Sie setzt sich in der Ausweitung der Betreuung für unter Dreijährige fort und berührt natürlich die Förderung von Ganztagsschulen. Auch wenn in Deutschland die Bereitstellung von familienergänzenden Infrastrukturleistungen im europäischen Vergleich einen der hinteren Plätze einnimmt, und man für die Altersgruppe der bis Dreijährigen immer noch von einer »privaten Kindheit«[115] sprechen kann, hat die Integration des Lebens im äußeren Sozialzusammenhang abgenommen. Sie ist jetzt »durch individuelle Leistung herzustellen: durch Individualisierung der Person als einem einzigartigen Zusammenhang von Motiven, Engagements und Aktivitäten sowie durch Individualisierung der Lebensführung einschließlich des selbst herzustellenden raumzeitlich-sozialen Alltagsarrangements.«[116]

Die Expansion des Vorbereitungsraumes ist der Erosion ausgesetzt. Denn die institutionalisierte Vorbereitungskindheit wird durch Funktionen spezialisiert und fragmentiert damit den Lebenszusammenhang von Kindern. Dabei spielt die Entwicklung des öffentlichen Raumes, die mediale Erfahrungswelt und die Konsumorientierung eine bedeutende Rolle. Honig spricht in diesem Zusammenhang von »einer neu entstandenen kommerziellen Kinderkultur«[117], indem Kinder durch den Markt

---

113 Zeiher 1996, 27.
114 Liegle/Lüscher 2008, 145.
115 Pfau-Effinger 1996, 214.
116 Zeiher 1996, 34.
117 Honig 1999, 159.

als Konsumenten angesprochen und wie Erwachsene behandelt werden. Beide Bewegungen, Expansion und Erosion, haben Auswirkungen auf das Eltern-Kind-Verhältnis. Zum einen wird die Umweltvermittlung nicht mehr ausschließlich von den Familien geleistet: »Kindergarten und Schule gewinnen jenseits ihrer bildungs- und sozialpolitischen Funktion Bedeutung für Kinder als neue und eigenständige Räume sozialer Beziehungen und Erfahrungen.«[118] Die Institutionalisierung von Kindheit und Jugend sieht zunehmend eigene Räume vor, die nach Leistung, Alter und Interessen organisiert werden. Zum anderen intensiviert die Institutionalisierung den Charakter der Familie als Gegeninstanz zur Gesellschaft: »Eltern-Kind-Beziehungen werden tendenziell zur einzigen Art dauerhafter Personbindung. Die Familie ist der Ort, in dem die individuelle Besonderheit des Kindes sich entfalten kann und gefördert wird und von dem aus diese Besonderheit auch in den Außenbezügen des Kindes advokatorisch vertreten wird.«[119] Kindheit ist heute also nicht mehr als ganzheitlicher Lebenszusammenhang zu verstehen, sie separiert sich in eine Kindheit des öffentlichen Sektors, in eine Kindheit der Marktgesellschaft und in eine Familienkindheit.

3. Vereinbarkeit von Familie und Beruf als Bildungsaufgabe

Noch in den 1970er Jahren wurde nicht nur die Krippenbetreuung, sondern auch der Kindergarten unter dem Gesichtspunkt diskutiert, ob die institutionelle Kleinkinderbetreuung die Entwicklung des Kindes beeinträchtigen würde; entsprechend kritisch wurde die Erwerbstätigkeit der Mutter angesehen.[120] Günter Erning, Karl Neumann und Jürgen Reyer haben in ihrer 1987 vorgelegten »Geschichte des Kindergartens« nachweisen können, dass die Freistellung der Mütter für die Erwerbsarbeit und die Betreuung und Förderung der Kinder die beiden wesentlichen Motive für die Etablierung dieser Institution sind.[121] Der in den folgenden Jahrzehnten entwickelte Rechtsanspruch auf einen Kindergartenplatz (1996) und der Ausbau von Betreuungsangeboten für Kleinkinder belässt die Kleinkindbetreuung zwar noch weitgehend in der Familie, beide verfolgen aber das bildungspolitische Ziel, mehr und

---

118 Ebd., 158.
119 Zeiher 1996, 34.
120 Vgl. Honig 2007, 355.
121 Vgl. den Beitrag von Reyer in diesem Band; Reyer 1978, 232ff.

wenn möglich alle Kinder in die institutionelle Kleinkindbetreuung zu integrieren. Es liegt die Vermutung nahe, dass dahinter die Hoffnung steht, das »bevölkerungspolitische Problem, Probleme der Gleichstellung von Frauen und Männern und [solche der] [...] Bildungsförderung von Kindern [...] durch den Ausbau institutioneller Kinderbetreuung gleichsam ›auf einen Streich‹«[122] lösen zu können.

Der Erziehungswissenschaftler Honig hat zu der Vereinbarkeitsdebatte einige bedenkenswerte Überlegungen eingebracht, die vor allem »kindheitstheoretische Gesichtspunkte« berücksichtigen, denn wie er richtig bemerkt: »Eine Vereinbarkeit von Familie und Beruf ist nur dann ein Problem von öffentlichem Rang, wenn es mehr ist als ein Problem von Individuen bzw. von Paaren; denn diese kämpfen lediglich mit persönlichen (Beziehungs-) Problemen. Ein Thema (familien- und sozial-) politischer Diskurse ist das Thema daher nur, weil *Kinder* im Spiel sind.«[123]

Ziel seiner Argumentation ist das Infragestellen eines arbeitsmarktzentrierten Verständnisses der Vereinbarkeit von Familie und Beruf als lediglich »pragmatisches Problem«[124], das durch eine bessere institutionelle Kinderbetreuung gelöst werden könne. Dahinter stehe die Vorstellung, dass die konkurrierenden Anreizmuster von Arbeitsmarkt, Geschlechterverhältnis und Sozialpolitik durch eine umfassende Kinderbetreuung aufgelöst werden könnten. Im Kern laufe dies auf eine paradoxe Situation zu, dass »durch das ›outsourcing‹ eines Kernbereichs von Familienverantwortung [...] [und] Familienorientierung realisierbar bleibt.«[125] Beispielhaft hat Arlie Hochschild in ihrer Studie *The Time bind*[126] die Auswirkungen gestiegener Arbeitsanforderungen sowie der Flexibilisierung und Verlängerung von Arbeitszeiten auf die Familie in den USA beschrieben. Wie die breite Rezeption in Deutschland zeigt, sind ihre Analysen auch für die gegenwärtige bildungspolitische Debatte in hierzulande von Bedeutung. Eine Kernthese des *7. Familienberichts der Bundesregierung* ist demzufolge auch die Annahme, »dass die Balance zwischen Bildungs- und Berufsverläufen auf der einen Seite und der Entwicklung von Familienbeziehungen im Lebenslauf auf der anderen Seite ebenso kompliziert geworden ist wie die Organisation all-

122 Honig 2007, 356
123 Ebd., 357.
124 Ebd., 358.
125 Ebd., 359.
126 Hochschild 2006.

täglicher Erwerbsarbeit und die Fürsorge für andere.«[127] Die Familiensoziologie hat die Studien von Hochschild zum Anlass genommen, das Verhältnis von Erwerbsarbeit und Familie grundlegend zu analysieren; genderorientierte Forschung fragt vor diesem Hintergrund danach, wie unter den Bedingungen der Marktökonomie Sorge um andere möglich ist.[128]

Für die institutionelle Kinderbetreuung bedeuten diese grundsätzlichen Überlegungen Folgendes: »Aus sich heraus erzeugt die Anpassung zwischen Familie und Beruf keine Standards guter Betreuung.«[129] Honig löst die Diskussion um Vereinbarkeit aus dem Kontext der familienpolitischen Debatte, die eng an die Erfordernisse des Arbeitsmarktes angelehnt ist und überführt sie in eine bildungspolitische, die nach der pädagogischen Qualität von Kinderbetreuung fragt. Die Vereinbarkeitsproblematik erhält damit einen anderen Schwerpunkt, indem nicht nur danach gefragt wird, wie aus der Perspektive der Eltern Arbeit und Familie miteinander zu vereinbaren sind, sondern wie auch die Lebensverhältnisse und die -qualität von Kindern in den Fokus gerückt werden können.

Vor dem Hintergrund des Wandels der Familie und vor dem der Vereinbarkeitsthematik ist klar zu erkennen, dass ›Familie‹ keine ›Privatsache‹ (mehr), sondern vielmehr in ökonomische und gesellschaftliche Kontexte eingebettet ist. Hier werden Zugangsbedingungen zur Gesellschaft (zum Arbeitsmarkt) ausgehandelt, die auf der Geschlechterebene noch keine nennenswerten Auswirkungen auf die innerpartnerschaftliche Arbeitsteilung genommen haben.

Die Kindheit ist unter dem Einfluss veränderter Arbeitsbedingungen institutionalisiert worden und hat zu einer stärkeren Integration der Kinder in die Gesellschaft geführt. Deutlich ist geworden, dass die Vereinbarung von Erwerbs- und Fürsorgearbeit mehr umfasst als die passgenaue Organisation des Lebens von Erwachsenen und Kindern. Die Problematik der Vereinbarkeit von Arbeits- und Familienleben scheint individuell bewältigbar, ob aber immer gute Lösungen für alle – Erwachsene und Kinder – gefunden werden, bleibt offen.

Ebenso unbestimmt ist, wie dieser Problematik in Zukunft begegnet werden wird oder könnte. Pfau-Effinger geht davon aus, dass wohl neue Formen der Kinderbetreuung zwischen den Polen formeller und infor-

---

127 Bundesministerium für Familie, Senioren, Frauen und Jugend 2006, 7.
128 Vgl. Oechsle 2006.
129 Honig 2007, 371.

meller Betreuung entwickelt werden, die auf die Entwicklung sozialer Rechte hinauslaufen, d. h. auf das Recht, Kinderbetreuung in Anspruch nehmen zu können. Dazu gehört auch das Recht auf Elternzeit, aber ebenso Ansätze zur Bezahlung von Elternarbeit und deren Einbeziehung in die soziale Sicherung.[130] Einen ähnlichen Grundgedanken vermittelt der 7. *Familienbericht*, der als ein Zukunftsszenario das Optionszeitenmodell akzeptierter Unterbrechungsmöglichkeiten in die Diskussion eingebracht hat.[131]

Die hier dargestellte Diskussion hat die Problematik aufgezeigt, die in der Kopplung kindlicher Lebenswelten mit erwachsenen Erwerbstätigkeitsstrukturen ihren Ursprung findet. Ökonomische Strukturveränderungen haben demnach Auswirkungen darauf, wie Kinder aufwachsen. Ebenso klar erkennbar wurde auch, dass sich der Stellenwert der Familie im Laufe der Zeit verändert hat. Die Frage ist, welcher Stellenwert der Familie bei der Konstitution personaler Identität in der Gegenwart noch zukommen kann und soll.[132]

4. Zeit verlieren können und Zeit gewinnen müssen

Aus den vorangehenden Überlegungen lässt sich schließen, dass die Vereinbarkeit von Familie und Beruf nicht allein durch die Einpassung der kindlichen Lebensverhältnisse in die Erwerbsarbeitsstrukturen erfolgen kann. Das Vereinbarkeitsproblem ist nicht gelöst, »solange das betriebliche Prinzip der Effizienz, das ›Zeit gewinnen müssen‹ dominiert, denn Familienleben muß ›Zeit verlieren‹ können.«[133] Am Ort des Familienlebens, ließe sich diese These zusammenfassen, sind andere Strukturen notwendig als in der Erwerbsarbeit. Wenn Kinderbetreuung nur an den Markt angepasst wird, verliert sie spezifische Qualitäten, die für das Familienleben notwendig sind. Kennzeichnend für den familiären Bereich ist »die Notwendigkeit, Leistungen zu erbringen, die bezüglich ihrer Qualität nicht quantifizierbar und bilanzierbar sind und für die Gegenleistungen nicht unbedingt erwartet werden, jedenfalls nicht in kurzen Zeiträumen oder in einem zwingend durchsetzbaren Maße. Sie

130 Pfau-Effinger 2009, 242.
131 Vgl. Bundesministerium für Familien, Senioren, Frauen und Jugend 2006, 265 ff.
132 Vgl. Lüscher 1988, 250.
133 Honig 2007, 370.

beinhalten einen ›sozialen Surplus‹.«[134] Die Leistungstransfers, die sich in Familien vollziehen, sind nicht deckungsgleich mit ökonomischen. Lüscher bestimmt die Aufgaben der Familie als Pflege und Erziehung der Kinder (ihre Sozialisation) und als Entwicklung ihrer Persönlichkeit (Identitätsfindung). Beides kann nur dann gelingen, wenn es möglich ist, »mit der Familie eine relativ autonome Lebenswelt zu schaffen, also eine gewisse Eigenständigkeit von Familie zu erreichen«.[135] Die Etablierung einer »Eigenzeit« ist eine wesentliche Voraussetzung, um eine gemeinsame Identität als Familie auszubilden.

An dieser Stelle sind die von Beate Rössler formulierten Überlegungen zum Wert von Privatheit weiterführend. Sie begründet die normative Konzeption von lokaler Privatheit damit, dass in der privaten Sphäre Autonomie ausgebildet wird. Zur Reflexion über Wünsche und Ziele, über die eigene Vergangenheit und mögliche Zukunftsplanungen braucht es, wie sie sagt, »die einsame Konfrontation mit sich selbst, wie sie in der Zurückgezogenheit des privaten Zimmers vorgestellt werden kann.«[136] Lokale Privatheit ist für den Aufbau von Autonomie wichtig, weil sie Menschen die Möglichkeit bietet, in ein Selbstverhältnis zu treten. Ebenso ist sie ein wichtiger Schutzraum für Intimität und Vertrautheit. Aus diesem Grund nimmt das Thema Familie mit seiner Analyse und Diskussion lokaler Privatheit einen hohen Stellenwert ein, weil es »um intime, primäre Beziehungen geht, die anders nicht möglich sind als eben unter dem Schutz des Privaten.«[137] Erst dieser Schutz macht es möglich, in Beziehungen zu leben, sich um andere zu kümmern, ohne sich ständig kontrollierenden Blicken aussetzen zu müssen. Die Familie bildet damit keinen gesellschaftlichen Freiraum. Der Raum für Familie unterliegt in seiner Gestaltung gesetzlichen Regelungen genauso wie Veränderungen der ökonomischen Struktur. Die Konzeption von Privatheit, wie sie Beate Rössler vorgelegt hat, begründet Privatheit als notwendigen Schutzraum zum Aufbau von Autonomie und zum Lebensraum von Familien und gibt trotz vielfacher Verflechtungen zwischen Familie und Gesellschaft die Notwendigkeit von Privatheit nicht preis. Die Familie als gesellschaftliche Institution ist nicht vor-politisch, sie kann aber nur aufgebaut und gelebt werden, wenn sie in ausreichendem

134 Lüscher 2010, 169.
135 Ders. 1988, 250.
136 Rössler 2001, 278.
137 Ebd., 281.

Maße über Rückzugsmöglichkeiten verfügt. Sie muss »Zeit verlieren können«, um ihre familialen Aufgaben erfüllen zu können.

Dritter Teil

Familie als Thema
evangelischer Theologie

Kapitel I
Die Grundlegung des evangelischen Familienverständnisses bei Martin Luther

Die in den ersten Teilen entfalteten historischen, kultur- und sozialwissenschaftlichen Perspektiven der Fragestellung, welche Bedeutung Ehe und Familie zugewiesen werden und wie die Veränderungen bewertet werden, denen diese Lebensformen unterliegen werden im folgenden Teil auf die theologische Wahrnehmung von Ehe und Familie bezogen. Martin Luther ist für alle evangelischen Positionen zu Ehe und Familie ein maßgeblicher Referenzpunkt, denn er hat das spezifisch evangelische Profil dieser Thematik entgegen der katholischen Auffassung von Ehe und Familie begründet und geprägt. Seine Ausführungen zum Thema sind nicht systematisch geordnet, sondern in unterschiedlichen Kontexten aufzufinden. Nicht nur aufgrund theologischer Überlegungen sind Luthers Gedanken relevant, sondern auch aufgrund von historischen Gesichtspunkten.

Bei aller Diskussion um die Darstellung der Reformation als Epochenbegriff[1] ist doch deutlich, dass sie eine »besondere Bedeutung für die historische Entwicklung auf dem Weg in die *Neuzeit*«[2] hatte, und Martin Luther historisch zur Herausbildung eines veränderten Familienbildes wesentlich beigetragen hat.

Ein Schwerpunkt der Untersuchung liegt auf der zeitgenössischen Wahrnehmung von Familie. Mit Karl Barth und Trutz Rendtorff werden exemplarisch zwei theologische Positionen des 20. Jahrhunderts aufgenommen, die sich in ihrem Zugriff auf das Thema sachlich und methodisch unterscheiden. Karl Barth gründet seine Ethik auf seiner Gotteslehre, seine Überlegungen zu Ehe und Familie werden dementsprechend auch vor diesem Hintergrund ausgeführt. Trutz Rendtorff hingegen entwickelt seine Ethik auf Grundlage einer Anthropologie, die beansprucht, das Thema Familie im Horizont sozialwissenschaftlicher Erkenntnisse zu behandeln. Neben den theologisch wissenschaftlichen Entwürfen von Karl Barth und Trutz Rendtorff wird mit den Publikationen der EKD, die sich thematisch mit den Themen Familie, Lebens-

---

1 Vgl. Diskussion bei Kaufmann 2009, 20ff.
2 Ebd., 23.

formen und Ehe beschäftigen, eine andere »Textgattung« einbezogen. Die Veröffentlichungen zielen darauf ab, einen spezifischen Beitrag der Evangelischen Kirche zur öffentlichen Meinungsbildung in der Gesellschaft zu leisten und sich selbst dazu in ein Verhältnis zu setzen. Allen drei Positionen ist gemein, dass sich in der Thematisierung von Ehe und Familie auch ein spezifisches Verständnis von Moderne spiegelt, weil im Thema grundlegende Fragen über das Menschen- und Gesellschaftsbild verankert sind. Die Darstellung und Diskussion der theologischen Positionen orientieren sich an folgenden Fragestellungen: Welche sachlichen und methodischen Zugänge strukturieren die Darstellung über Ehe und Familie? Wie werden historische Kontexte berücksichtigt und welche Problemstellungen werden für die gegenwärtige Situation thematisiert? Wie wird das Thema theologisch und interdisziplinär verortet?

1. Von der weltlichen zur kirchlich fundierten Ehe

Im Jahr 1272 legte das Konzil von Lyon die Siebenzahl der Sakramente fest, die mit dem Konzil von Florenz (1439) endgültig kanonisiert wurde, eines dieser Sakramente war die Ehe. Dieser Beschluss war nicht nur das Ergebnis eines im 12. und 13. Jahrhundert vollzogenen Bedeutungswandels von Ehe und Familie, sondern wurde auch zur Basis dafür, Eheschließungen stärker als zuvor zum Gegenstand kirchenrechtlicher Beurteilungen zu machen. In der Literatur wird der Bedeutungswandel von Ehe und Familie auf den Wandel von Verwandtschaftsverhältnissen im Zusammenhang mit grundsätzlichen gesellschaftlichen Veränderungen zurückgeführt.[3]

Zuvor verstanden als Übereinkunft zwischen zwei Familien, wurde im Laufe des Mittelalters die Ehe als Ausdruck des Konsenses der Ehepartner zum neuen Merkmal der institutionellen kirchlichen Bindung zwischen Mann und Frau. Dieser Konsens begründete die Rechtsgültigkeit der Ehe. Liturgisch versinnbildlicht wurde dieses Verständnis von Ehe darin, dass sich die Eheleute dieses Sakrament gegenseitig stifteten. Die Ehe wurde damit aus der Machtpolitik der Familien gelöst, insbesondere wurde sie von den damit verbundenen Erbschaftsauseinandersetzungen und ökonomischen Interessen des Grundherrn unabhängig gemacht. Neu war die zunehmende Beteiligung der Priester an der Ehe-

---

3 Vgl. dazu die Diskussion bei Mitterauer 2003, insb. 160–164.

schließung, die zu einer Verkirchlichung des Ehezeremoniells beitrug. Diese Verkirchlichung wurde durch die räumliche Verlagerung der Ehezeremonie sichtbar: Vollzog sie sich bislang ausschließlich als ein von der Verwandtschaft begleiteter Rechtsakt, indem sich der ehebegründende Vergabeakt in der Konstellation zwischen Brautvater, Bräutigam und Braut abspielte, so wurde sie nun vor die Kirchentür und schließlich in die Kirche verlagert.[4] Da die Ehe bis zum heutigen Tag durch den Konsens der Ehepartner zustandekommt, handelt es sich nicht »um eine Trauung *durch* den Priester, sondern um eine Eheschließung *vor* dem Priester.«[5] Mit der Betonung dieses Konsenses schloss sich die katholische Kirche dem römischen Eherecht an, interpretierte es aber anders als das römische Recht nicht als Konsens der Familien, sondern der Eheleute. Hier sind die Vorläufer eines Eheverständnisses zu finden, das die gegenseitige Zuneigung der Partner zur Grundlage der Eheschließung macht. Dieser Wandel bildete die Grundlage dafür, dass der Ehe von nun ab in der christlichen Theologie eine so bedeutende Rolle zukam. Insgesamt lassen sich also für die Zeit des 11. und 12. Jahrhunderts Bemühungen der Kirche konstatieren, die Ehe in ihrem Sinne zu reglementieren und sukzessiv Einfluss auf ihr Zustandekommen und ihre Gestaltung zu erlangen. Diese Bemühungen gingen Hand in Hand mit dem Versuch, »die eheliche Gemeinschaft zu spiritualisieren«[6], d.h., ihr neben dem ökonomischen und rechtlichen Aspekt eine geistliche Dimension zu geben und sie in religiöse Verweisungszusammenhänge einzubinden, was vornehmlich durch ihre Sakramentalisierung geschah: »As a sacrament, marriage was a visible sign of the unvisible union of Christ with his church.«[7] Die Konzeption der Ehe als Sakrament umfasste ihre Begründung als natürliche Institution, ihre vertragliche Perspektive und geistliche Bedeutung. Im Zuge der von Papst Gregor VII. (1073–1085) angestoßenen Auseinandersetzung über die Relevanz des kirchlichen und weltlichen Rechts, die in der Etablierung einer eigenen kirchlichen Gerichtsbarkeit mündete, wurde die Ehe dem Zuständigkeitsbereich des kanonischen Rechts unterstellt.

4   Vgl. Mitterauer 2003, 235.
5   Neumann 2005, 91.
6   Duby 1993, 25; zur Konzentration auf die Ehe nennt Duby weiterhin den aufblühenden Marienkult, die Entwicklung des Hochzeitsthemas in der mythischen Literatur und die Sakramentalisierung der Ehe.
7   Witte 1997, 26.

Festzuhalten ist, dass das Christentum »die Ehe als institutionelle Gegebenheit vorgefunden und nicht selber geschaffen«[8] hat. Es hat auf eine Institution zurückgegriffen und sie durch die Einbindung in die Sakramente und ihre kirchenrechtliche und liturgische Verortung nach und nach zu einer »kirchlichen Angelegenheit« gemacht. Hatte bis zu diesem Zeitpunkt, in den vorherigen Jahrhunderten, die Möglichkeit zur Eheschließung noch vor allem ökonomischen Faktoren unterlegen (Standeszugehörigkeit, politische Einflussnahme durch Hochzeit, Größe der Mitgift usw.), so erleichterte nun das kirchliche Monopol auf den Akt der Eheschließung mehr und einer größeren Anzahl von Menschen den Zugang zur Lebensform Ehe. Diese bereits im Gange befindlichen Veränderungen des Eheschlusses und des Verständnisses von Ehe waren die Voraussetzungen, die die Reformation vorfand. Luther hat darauf reagiert, indem er den Sakramentscharakter der Ehe ablehnte, ihr aber eine umso grundlegendere Funktion in der Ordnung der Welt zuwies, er bestimmte das Verhältnis zwischen geistlichem und weltlichem Recht neu.

2. Die Ehe als Schöpfungsordnung und Gegenstand des weltlichen Rechts

Martin Luther hat durch seine Auseinandersetzung mit dem Mönchtum und der Kirche seiner Zeit zu einer Neuausrichtung von Ehe und Sexualität, von Familienleben und den damit verbundenen Rollen von Mann und Frau beigetragen. Grundlegend ist dabei seine Zwei-Regimente-Konzeption, die darauf beruht, der weltlichen Obrigkeit eine eigene Bedeutung im Verhältnis zum Evangelium zuzusprechen und sie nicht dem kanonischen Recht unterzuordnen. Die Ehe ist Beruf und Stand, aus dem *oeconomia* und *ecclesia* abgeleitet werden.[9] Die Charakterisierung der Ehe als Beruf leitet sich aus Luthers Verständnis von Beruf ab, das er aus der Übersetzung des griechischen Wortes κλῆσις für ›Berufung‹ gewinnt: ›mit einer Aufgabe betraut werden‹.[10]

Martin Luther lehnt den sakramentalen Charakter der Ehe ab, weil sie im Vergleich zu Abendmahl und Taufe nicht durch Jesus selbst eingesetzt worden sei. Er begründet diesen Standpunkt in seiner Schrift

8 Josuttis 1994, 56.
9 Barth 2009, 165.
10 Vgl. Meireis 2008, 140ff.

Von der babylonischen Gefangenschaft der Kirche (1520). Die konstitutiven Elemente des Sakraments – das äußere Zeichen (*signum*) und ein auf den Glauben des Empfängers bezogenes Heilswort (*promissio*) – seien bei der Ehe nicht gegeben.[11] Die Ehe als »weltlich Ding«[12] gehöre, so Luther, zum Bereich der weltlichen Obrigkeit, in dem die Geistlichen oder Kirchendiener nichts zu ordnen haben: »As part of the earthly kingdom [...] marriage is a gift of God for all persons, Christians and Non-Christians alike.«[13] Damit unterstellt Luther das Eherecht der weltlichen und nicht der kirchlichen Gerichtsbarkeit. Die Ehe ist also öffentlicher Stand, aber nicht privater Rückzugsort. Diese Differenz ist wesentlich für die Art und Weise, wie Luther die Aufgabe der Ehe bestimmt. Gleichwohl ist die Ehe nach den lutherischen Bekenntnisschriften eine göttliche Stiftung und »Anordnung«, wenn sie auch kein Sakrament ist. Damit hat die Ehe keinen Heilscharakter, wie er für die Sakramente typisch ist: »Marriage carries no such promise and demands no such faith. It remains an earthly institution.«[14] Der Geistliche bleibt bei Luther gleichwohl an der Trauzeremonie beteiligt, als Autorität der natürlichen Schöpfungsordnung spricht er die Eheleute »ehelich zusammen«[15].

Luther leitet die weltliche Obrigkeit und den kirchlichen Stand aus der Ehe ab und setzt diesbezüglich auch beim Elternamt an. Die Eltern regieren den Hausstand und sind für die geistliche Erziehung verantwortlich. Da bei Luther sowohl die Eltern als auch die Obrigkeit Repräsentanten der Schöpfungsordnung sind, wie er im *Großen Katechismus* formuliert, kommt es hier zu einer entscheidenden Verschiebung in Richtung des kanonischen Rechts.[16] Die lutherischen Theologen stellen die Konsensehe nicht infrage, die Zustimmung der Eltern wird aber (wieder) notwendig, weil sie die Autorität Gottes repräsentieren. Die Ablehnung des sakramentalen Charakters der Ehe führt zu weitreichen-

11 Vgl. Luther 1520, WA 6, 497–573.
12 Vgl. Luther 1529, WA 30,3, 74ff.: »So manch land so manch Sitte, sagt das gemeine sprich wort. Dem nach weil die hochzeit und ehestand ein weltlich geschefft ist, gebuert uns geistlichen odder kirchendienern nicht darynn zu ordenen odder regiern.«
13 Witte 1997, 51.
14 Ebd. 1997, 52.
15 Vgl. Neumann 2005, 86ff. zur ritualpraktischen Umsetzung in Luthers Traubüchlein, die Ehe als religiösen Akt und weltliches Rechtsgeschäft zu verstehen.
16 Vgl. Luther 1529, WA 30 I, 152: »Yun dieses gepot gehoeret auch weiter zusagen von allerley gehorsam gegen oberpersonen, die zugepieten und zuregiren haben. Denn aus der eltern obrigkeit fleusset und breitet sich aus alles andere.«

den Veränderungen in der Haltung gegenüber Ehescheidung und Ehehindernissen. Als »weltlich Ding« unterliegt die Ehe der Obrigkeit, in der Scheidungen zugelassen sind und eheliche Konflikte der Regelung durch die Obrigkeit unterliegen.[17]

Eine einflussreiche Darstellung dieses neuen Verständnisses von Ehe bilden die im Umfeld der Reformatoren vorgenommenen öffentlichen Priester- und Mönchsheiraten: »Die spezifische Handlungsform der Priesterehe, die von einem Paar und diesem sekundierenden ›evangelischen‹ Geistlichen öffentlich in Szene gesetzt, durch eine Predigt erläutert und legitimiert, wobei durch anwesende Laien kommentiert und gewürdigt wurde, war die Manifestation eines gewandelten Verständnisses des Pfarramtes und einer Absage an eine klerikale Sonderethik.«[18] Damit wurde die bis dahin unumstrittene höhere Bedeutung der monastischen Lebensweise gegenüber der weltlichen Ehe grundsätzlich kritisiert. Übereinstimmend mit der katholischen Lehre wurde die Ehe als Gottes Schöpfung angesehen, ihre Unterordnung unter das Zölibat aber abgelehnt.

3. Luthers Verständnis der Ehe

Grundlage für Luthers Verständnis von Ehe in ihrer leiblichen Verfasstheit ist der Schöpfungsbericht Gen 1,27ff., in dem »Leiblichkeit und Gottebenbildlichkeit [...] ausdrücklich aufeinander bezogen«[19] sind. Hier liegt der Kern seines Eheverständnisses, das diesen Stand den anderen überlegen macht, weil Gott ihn vor allen andern eingesetzt habe: »und darneub unterschiedlich man und weib geschaffen (wie fur augen) nicht zur buberey, sondern das sie sich zusammenhalten, fruchtbar seyen, Kinder zeugen, nehren und auffziehen zu Gottes ehren.«[20] Aus dem »seid fruchtbar und mehret euch« leitet er die grundsätzlich positive Einschätzung der Ehe ab. Hier, innerhalb der Ehe ist zudem der Bereich benannt, wo ausschließlich Sexualität gelebt werden darf.[21] Das Verständnis der Ehe als Schöpfungsordnung im Sinne eines Teils der

---

17 Vgl. Barth 2009, 163.
18 Kaufmann 2009, 341.
19 Scharffenorth 1995, 129.
20 Luther 1529, WA 30 I, 162.
21 Barth 2009, 164.

göttlichen Offenbarung ist historisch auf das Luthertum des 19. Jahrhunderts zurückzuführen.

Die Ehe ist für Luther auch eine Grenzziehung, ein Schutz in einem grundsätzlich gefährlichen Bereich. Es überwiegt die Hochachtung gegenüber der von Gott eingesetzten Lebensform bei gleichzeitigem Misstrauen gegenüber der menschlichen Natur. Die Ehe ist notwendig, weil sie die Sexualität reguliert, sie muss Institution sein, weil sie nur so die Unkeuschheit unter Kontrolle hält. In seiner Schrift *Über das eheliche Leben* schreibt Luther: »Ich laß bleyben, da es S. Paulus 1. Cor. 7 gelassen hat, da er spricht: ›Es ist besser freyen denn brennen.‹ Item: ›eyn iglicher hab seyn weyb und eyn ygliche yhren man, zu meyden hurerey.‹«[22] Bei Luther sind gegenüber der Geschlechtlichkeit zwei Haltungen zu beobachten: Dankbar erkennt er Gottes Gabe der Ehe als durchaus notwendige Grenzziehung gegenüber den menschlichen Trieben an. Sexualität ist aber ausschließlich an die Erhaltung des Menschengeschlechts gebunden und wird dieser untergeordnet. Dies ist der »Auftrag«, den die Menschen von Gott haben. Trotzdem ist die Ehe und damit das geschlechtliche Leben dem Verzicht auf die Ehe vorzuziehen. Die Verweigerung einer ehelichen Gemeinschaft wiegt für ihn deshalb schwerer, weil sie direkt Gottes Willen zuwiderläuft. Diese Ansicht kommt in einem Brief an seinen Vater zum Ausdruck, wo er seinen Klosterein- und austritt reflektiert. Dort charakterisiert er seinen Eintritt ins Kloster als Verweigerung gegenüber der väterlichen Gewalt und dem Willen Gottes.[23] Damit ist aber in Bezug auf die Lebensführung die »alte und religionsgeschichtlich so bedeutende Konjunktion von Heiligkeit und Enthaltsamkeit«[24] aufgelöst. Sexualität und Heiligkeit schließen sich nicht mehr grundsätzlich aus, wenn sie auch weiterhin in einem Spannungsverhältnis stehen.

Gerade der Versuch, das heilige Leben, als ein gottgefälliges, nicht auf einen besonderen klerikalen Stand einzugrenzen, sondern für jedermann »zugänglich« zu machen, schuf die Voraussetzung dafür, der Familie und der Ehe eine herausragende Bedeutung beizumessen. Die Verweltlichung der Ehe führte damit zu einer Verschärfung des Geistlichen: Nach lutherischem Verständnis ist sie auch heute noch ein »weltlich Ding« und gleichzeitig Dienst an Gott.

---

22 Luther 1522, WA 10,2, 292.
23 Vgl. Luther 1521, WA 8, 574: »Nesque enim meum votum valebat unne floccum, quo me substrahebam parentis autoritati et voluntati divinitus mandatae.«
24 Koschorke 2000, 147.

4. Elternschaft und Askese:
Zur Konkurrenz zweier Lebensformen

Das Sakrament der Ehe wurde zeitgleich mit der Durchsetzung des Zölibats und während der Blüte des mittelalterlichen Kloster- und Ordenswesens beschlossen, die vor allem durch die Neugründung von Orden, insbesondere den Bettelorden, geprägt war. Das Askese-Ideal der Bettelorden hing mit der Vorstellung eines Lebens ohne Eigentum zusammen, das zur besonderen Heiligkeit führen sollte. Sehr früh schon und ausgelöst durch Augustins Lehre von der Erbsünde wurde Askese insbesondere auf den sexuellen Aspekt bezogen. Jungfräulichkeit und Keuschheit wurden zum Ideal erhoben, die Erbsünde wurde als durch den Geschlechtsverkehr vererbt angesehen. So wurde die Geschlechtlichkeit abgewertet und erhielt einzig in der Ehe eine nutzenorientierte Reglementierung.[25] Die Auseinandersetzung um die rechtmäßige christliche Lebensform wurde auf dem Feld der Ehe bzw. der Ehelosigkeit ausgetragen. Theologisch schlug sich dieser Anspruch in der Diskussion um die Jungfräulichkeit Marias nieder: »Mariologische Lehrfragen wie die nach der ›unbefleckten Empfängnis‹, das heißt der Herausnahme Mariens und ihrer ›heiligen‹ Familie aus dem durch die Erbsünde bestimmten Unheilszusammenhang«[26] waren für die Theologie und Frömmigkeit des 15. Jahrhunderts von großem Interesse.

Es musste jedoch eine Haltung zur Sexualität gefunden werden, die diese nicht völlig verdammte. Sie bestand in der Reduktion der Sexualität auf die Fortpflanzung und die gegenseitige Hilfe, die sich beide Ehepartner versprachen: »These qualities and duties continued after the fall into sin. But after the Fall, marriage also came to serve as a remedy for the individual sinner to allay a lustful passion [...] and to substitute a bodily union with a spouse for the lost spiritual union with the Father in Paradise.«[27]

Luthers Eheverständnis wendete sich vor allem gegen die im Mittelalter geltende Vorrangstellung der Jungfräulichkeit und der Askese. Aus seiner grundlegenden theologischen Einsicht, dass allein der Glaube gerecht macht, lehnte er die Auffassung ab, dass Ehelosigkeit und Zölibat ein vollkommener Stand seien. Um den asketischen Gemeinschaften tatsächlich etwas entgegenzusetzen, lag es nahe, der Elternschaft auch

25 Vgl. Schäfer 2000, 1076.
26 Kaufmann 2009, 85.
27 Witte 1997, 24.

in geistlicher Hinsicht eine bedeutende Relevanz zuzuweisen. Der von Seiten der Kirche favorisierten Lebensform des Klosters als dem eigentlichen geistlichen Stand stellt Luther die Familie gegenüber: »Denn gewisslich ist vater und mutter der kinder Apostel, Bischoff, pfarrer, yn dem sie das Euangelion yhn kundt machen. Und kurtzlich, keyn grosser, edler gewalt auff erden ist den der elltern uber yhre kinder; syntemal sie geystlich unnd welltlich gewallt uber sie haben.«[28]

Die Elternschaft wird theologisch in ihrer Relevanz über das Klosterleben, den geistlichen Stand, gesetzt. Nur in der Familie wird die von Gott eingesetzte Schöpfungsordnung verwirklicht, in dem »seid fruchtbar und mehret euch« liegt der Auftrag Gottes, dem sich Eheleute anzunehmen haben und dem sich Nonnen und Mönche entziehen: »Nachdem Luther mit seinem neuen Wort- und Sakramentsverständnis der konstitutiv weltlichen – nicht nur negativen, sondern positiven – Vermittlung des geistlichen innegeworden ist, eröffnet sich ihm das geistliche Gewicht alles Weltlichen im positiven Sinne. Dies betrifft allem voran die Ehe und Elternschaft.«[29]

Gleichwohl bleibt Luthers Augenmerk auf der Auseinandersetzung mit dem Mönchtum und dessen Verneinung von Geschlechtlichkeit. Der Ehestand ist »nicht ein sonderlicher, sondern der gemeinste, edelste stand.«[30] Das Gelübde zu Zölibat und Ehelosigkeit ist Verhinderung von Gottes Wort, sofern nicht ein Kriterium der Ehelosigkeit erfüllt ist, wie es nach Matthäus 19,12ff benannt ist. Jeder, der ehelos bleibt, und zu einer Menschengruppe gehört, die über die bei Matthäus genannten hinausgeht, trifft Luthers Vorwurf: »Aber uber diße dreyerley menschen hatt der teuffell durch menschen gott uberklugellt und mehr leutt gefunden, die er auß dem gottlichen und naturlichen orden hatt außgetzogen, nemlich die mitt spynweb verfasset sind (das ist mitt menschen gepott unnd gelubden), darnach mit vile eyßern schloessern und gittern verschlossen.«[31] Luther ist darum bemüht, die durch die mönchische Lebensform beanspruchte Gottesnähe zu negieren. Deshalb findet der wahre Gottesdienst genau auf jenem Terrain statt, das die Mönche nicht betreten: die Familie. Die geistliche Hochwertung der Familie, die Luther begründet hat, ist sozialgeschichtlich auf seine Kritik am Mönchstum zurückzuführen. Martin Luthers Familienbild ist vor dem

28 Luther 1522, WA 10,2, 301.
29 Bayer 2007, 129.
30 Luther 1529, WA 30, I, 162.
31 Luther 1522, WA 10,2, 279.

Hintergrund seiner Auseinandersetzung mit dem Mönchtum, genauer als Auseinandersetzung um die rechte christliche Lebensform zu verstehen. Sie lässt sich in der Frage zusammenfassen, ob es einen Stand gibt, der Gott näher steht als ein anderer und der damit in besonderer Weise zur Verkündigung von Gottes Wort beauftragt ist. Luthers Ablehnung eines besonderen Vorzugs oder einer besonderen Gottesnähe des geistlichen Standes schlägt sich in seiner Auffassung vom Priestertum aller Getauften nieder. Gegen das Monopol der Verkündigung durch die Kirche setzt Luther den Verkündigungsauftrag der Eltern, die als Apostel, Bischöfe und Pfarrer Kinder im Evangelium unterweisen.

Hier verlagert sich die Aufgabe der Kirche zur Familie hin, wodurch diese wiederum in ihrer religiösen Bedeutung gestärkt wird: »Der Entsakralisierung der Ehe stand im Protestantismus eine geistlich-religiöse Überhöhung der Familie bzw. des ›Hauses‹ und ihrer hierarchischen Struktur gegenüber.«[32] Im Kern lag diese Überhöhung darin, den Eltern die religiöse Unterweisung in die Hände zu legen und den Haushalt zum wichtigsten Ort der Verwirklichung der christlichen Gebote zu machen.

Die durch die reformatorische Bewegung in Gang gesetzte Egalisierung, die auf dem Priestertum aller Gläubigen beruht, kann als eine Hinwendung zur Weltlichkeit des menschlichen Lebens verstanden werden. Sie stellt den Menschen in ein Verhältnis zu Gott, unabhängig von kirchlicher Berufung oder kirchlich vorgenommener Hierarchisierung. Zusammenfassend kann man sagen, dass es Luthers Verdienst ist, erstmalig ein kulturell tief verankertes und theologisch legitimiertes hierarchisches Ordnungsmodell von Lebensformen infrage gestellt zu haben.

5. Der Alltag als Raum der Lebensführung

Für Luther wurde die Familie Gegenstand zahlreicher Überlegungen, denen im Kern der Gedanke zugrunde liegt, dass jedes noch so verachtete und kleine Werk in den Augen Gottes ein großes Werk ist. Diese Sichtweise ist die Konsequenz aus Luthers zentraler Einsicht, dass die Rechtfertigung aus Glauben geschieht und menschliche Werke nicht dazu führen, Verdienste vor Gott zu erhalten. Diese ›Umdeutung‹ des menschlichen Alltags, insbesondere die Anerkennung der mit der

---

32 Gestrich 2003, 372.

Kinderaufzucht verbundenen Nöte und Kräfte, aber auch die der Konflikte, die im menschlichen Zusammenleben, besonders in einer Ehe, ausgetragen werden, ist das Kennzeichen des lutherischen Familienverständnisses. Indem Luther das persönliche Gottesverhältnis eines jeden Einzelnen in den Mittelpunkt rückt und seine Rechtfertigung unabhängig von den Werken macht, verändert sich die Wahrnehmung der alltäglich zu leistenden Arbeit. Damit verbunden ist eine Veränderung des Verständnisses von Arbeit. Die Rechtfertigungslehre führt zu »einer Aufwertung des – als mühsame Tätigkeit, ›erbeyt‹, begriffenen und auf den Nächsten zielenden – Alltagshandeln.«[33] Es gibt nach Luther keinen besonderen Stand oder Beruf, in dem irgendwelche Verdienste erworben werden können oder der den Menschen Gott näher brächte: »Die geistliche Motivation der Lebensführung des Christen wird in der Reformation bewusst und aus theologischen Gründen dem besonderen Stand des homo religiosus und seiner Berufung entzogen und in den ›weltlichen‹ Beruf umgesetzt.«[34]

Das Alltagshandeln ist Dienst an Gott und Dienst am Nächsten. Der christliche Glaube würdigt gerade die als unbedeutend geltenden alltäglichen Aufgaben: »Was sagt aber der Christlich glawbe hietzu? Er thut seyn augen auff und sihet alle diße geringe, unlustige, verachte werck ym geyst an und wirtt gewar, das sie alle mit gottlichen wolgefallen als mit dem kostlichsten gollt und edell steyne gezirt sind.«[35]

Christlicher Glaube konkretisiert sich im täglichen Leben und dies verändert die gängigen Werturteile gegenüber mütterlichen und väterlichen Aufgaben: »Nu sage myr: Wenn eyn man hynginge und wusche die windel odder thut sonst am kinde eyn verachtlich werck, unnd yderman spottet seyn und hielt yhn fur eyn maulaffe und frawen man, ßo ers doch thut ynn solcher obgesagter meynung undd Christlichen glawben. Liebe sage, wer spottet hie des andern am feynsten? Gott lacht mit allen engeln und creaturn, nicht das er die windel wescht, ßondern das erß ym glawben thut.«[36]

Die Behauptung, dass Luther damit das »Vater- und Mutteramt als Leitbild gemeinsamer Verantwortung«[37] zugrunde gelegt habe, sollte kritisch hinterfragt werden. Im sozialen Kontext Luthers war Familie

33 Meireis 2008, 75.
34 Rendtorff 1990, 34.
35 Luther 1522, WA 10,2, 295.
36 Ebd., 296.
37 Scharffenorth 1995, 133.

ja immer noch gleichbedeutend mit der Hausgemeinschaft, eines unter der Leitung eines Hausvaters stehenden Rechtsverbandes, dem Eltern mit Kindern genauso unterstanden wie Knechte und Mägde. Zumindest in den bäuerlichen Familien des Mittelalters entsprang das gemeinsame Ausüben der anfallenden Tätigkeiten nicht einem emanzipatorischen Impetus, sondern war schlicht und einfach ökonomisch notwendig.[38]

Luther versuchte gegenüber der katholischen Kirche theologisch die Ablehnung einer bis dahin grundlegenden Unterscheidung zwischen Klerikern und Laien zu begründen. Aus diesem Anspruch heraus erhielten die täglich anfallenden Arbeiten eine besondere Bedeutung, sodass der Alltag und nicht das Kloster zum zentralen Ort des christlichen Lebens wurde. Luther ging es bei der Thematisierung der Ehe weniger um das Verhältnis der Ehepartner zueinander, also um die Gleichwertigkeit der Geschlechter, sondern um die Relevanz dieser Lebensform überhaupt, deren Zentrum ihre wirtschaftliche Funktion war. Auf der Grundlage dieser Würdigung wurde der Vater, der die Kinder versorgt, ebenso seines gottgefälligen Handelns versichert, wie Luther an anderer Stelle die Aufteilung der Arbeit in die erzieherische Tätigkeit des Mannes und haushälterische Tätigkeit der Frau trennt.

In seiner Auslegung der »Hochzeit von Kana« werden dem Mann die erzieherischen Tätigkeiten und der Frau die pflegerischen zugeordnet: »Wenn einer ein Hausvater ist und das hause regirt in timore dei [...] das man so nicht familiae vitam verachte als weltlich werk.«[39] Diese Aufgabenteilung wird verstärkt durch den Hinweis auf das Vorbild Marias, der Mutter Jesu. Da diese selbst haushälterische Dienste auf der Hochzeit übernommen hat, wird jegliche Übernahme solcher Tätigkeiten durch ihr Vorbild geadelt und der Nachahmung empfohlen: Sie »thut wie ein hauszmackt odder hauszmutter tun sol, in geringen vorachten wercken, als were yhr nichts umb solch ubirschwenkliche gutter und gnaden.«[40]

Die Bedeutung von Maria ändert sich aus dieser Perspektive grundlegend. Aus der jungfräulichen Gottesmutter wird die sorgende Frau, die ihren Dienst im Haus als Dienst an Gott begreift. Eine ähnliche Verlagerung ist bei Luther in der Auslegung des Magnifikats zu beobachten, denn Maria verhält sich doch ganz wie vorher: »Sie ist unter andn weybern und nachpawen gehalten nichts beherst den vorhym, sie

---

38 Vgl. Mitterauer 2003, 320ff., 367ff.
39 Luther 1533, WA 37, 9–12, 85b.
40 Ders. 1521, WA 7, 576.

hats auch nicth begert, ist ein arm burgeryn blieben unter dem geringen hauffen.«[41] Maria, deren besondere Gottesnähe bis dahin durch
ihre Jungfrauenschaft konstituiert war, wurde zu einer Mutter wie jede
andere auch, d. h. »ihre spirituelle Mutterschaft [wurde] auf ihre physische reduziert«.[42] Indem den Laien die Fähigkeit zum gottgefälligen Leben zugesprochen wurde, änderte sich der Stellenwert der Familie und ihre religiöse Bedeutung. Die »priesterliche« Neubestimmung
der elterlichen Aufgabe und die Verankerung des christlichen Lebens im
Alltag führten zu einer Neubewertung von Ehe und Familie. Ihr cha-
rakteristisches Merkmal war der »Doppelcharakter«[43] von geistlich/
weltlich, gottgewollt/natürlich und kann als eine Abgrenzung gegenüber der geringen religiösen Funktion der mittelalterlichen Familie verstanden werden.[44]

In der feministischen Diskussion ist umstritten, inwieweit diese
reformatorischen Veränderungen für die Frauen positive oder nega-
tive Auswirkungen hatten. Während die einen in der Position Martin
Luthers die Aufwertung der physischen Mutterschaft sehen und die zu
Dienst und Opfer bereite Mutter als eine »Schöpfung des protestantischen Europas«[45] verstehen, die verantwortlich sei für die »konserva-
tive Umdeutung« in der Bestimmung der Rolle der Frau in Ehe und
Haushalt,[46] hebt die Sozialhistorikerin Heide Wunder hervor, dass die
Ehelehre Luthers nur deshalb wirksam werden konnte, weil die Ehe
spezifischen Veränderungsprozessen der wirtschaftlichen und sozialen
Kontexte unterlag.[47] Die These, dass Luther das Rollenbild der bürgerlichen Mutter zugrunde gelegt hätte, setzt allerdings die Kategorien des
19. Jahrhunderts voraus, die sich in der geschlechtsspezifischen Arbeitsteilung und der Einteilung von privaten und öffentlichen Räumen bildeten. Dies allerdings sind Kategorien, die für das 16. Jahrhundert noch
keine Relevanz hatten: »Die von den Entwicklungen seit dem 19. Jahrhundert geprägten Kriterien für die Bewertung von Arbeit können
jedoch nicht ohne weiteres für die Analyse von Wirtschaft und Gesellschaft der europäischen Agrargesellschaften verwendet werden.«[48] Die

41 Ebd., 576.
42 Vinken 2007, 122.
43 Barth 2009, 162.
44 Vgl. Mitterauer 2003, 309–316.
45 Vinken 2007, 107.
46 Roper 1999, 11.
47 Vgl. Wunder 1993, 14ff.
48 Dies. 1992, 95.

Auseinandersetzung Luthers ist keine über die Bewertung »weiblicher« oder »männlicher« Arbeit, sondern sie ist in der Bewertung von Lebensformen verankert.

Eine berechtigte Kritik ist, dass die Ablehnung des Klosterwesens die einzige Lebensform, die vorher für Frauen unabhängig von einem Mann möglich war, die der Nonne, diskreditiert wurde: »With the rejection of the monastic way of life and convents in pro-Reformation cities, women lost significant opportunities for spiritual formation and vocations.«[49] Diese von einem Ehemann unabhängige Lebensform stand im reformatorischen Umfeld nicht mehr zur Verfügung, sondern wurde in die Rolle der evangelischen Pfarrfrau verlagert.

49 Stjerma 2009, 33; vgl. auch Vinken 2007, 105ff.

Kapitel II
Ehe und Familie als eigenständige Lebensformen bei Karl Barth

1. Die Einheit von Ethik und Dogmatik

Karl Barth steht in der Tradition der reformierten Theologie, die seit Calvin die Ehe bundestheologisch versteht, indem die Ehe als Abbild des Bundes Gottes mit Israel verstanden wird. Ein Spezifikum seiner Darstellung ist die Einbettung des Verständnisses von Ehe und Familie in seine Schöpfungslehre. Ehe und Familie werden nicht als abzugrenzende Bereiche innerhalb des Gesamtgebiets der Ethik behandelt, sondern sie werden mit dogmatischen Fragestellungen eng verzahnt. Karl Barths Position zur Ehe und Familie unterliegt einer spezifischen Verhältnisbestimmung von Ethik und Dogmatik, die aus ihrem offenbarungstheologischen Blickwinkel heraus verstanden werden muss. Die Aufgabe der theologischen Ethik bestimmt Barth mittels eines Verständnisses des Wortes Gottes als Gottes Gebot. Der Mensch als Hörer des Wortes Gottes erfährt durch das Verständnis des in Wort und Gebot handelnden Gottes, was gutes Handeln eigentlich ist: »Der wahre Mensch und sein gutes Handeln kann ja nur vom wahren handelnden Gott und seiner Güte her, nur in dessen lebendigem Wort in Sicht kommen.«[50] Die ethische Frage, als Frage nach dem guten und menschlichen Handeln, ist für Barth nur im Zusammenhang mit der Dogmatik zu beantworten, weil das menschliche Handeln auf das Handeln Gottes bezogen ist. Zugleich ist es »dieser Zusammenhang der Dogmatik, der die Ethik vor willkürlichen Behauptungen, Begründungen und Folgerungen schützt, der ihr erlaubt, einen sicheren Weg zu fruchtbaren Erkenntnissen zu gehen.«[51] Von hier aus weist Barth jede Form der Ordnungstheologie – wie sie beispielhaft von Emil Brunner vorgetragen worden ist – in der Annahme zurück, es gäbe göttliche Ordnungen, die der Wirklichkeit des Menschen zugrunde lägen – z. B. die Ehe als Schöpfungsordnung – und als solche von diesen als göttliche Ord-

---

50 Barth 1951, 1.
51 Ebd.

nungen erkannt werden müssten. Hinter seiner Positionierung gegen
Brunner steht Barths Ablehnung von allem, was nach einer naturrecht-
lichen Begründung des Geschlechterverhältnisses aussehen könnte. Er
widerspricht der Auffassung, dass es allgemeine und natürliche Lebens-
ordnungen gibt, die unabhängig von dem in Jesus Christus geoffen-
barten Wort Gottes Aufschluss über Gottes Willen geben könnten.[52]
Indem Barth hier die Existenz von Ordnungen, die dem menschlichen
Leben als Basis dienen, hinterfragt, spricht er sich für eine Ethik aus, die
sich als ›Annäherung‹ der menschlichen Erkenntnis an das Wort Gottes versteht.

Das von ihm entwickelte Verständnis von Ethik in der Orientierung
an Gottes Gebot versteht Barth nicht gemäß dem Modell kasuistischer
Ethik (d. h. als Deduktion des menschlichen Handelns aus zeitlosen
Wahrheiten oder einem allgemeinen göttlichen Regelwerk). Es schließt
sich vielmehr die Frage an, woher Menschen in konkreten Entscheidungen wissen können, was Gottes Gebot ist. Barth versteht die Aufgabe der speziellen Ethik als Frage, was je in einer Situation zu tun sei,
als Auslegung des Gebotes Gottes unter bestimmten Bedingungen und
Möglichkeiten. Die Beurteilung, ob etwas als ethisch vertretbar gelten
kann ist ein immerwährender Prozess, dem die Kontinuität des Gebotes Gottes wie auch die des menschlichen Handelns zugrunde liegt. Der
Begegnung zwischen Gott und Mensch kommt nach Barth deshalb eine
große Bedeutung zu, denn erst durch sie wird es möglich, die Rück-
frage zu stellen, »was in diesem und diesem Bereich und Verhältnis, je
im Reflex dieses besonderen Spiegels gesehen, das Gebot Gottes und das
ihm entsprechende gute menschliche Handeln sein möchte.«[53] Möglich
ist diese menschliche Handlung, weil nach Barth der Mensch ›erkennen kann‹, was Gottes Gebot ist, wenn auch nicht vollständig, sondern
immer nur in Form der Annäherung.

Es wird im Folgenden zu fragen sein, wie Barth das Thema Ehe und
Familie aus seiner theologischen Position heraus wahrnimmt. Barth
fasst in seiner *Kirchlichen Dogmatik* die Themenkreise Ehe und Familie unter das zwölfte Kapitel seiner Schöpfungslehre, das mit dem Titel
»Das Gebot Gottes und des Schöpfers« überschrieben ist. Seine Schöpfungslehre ist durch den Begriff ›Freiheit‹ strukturiert, Ehe und Familie werden in § 54 unter dem Titel »Freiheit in der Gemeinschaft« ana-

---

52 Vgl. ebd., 20ff. und Barths Auseinandersetzung mit Emil Brunner sowie die Dis-
    kussion des Bonhoeffer'schen Mandatsbegriffs, ebd., 21ff.
53 Ebd., 32.

lysiert. Grundlegend für die dort ausgeführten Überlegungen sind die exegetischen Interpretationen der beiden Schöpfungsgeschichten in § 41 »Schöpfung und Bund« als Ermöglichung des Bundes Gottes mit den Menschen. Es wird zu zeigen sein, wie Karl Barth beide Schöpfungsgeschichten bundestheologisch miteinander verknüpft und in beiden Texten die Bestimmung des Menschen zur Freiheit angelegt sieht. In der Analyse wird zudem danach zu fragen sein, zu welchen anthropologischen Grundaussagen zu Mann und Frau Karl Barth aufgrund seiner exegetischen Arbeiten gelangt.

2. Die Schöpfungsgeschichten in der exegetischen Diskussion

2.1 Die Gottebenbildlichkeit von Mann und Frau

Bevor sich Karl Barth der Interpretation der Genesis-Texte in § 41 zuwendet, ist es ihm wichtig, auf deren textsortenspezifischen Charakter hinzuweisen. Denn die Erschaffung des Menschen wird dort in Form von Sagen erzählt. Damit wendet er sich gegen ein historisches Verständnis der biblischen Texte und bezeichnet diese doch eher als prähistorisch. Damit hat Barth bereits vor der Interpretation der Texte eine wichtige methodische Weichenstellung vollzogen, indem er die exegetische Tradition, die diese Texte als historische Wahrheiten verstand, kritisiert. An dieser Stelle tritt Barth für eine Differenzierung verschiedener Geschichtsdarstellungen ein: »Historisch sind Vorgänge innerhalb der schon existierenden Naturwirklichkeit. Hier aber geht es um Vorgänge auf der Grenze zwischen der Nichtexistenz und der Existenz der Natur. Über solche Vorgänge kann, wenn überhaupt, dann jedenfalls nicht historisch berichtet werden.«[54] Die Schöpfungsgeschichten seien vielmehr »Zeugnis von Gottes Selbstoffenbarung«.[55]

Die auf den Schöpfungsgeschichten basierende Geschlechterdifferenz von Mann und Frau ist für Barth das entscheidende Merkmal menschlicher Lebensweise. Für seine Interpretation der priesterlichen Schöpfungsgeschichte (Gen 1,1–2,4a) ist der Vers 1,26 zentral: »Lasset uns Menschen machen *in* unserem *Urbild nach* unserem *Vorbild*!«[56] Die göttliche Lebensform, die Pluralität »lasset uns«, findet ihre Ent-

54 Ders. 1947, 86.
55 Ebd., 99.
56 Übersetzung ebd., 205.

sprechung in der menschlichen, der Pluralität von Mann und Frau: »Das in Gott selbst stattfindende Zusammensein und Zusammenwirken [kommt] in der Beziehung von Mensch zu Mensch zur Wiederholung. So ist das *tertium comparationis*, die Analogie zwischen Gott und Mensch sehr schlicht die Existenz im Gegenüber von Ich und Du.«[57] Die Existenz im Gegenüber von Ich und Du, die Bezogenheit Gottes auf den Menschen und der Menschen aufeinander ist für Barth konstitutiv für das Verständnis Gottes und das des Menschen. Die Pluralität wird durch die geschlechtliche Differenzierung konstituiert, die alle anderen Differenzierungen der Menschen nach Gruppen, Arten und Rassen hinfällig macht.[58] Dass die Menschen als männliche und weibliche geschaffen wurden, unterscheidet sie nicht spezifisch von den Tieren, die ja auch als Männchen und Weibchen geschaffen wurden. Das spezifisch Menschliche ist vielmehr die Gottebenbildlichkeit von Mann und Frau. Jene findet ihren Ursprung aber nicht in der Geschlechtlichkeit des Menschen, sondern in der »Beziehung und Unterscheidung von Ich und Du in Gott selber«.[59] Damit rückt Barth die Pluralität als Bestimmung des Menschen in den Vordergrund, die der Pluralität Gottes nachgebildet ist. Die Gottebenbildlichkeit liegt also in pluraler Existenz vor. Diese Interpretation der Gottebenbildlichkeit weist die Erkennbarkeit der menschlichen Gottebenbildlichkeit an die menschliche Seele, seine besonderen Fähigkeiten oder seinen menschlichen Körper zurück. Der Mensch kann nach Barth immer schon und immer nur in dieser Pluralität verstanden werden. Als Ab- und Nachbild dieser Lebensform hat Gott die Menschen »zum Zeugen seiner eigenen Lebensform«[60] geschaffen. Wenn Barth in diesem Zusammenhang den Ausdruck »Lebensform« benutzt, interpretiert er die erste Schöpfungsgeschichte nicht als Normierung einer bestimmten sozialen Gestalt des Zusammenlebens von Mann und Frau. Unter dem Begriff ›Lebensform‹ wird hier die Behauptung einer ursprünglichen Differenz verstanden, die in Gott selbst wie auch im Menschen angelegt ist. Es ist die Einheit in der Differenz.

Diese Einzigkeit der Pluralität ist es auch, die den Herrschaftsauftrag über die Tiere legitimiert. Sie ist allerdings keine wesensmäßige Bestimmung des Menschen, sondern »Accessorium seiner eigentlichen

---

57 Ebd., 207.
58 Vgl. Ebd., 208.
59 Ebd., 222.
60 Ebd., 210.

Bestimmung«.[61] Nicht die dem Menschen übertragene Verfügungsgewalt zeichnet sie aus, sondern die in der Gottebenbildlichkeit wesensmäßig enthaltene Pluralität. So begründet Barth die Segensbedürftigkeit
des Menschen für die Ausübung seiner Herrschaft und für die Fähigkeit, Nachkommen zu zeugen, mit der Selbstständigkeit der Menschen.
Diese »ist eben wie seine geschlechtliche Fortpflanzung, seine Vermeh-
rung und Ausbreitung Sache seiner eigenen Tätigkeit als dieses besondere selbständige Lebewesen.«[62] Barth versteht das »seid fruchtbar und
mehret euch« nicht als Auftrag, als Imperativ oder Verwirklichung des
Mann- oder Frauseins, sondern als Ausdruck der eigenen und selbstständigen Handlungsmöglichkeit des Menschen. Fortpflanzung und
Herrschaftsausübung sind nicht Bestimmungen des Menschen, sondern
in die Verantwortung des Menschen gestellte Handlungen, die Gottes
Segen bedürfen: »Der Segen vermag damit jeweils beides zusammenhalten: die Gottähnlichkeit der selbstbewegten Geschöpfe wie ihre blei-
bende Unterscheidung vom Schöpfer, die Eigenständigkeit ihres Tuns
wie dessen gehorsame Entsprechung zum göttlichen Wirken.«[63] Dieser Segen gilt nach Barth für alle folgenden Menschen, weil der Schöpfungssegen der Anfang der Bundesgeschichte ist, die auf die Erfüllung
des Bundes im Christusgeschehen zielt: »Dann werden auch diese neuen
Individuen von der in und mit der Schöpfung des ersten Menschen
zugewendeten Segnung her gesegnet sein.«[64] Es trifft die christologische Begründung für die Konstanz des einen göttlichen Segens über die
von den Menschen übernommene Verantwortung zu selbst dann, wenn
die Menschen den Segen in Fluch umkehren. Denn es gilt: »Was immer
als Bedrohung und Gefährdung dagegen aufkommen mag, es kann und
wird doch nur ein Zwischenfall auf der mit dem Segen Gottes begonne-
nen Linie sein.«[65]

Barths Auslegung des priesterlichen Schöpfungsberichts beabsich-
tigt also, nicht aus der Schöpfung ersichtliche Ordnungen abzuleiten,
sondern im Handeln Gottes *die Freiheit des Menschen zum Handeln*,
die konstitutive Bezogenheit von Menschen aufeinander und deren Segnung zu verankern. Die Besonderheit des Menschen liegt demnach in
seiner pluralen Verfasstheit, die der Lebensform Gottes nachgebildet ist.

61 Ebd., 211.
62 Ebd.
63 Frettlöh 2005, 219.
64 Barth 1947, 212.
65 Ebd.

Damit ist der priesterliche Schöpfungsbericht für Barth weder Grundlage einer bestimmten Lebensform zwischen Mann und Frau noch spielt die Geschlechterdifferenz an dieser Stelle eine herausragende Rolle.

2.2 Die Mann-Frau-Beziehung als Erwählungsgeschehen

Das Nebeneinander zweier Schöpfungsgeschichten interpretiert Barth als zwei Bestandteile der Schöpfung Gottes. Während die erste Schöpfungsgeschichte die Schöpfung als äußeren Grund des Bundes thematisiert, schafft sie nach Barth die Voraussetzung, den Bund als inneren Grund der Schöpfung zu betrachten. Der innere Grund kann als eine Konkretion des Bundes in Raum und Zeit verstanden werden, Gott schafft nicht irgendeinen Raum noch irgendeinen Menschen, sondern den zur Geschichte des Bundes bestimmten Raum und den als Partner Gottes in diesem Bunde bestimmten Menschen.[66] Die Schöpfungsgeschichte in Gen 2,18–25 ist nach Barth durch ein zweifaches Erwählungsgeschehen gekennzeichnet: die Erwählung des Menschen durch Gott und das Erwählen der Frau durch den Mann. Der Ausruf Adams nach der Erschaffung der Frau »Diese nun endlich! Gebein von meinem Gebein, Fleisch von meinem Fleisch!« (Gen 2,23) stellt für Barth eine Schlüsselstelle innerhalb der zweiten Schöpfungsgeschichte dar: »Die ganze Geschichte zielt auf diesen Ausruf des Menschen. In ihm und erst in ihm ist auch Gottes Schöpferwerk zu seinem Ziel gekommen.«[67]

In diesen wenigen Worten offenbaren sich nach Barth die entscheidenden Kennzeichen des Bundes: Er ist ein Akt der Wahl, der Anerkennung und der Freiheit. Das Gegenüber ist nicht nur vorhanden, sondern muss sprachlich benannt und als selbstständig anerkannt werden, damit es zu einem wahrhaftigen Gegenüber wird. Die Möglichkeit und Freiheit, wählen zu können, zeichnet den Menschen gegenüber Gott aus, aber auch gegenüber seinesgleichen: »Das ganze Gewicht liegt vielmehr, wenn man den Zusammenhang beachtet, darauf, dass der Mensch von Gott vor eine Wahl und Entscheidung gestellt wurde, die er erkennend vollziehen und zu der er sich mit seinem Wort bekennen sollte. Er sollte seinen Partner, die ›Hilfe‹, die ihm ein Gegenüber sei, nicht nur bekommen, sondern als solche entdecken und in Freiheit in

66 Ebd., 262.
67 Ebd., 332.

Empfang nehmen.«[68] Die Beziehung zwischen Mann und Frau unterliegt der menschlichen Freiheit und erst der Gebrauch dieser Freiheit, das Benennen und Anerkennen, konstituiert das Selbstverständnis des Menschen. Diese Freiheit kommt allerdings nur dem Mann zu: »Die Frau wählt nicht, sie ist nur erwählt.«[69] Damit bleibt das, was Barth allgemein über ›den Menschen‹ sagt, durch seine Interpretation auf den Mann beschränkt: Die Verwirklichung der Freiheit und das Wählen können konstituieren nach Barth erst das Selbstverständnis des männlichen Menschen.

Für Barth wird demzufolge das Selbstverständnis des Mannes erst an dem Punkt gestiftet, an dem die Frau als Gegenüber sichtbar wird: »Ist er nicht jetzt erst, im Gegenüber zur Frau, in der er etwas aus und von sich selbst wiedererkennt, ganz er selbst, als Mann im Verhältnis zur Frau seinerseits erst ganzer Mensch geworden?«[70] Barth beschreibt in dieser Aussage einen doppelten Prozess: Erst durch die Frau wird der Mann zum Mann, erst durch den Mann wird die Frau zur Frau. Sie können nicht unabhängig voneinander Identität erlangen, weil ihre Bestimmung ein Beziehungsverhältnis ist.

2.3 *Die christologische Deutung*

Barth spricht in seiner Auslegung bis zu dieser Stelle nicht von der Beziehung zwischen Mann und Frau als Ehe oder Liebe. Ehe und Liebe werden erst erwähnt, nachdem Barth auf die »Lücke«, die fehlende Relevanz des Themas Nachkommenschaft in der zweiten Schöpfungsgeschichte, hingewiesen hat: Barth konstatiert, dass es sich »im Verhältnis von Mann und Frau vor allem anderen – wirklich auch vor seinem Charakter als Begründung des Vater-Mutter-Kind-Verhältnisses – um einen Bund sondergleichen, um eine rückhaltlos gemeinte und durchgeführte Vereinigung handelt.«[71] Diese eigenständige Reflexion der Beziehung von Mann und Frau ohne inneren Bezug auf Nachkommenschaft erklärt sich nach Barth aus der Beschreibung der Beziehung zwischen Gott und Israel als Liebe und Ehe. Denn für die Propheten galt die menschliche Liebe »unwiderstehlich zum Gleichnis und Zei-

68 Ebd., 333.
69 Ebd., 346.
70 Ebd., 338.
71 Ebd., 358.

chen der Verbindung, die Jahve zwischen sich selbst und seinem Volk begründet« hatte.[72] Das durch Gott konstituierte Verhältnis zwischen Mann und Frau erhält seinen Gleichnis-Charakter, indem es auf die Beziehung zwischen Gott und Israel verweist. Die Verwendung des Begriffs ›Gleichnis‹ für die Nähe der Gott-Mensch- und Mann-Frau-Beziehung betont die Ähnlichkeit der Beziehungen bei Einhaltung der Differenz. Der Gleichnis-Gedanke knüpft weiterhin an folgende Beziehungselemente an: Versprechen, Handeln, Wahrnehmung des anderen; er ist von daher in der Lage, das Verhältnis von Gott und Mensch, aber eben auch das von Mann und Frau als Beziehungsgeschehen und nicht (nur) als Vertrag oder rechtliche Form wahrzunehmen. Gleichzeitig ›weiß‹ das Gleichnis um die Differenz dessen, auf das es hinweist. Dieses Wissen ermöglicht, bei aller Ähnlichkeit der Beziehungen zwischen Gott und Mensch sowie Frau und Mann, auch die Unähnlichkeit festzuhalten: die Spannungen und Komplexitäten, denen reale Beziehungen ausgesetzt sind. Die Kehrseite dieses Gleichnisses ist die geschichtliche Wirklichkeit, wie sie sich nach Barth in dem Verhältnis von Gott und Israel, aber eben auch von Mann und Frau darstellt: »Es ist der Bund, der das Urbild der menschlichen Liebe und Ehe ist, in seiner geschichtlichen Wirklichkeit der von Israel gebrochene Bund, der Bund, in welchem sich Israel, Juda, Jerusalem, wie es noch im Neuen Testament nachklingt, als ein ›böses und ehebrecherisches Geschlecht‹ erwiesen hat: als ein Volk, das die ihm zugewendete Gnade Gottes nur zu verkennen, zu verschmähen und zu verhöhnen wußte. Man versteht den Schatten, der sich von da aus gerade auf das Verhältnis von Mann und Frau als solchem legen musste.«[73] Barths Interpretation von Gen 2 enthält deutlich mehr Ambivalenzen als die zum ersten Genesis-Kapitel. Dieser Unterschied mag darauf zurückzuführen sein, dass textlich bereits Spannungen vorgezeichnet sind (Erkenntnis von Gut und Böse, die Vertreibung aus dem Garten, es wird vom Mann gesprochen, der Vater und Mutter verlässt). Im Vergleich zu Gen 1 beschreibt Barth das Verhältnis von Mann und Frau in Gen 2 als eine erotisch polarisierte Beziehung, die zugleich stark personalistisch gedeutet werden kann.

Dass das Liebesverhältnis trotz der geschichtlichen Wirklichkeit nicht nur als gebrochenes, sondern auch als vollkommenes Liebesverhältnis verstanden werden kann, weist nach Barth auf einen Brennpunkt außer-

---

72 Ebd., 361.
73 Ebd., 362.

halb des Alten Testaments hin. Seine Würde erhalte das Geschlechtsverhältnis durch den inneren Bezug auf Jesus Christus: »Weil Jesus Christus und seine Gemeinde der innere Grund der Schöpfung und weil wieder Jesus Christus der Grund der Erwählung und Berufung Israels war, darum konnte und musste die Beziehung zwischen Jahve und Israel als eine erotische Beziehung beschrieben werden.«[74] Hier werden Ekklesiologie und Anthropologie miteinander verbunden, denn gerade in seiner Auslegung von Gen 2 zeigen sich die Grenzen der Analogiefähigkeit. Karl Barths Exegese von den ersten beiden Genesis-Kapiteln »läuft letztendlich auf eine christologische Interpretation und Erschließung der alttestamentlichen Texte hinaus.«[75] Erst aus der Perspektive von Jesus Christus und der seines Verhältnisses zur Gemeinde sind die Textstellen aus Gen 2 zu verstehen: Der Mensch soll nicht allein sein. Diese Aussage ist nach Barth ein Zeichen dafür, dass Jesus in der an ihn glaubenden Gemeinde sein Gegenüber haben soll. Ebenso wie der Tiefschlaf, in den Adam versetzt wird, ein Zeichen dafür ist, dass die Gemeinde Jesu in dessen Todesschlaf ihren Ursprung hat.[76] Die Deutung der Beziehung zwischen Mann und Frau, die weder der Legitimation durch Nachkommen bedarf noch diese auf eine Lebensform einengt, erhält ihre Aussagekraft durch die christologische Begründung, in die sie eingezeichnet ist. Abgesehen von der grundsätzlichen Frage, ob die Analogien zwischen Gott und Israel, Jesus und Gemeinde sowie Mann und Frau nicht zu sehr auf die Spitze getrieben werden und die Anthropologie damit nicht gänzlich in den Dienst der Christologie gestellt wird, ist danach zu fragen, inwieweit die Analogien tatsächlich tragen bzw. welche Auswirkungen diese für die Beurteilung des faktischen Verhältnisses von Mann und Frau haben.

Das Grundproblem der christologischen Interpretation Barths zeigt sich darin, dass der menschliche Part in dem Gegenüber von Gott und Mensch von der Frau symbolisiert wird, im Gottesverhältnis aber auch immer den Mann miteinschließt. Die Grenzen der christologischen Deutung zeigen sich spätestens dort, wo Mann *und* Frau als ›Gemeinde‹ gemeinsam als Gegenüber von Jesus Christus in den Blick kommen. Gegenüber Gott bzw. Jesus bilden Mann und Frau den menschlichen Part. Beide sind Gott gegenüber in der Position, dass sie die Liebe, die ihnen entgegengebracht wird, nicht erwidern können: »Wie können sie

74 Ebd., 369.
75 Neven 1987, 130.
76 Barth 1947, 367.

in diesem Gegenüber anders dastehen denn als Ehebrecher? Vor Gott und ihrem Verhältnis zueinander?«[77]

Diese Perspektive ist auf die wechselnde Bedeutungszuweisung von Adam als Mensch und Adam als Mann in der Übersetzung und Auslegung der Schöpfungsgeschichte zurückzuführen. Barth ist hier nicht eindeutig, sodass diesbezüglich Unklarheiten in seiner Grundhaltung bestehen. So versteht er einerseits Adam als Eigennamen für einen Mann, der eben dadurch geschlechtlich festgelegt ist: »Adamah ist die Erde als bebautes Feld oder Land, der Acker. Adam heißt also Erdmann, Feldmann, Ackermann, Landmann.« Im nächsten Satz bezieht er die Bezeichnung Adam auf den Menschen und entzieht ihn damit der geschlechtsspezifischen Einengung: »Nach v 5 muss dieser Name zunächst bedeuten: der Mensch ist für die Erde, zu deren Dienst, nämlich zu deren Bebauung bestimmt.«[78] Wie Schüngel-Straumann herausgearbeitet hat, ist Adam zunächst einmal eine Bezeichnung für den ›Menschen‹ und meint keinen Eigennamen. Die geschlechtsspezifische Bestimmung erfolgt erst in Gen 2,22, wo erzählt wird, dass Jahwe-Elohim aus einer Rippe Adams eine *iššah* baut: »Damit wird Adam eigentlich erst zum Mann, denn *iš* ist ein geschlechtsspezifischer Begriff.«[79] An dieser Stelle wird ein weiteres Problem der Bundesanalogie und der christologisch gedeuteten Anthropologie markiert: Die Gegenüberstellung von Urbild und Geschichte, die mit der Geschlechterdifferenz gekoppelt wird und gleichnishaft für das Verhältnis von Gott und Israel steht, hat zur Konsequenz, dass sowohl die göttliche als auch die menschliche Seite eindeutig geschlechtsspezifisch besetzt wird: »Jahve der Mann, Israel die Frau«[80]. Der Mann steht auf der Seite Gottes, die Frau repräsentiert den ›menschlichen Part‹. Die im Gott-Mensch-Verhältnis vorgegebene Asymmetrie führt deshalb notwendigerweise auch auf der Ebene der Geschlechter zu einer Asymmetrie, die sich in Barths »Ordnungsvorstellung« der Geschlechter niederschlägt.

---

77 Ebd., 369.
78 Ebd., 277.
79 Schüngel-Straumann 1989, 141. Vgl. insg. 140ff.
80 Barth 1947, 363.

3. Ethische Implikationen der theologischen Anthropologie

3.1 Diskurse um Geschlechterkonstruktion

Die in Band III/1 seiner *Kirchlichen Dogmatik* dargelegte theologische Anthropologie bezieht Karl Barth in Band III/4 auf die sich daraus ergebenden ethischen Fragen. Dort ist aus der Interpretation des Ineinandergreifens von Schöpfung und Bund die menschliche Bestimmung abgeleitet worden, nämlich Gottes Bundesgenosse zu sein, und die Begegnung mit anderen Menschen wird als Mitmenschlichkeit charakterisiert.[81] Die Beziehung zwischen Mann und Frau versteht Barth hier als »erste und exemplarische Unterscheidung und Beziehung zwischen Mensch und Mensch«[82]. Auf diese Weise spitzt Barth die aus seiner Interpretation der Genesistexte gewonnenen Fragestellungen auf die geschlechtliche Differenz von Mann und Frau zu. »Was aber ist der Mann in seinem, die Frau in ihrem Geschlecht?«[83] Diese Frage stellt sich konsequenterweise, wenn wie bei Barth die Geschlechterdifferenz im Zentrum der Anthropologie steht. Was aber macht das Mann- und was das Frausein aus? Barth lehnt jegliche »Phänomenologie und Typologie der Geschlechter«[84] ab. Er verzichtet auf vermeintlich biologisch-natürliche Zuschreibungen des Geschlechts. In seiner Auseinandersetzung mit Simone de Beauvoir lehnt er auch die soziale und kulturelle Konstruktion der Geschlechtlichkeit ab. Er hält ihr zugute, dass sie die Dominanz des Mannes richtig beschrieben und den Mythos demaskiert habe, der hinter der Verherrlichung der Frau als der »ganz Anderen« stehe und würdigt, dass Beauvoir nicht dem Mythos der Androgynität verfällt, eine Vorstellung, die Barth strikt ablehnt.[85] Doch habe sie einen neuen Mythos geschaffen: »den Mythos vom menschlichen Individuum, das als solches in der Tat seiner Freiheit sein Mannsein oder Frausein übergreift, [...] dem seine Geschlechtlichkeit also eine bloße Bedingung ist, durch die es doch letztlich nicht bedingt ist.«[86] Die Frage, welche Bedeutung dem Geschlecht zukommt und wie es konstituiert wird, beantwortet Barth einerseits mit einer gewissen Zubil-

---

81 Vgl. ders., 127ff.
82 Ebd., 128.
83 Ebd., 166.
84 Ebd., 168.
85 Ebd., 173ff.
86 Ebd., 180.

ligung der Historizität: Er weiß, dass die »verschiedenen Zeiten, Völker und Kulturen über das, was dem Mann und der Frau als solchen in concreto ziemlich, bekömmlich und geboten sei, bekanntlich sehr verschieden gedacht haben«.[87] Andererseits stellt er die Bestimmung der Geschlechtlichkeit gänzlich unter Gottes Gebot: Gott ist es, der Auskunft über die Identität gibt: »Gottes Gebot wird den Mann und die Frau als das, was sie je für sich sind, schon finden. Er wird ihnen ihr männliches oder frauliches Wesen, dem sie im Gehorsam treu zu bleiben haben, schon aufdecken.«[88] Der Mensch muss sich also von Gott sagen lassen, wer er ist, und das schließt die Geschlechtlichkeit mit ein. Man kann Barth dafür Anerkennung zukommen lassen, dass er diese Diskussion Anfang der 1950er Jahre überhaupt aufnimmt und sich weder von der Dominanz vorgefasster Meinungen beeinflussen lassen noch durch »Psychologie, Pädagogik, Hygiene und dergleichen«[89] definieren lassen will, was männlich und was weiblich ist. Die Zurückweisung, dass Männlichkeit und Weiblichkeit nicht durch andere Wissenschaften zu erklären sind, lässt sich als schlüssig in Betracht ziehen, auch wenn Barth zu Recht vorgehalten wird, er normiere mit seinem Konzept die Zweigeschlechtlichkeit und lade sie mit theologischer Bedeutung auf.[90] Allerdings nimmt Barth durch seine strikte Ablehnung der kulturellen und sozialen Konstruktion von Geschlechtlichkeit die Abhängigkeit von diesen in seiner eigenen theologischen Positionierung nicht in den Blick. Seine im Folgenden zu diskutierende Definition des Verhältnisses zwischen Mann und Frau als eine »schöpfungsmäßige Ordnung«[91] beruht auf einem spezifischen historischen Verständnis des Geschlechterverhältnisses. Es ist ein Modell, das durch gegenseitige Liebe und Gleichwertigkeit der Geschlechter geprägt ist, aber durch den Mann normiert wird.

3.2 Die Ordnung der Geschlechter

Die Gleichwertigkeit der Geschlechter wird von Barth in der theologischen Exegese von Gen 2 herausgearbeitet. Die zweite

87 Ebd., 171.
88 Ebd., 167.
89 Ebd., 166.
90 Vgl. Karle 2006, 188ff.
91 Barth 1951, 192.

Schöpfungsgeschichte ist lange Zeit als Geschichte der Abwertung der Frau als »Hilfe« gelesen worden.[92] Dieser Auslegungstradition widerspricht Barth (unausgesprochen), indem er die Erschaffung der Frau aus dem Mann als die »Vollendung der Schöpfung«[93] bezeichnet. Seine Schlussfolgerung: »Ehrenvoller konnte die Bahn für die Erschaffung der Frau nicht frei gemacht werden.«[94] Barth versteht die »Hilfe« nicht im Sinne einer sekundären, auch zu entbehrenden Hilfe, sondern verankert ihre Bedeutung in der Parallele zur Bundesgeschichte Gottes mit den Menschen: »Der Mensch bedarf, um in diesem Bunde Gottes Partner zu sein, selber eines Partners.«[95]

Die Wertigkeit der Geschlechter ist zwar gleich, das Verhältnis von Mann und Frau orientiert sich jedoch an einer Ordnung, die sich nach folgender Logik sortiert: »A geht vor B, B kommt nach A. Ordnung heißt Folge. Ordnung heißt Vorordnung und Nachordnung, Überordnung und Unterordnung.«[96] Barth selbst weiß, wie »missverständlich und gefährlich«[97] diese Worte sind. Auch wenn er versucht, den Ordnungsbegriff streng zu formalisieren und nicht an ein Herrschaftsverhältnis zu koppeln, bleibt die Rede von der Über- und Unterordnung zumindest für Fehldeutungen offen. Barth macht den zweiten Schöpfungsbericht zur Ausgangserzählung eines doppelten Bundes: Der Bund von Mann und Frau wird aus dem Bund Gottes mit den Menschen abgeleitet, er kann nicht reziprok sein. Das Ursprungsverhältnis wird für die Ewigkeit fortgeschrieben. So wenig das Verhältnis zwischen Gott und Mensch reziprok ist, so wenig ist es das Verhältnis zwischen Mann und Frau, denn der »metaphorisch-gendermäßig bzw. im eigentlichen Sinne mit der Geschlechterdifferenz verbundene Gnadenbund [ist] nun einmal streng asymmetrisch«.[98]

Konsequenterweise bleibt Barth dabei, auch dem Geschlechterverhältnis eine nicht aufzulösende Differenz beizumessen, die sich dadurch auszeichnet, dem Mann eine »Suprematie« zuzusprechen: »Auch die Suprematie des Mannes ist eine Sache der Ordnung und nicht eine Sache

92 Vgl. Schüngel-Straumann 1989, 9–86; dazu auch: Gössmann 1989, 25–53, insb. 34–44.
93 Barth 1947, 335.
94 Ebd.
95 Ebd., 331.
96 Ders. 1951, 189.
97 Ebd., 189.
98 Janowski 1995, 50.

des Wertes, der Würde, der Ehre.«[99] Damit spricht er dem Mann keine Vorrangstellung zu, die auf der Herrschaftsausübung gegenüber der Frau beruht, er begründet diese Aussage mit dem griechischen Begriff ὑποταγῇ. Dieser Begriff, der in der Bibel immer wieder im Zusammenhang mit dem Mann-Frau-Verhältnis verwendet wird, meint statt einer Unterordnung der Frau unter den Mann eine Bei- bzw. Zuordnung der Frau zum Mann.[100] Barth relativiert die Suprematie des Mannes, indem er die Unterordnung von beiden, Mann und Frau, unter das Gebot Gottes postuliert: »Nicht der Mann ist die Instanz, der sich die Frau beugt, indem sie sich dem Mann nachordnet und unterordnet, sondern die τάξις, unter die sie beide gestellt sind.«[101] Deutlicher wird diese Aussage noch in der christologischen Deutung, in 1 Kor 11,3, wenn Christus als das Haupt des Mannes bezeichnet wird. Indem Christus beides ist, das Haupt des Mannes und gleichzeitig Gott untergeordnet, repräsentiert er zugleich die Über- und Unterordnung. Aus dieser Perspektive deckt er sowohl die männliche als auch die weibliche Position in der Gesellschaft ab. Es ist genau dieser Punkt, der weder dem Mann noch der Frau das Recht gibt, gegen die jeweilige schöpfungsgemäße Ordnung zu opponieren. Denn Christus ist »also auch der Grund und Inbegriff aller in der Geschöpfwelt stattfindenden Unterordnung. [...] Sie [die Frau] ist durch denselben Herrn unterbrochen, durch den der Mann überboten ist. Und wenn ihr die ἐξουσία des Mannes fehlt, so darf sie eben damit die unvergleichliche Tiefe des Christus bezeugen und darstellen.«[102] Dadurch, dass Barth die Analogien Gott – Mensch und Christus – Mensch immer wieder anhand der Geschlechterdifferenz zwischen Mann und Frau exemplifiziert, stellt er Mann und Frau als gleichwertig gegenüber Gott dar. Durch den Gleichnis-Charakter ihres Verhältnisses besteht zwischen ihnen dieselbe unumkehrbare hierarchische Zuordnung wie zwischen Gott und Mensch. Die Frage bleibt, ob diese Analogie nicht überstrapaziert wird und welche Auswirkungen die formale Analogie der Verhältnisse von Gott und Mensch und Mann und Frau auf das faktische Leben haben. Die in dem Ursprungsgeschehen konstituierte lineare Kommunikation wird gleichnishaft für strukturell unterschiedliche Beziehungspartner verwendet. Auch wenn Barths Interpretation der Über- und Unterordnung als Vor- und Nachordnung nicht ohne

99 Barth 1947, 345.
100 Ders. 1951, 192ff.
101 Ebd., 192.
102 Ebd., 193.

Weiteres mit dem traditionellen Modell von Dominanz und Unterwerfung gleichgesetzt werden kann, wie zu Recht angemerkt worden ist,[103] so bleibt doch die Frage, ob seine Sicht der Geschlechtsverhältnisse nicht den traditionellen Zuschreibungen verhaftet bleibt. Wenn der Mann als »Anreger, Führer, Erwecker«[104] bezeichnet wird und über die Frau gesagt wird: »Die Frau wählt nicht, sie ist *nur* erwählt«,[105] dann wird damit eine Aufteilung der Geschlechterrollen in aktive und passive theologisch untermauert. Außerdem ist diese Charakterisierung fast identisch mit der von Barth kritisierten Typologie Brunners, der den Mann als Zeugenden und Führenden, die Frau als Empfangende und Bewahrende versteht.[106] Auch seine theologische Abgrenzung von den lutherischen Schöpfungsordnungen führen hier zu denselben materiellen Kennzeichnungen von Mann und Frau.

Insgesamt lässt sich feststellen, dass Karl Barth die »trotz allem modifiziert traditionellen Geschlechtertypologien fortschreibt und insofern auch dann seine eigene kritische Grundintention nicht einholt«.[107] Karl Barth greift mit dieser Geschlechterkonstruktion, die Männlichkeit und Weiblichkeit als grundlegende Differenz und als natürliche Komplementarität zugleich versteht, auf das kulturelle Muster der romantischen Liebe zurück: »Der romantische Liebescode transportiert damit einerseits eine symbolische Aufwertung der Frau, gleichzeitig eine Asymmetrisierung ihrer Existenz aus dem Blick des Mannes.«[108] Indem Barth das Geschlechterverhältnis aus der Dogmatik entwickelt und damit unterstellt, es könne nur so und nicht anders sein, ignoriert er dessen kontingenten Charakter. Das Infragestellen von biologisch-natürlichen Typologisierungen ist jedoch überzeugend. Dennoch, da Barth die kulturellen und historischen Bedingungen von Zuschreibungen zu den Geschlechtern als zwar vorhanden, aber nicht bedeutsam erklärt, verkennt er den Einfluss, den diese Bedingungen auch auf seine Position haben.

103 Vgl. Baas/Zordrager 1987, 136.
104 Barth 1951, 191.
105 Ebd., 346; Hvh. A.S.
106 Ebd., 169.
107 Janowski 1995, 51.
108 Reckwitz 2006, 221.

Der Grundgedanke Karl Barths, dass erst Mann und Frau gemeinsam »Mensch« und als solche Bundesgenossen Gottes sind, ist für das Verständnis von Mann und Frau prägender als es die Vorstellung ist, sie müssten durch die Ehe miteinander verbunden sein. Denn im Mittelpunkt steht für Barth die Bundesgenossenschaft des Menschen gegenüber Gott, die nicht mit einer menschlichen Institution identisch ist. Nach Barth gilt zunächst: »Der erste und zugleich exemplarische Bereich der Mitmenschlichkeit, die erste und exemplarische Unterscheidung und Beziehung zwischen Mensch und Mensch ist die zwischen Mann und Frau.«[109] Deshalb kann Barth auch die Tradition der evangelischen Ethik, die sich durch eine Überbetonung der Ehe auszeichnet, im Hinblick auf die Gestaltung von Ehe ›nicht eben glücklich‹ nennen. Die Kennzeichen dieser Tradition waren nämlich eine pflichtmäßige Gebotenheit der Ehe unter Maßgabe der Kinderzeugung.[110] Gerade weil für Karl Barth die lutherische Auszeichnung der Ehe und der damit gebotenen Fortpflanzung einer »Kampfposition«[111] gleichkommen, die sich naturrechtlicher Argumente bedient, entwickelt er aus der Exegese von Gen 1 und 2 seine These von der notwendigen »Dezentralisierung«[112] dieses Bereichs. Ihr Kern besteht darin, die Beziehung von Mann und Frau nicht in der Ehefrage erschöpfend zu beantworten. Die Ehe »fällt unter den allgemeinen Begriff der Begegnung und Beziehung von Mann und Frau«[113]. Mit anderen Worten: In ihr bildet sich exemplarisch das ab, was für die Beziehung von Mann und Frau schon immer, auch außerhalb der Ehe, gilt. Dieses Verständnis hat Honecker als »personalistische Deutung« kritisiert: »Die personale Beziehung ersetzt dann die Ehe als Institution (wie in der Romantik) und macht sie überflüssig.«[114] Karl Barth geht es aber nicht um die Ersetzung der Ehe, sondern um ihre Einbettung in den Gesamtkontext der Mitmenschlichkeit. Daraus resultiert zwar die Veränderung ihrer Rolle als Institution, aber nicht ihre Auflösung. Die Ehe ist für Barth eine in der Liebeswahl gegründete Beziehung in »der Gestalt einer in ihrer Art einmaligen, unwiederholbaren,

---

109 Barth 1951, 128.
110 Ebd., 156.
111 Ebd., 157.
112 Ebd., 155.
113 Ebd., 203.
114 Honecker 1990, 163ff.

unvergleichlichen Begegnung und Beziehung eines bestimmten Mannes und einer bestimmten Frau. [...] Sie ist ferner: nicht inklusiv, sondern exklusiv: keine dritte Person kann an ihr teilnehmen. Sie ist ferner: nicht vorübergehend, sondern dauernd.«[115] Barth vertritt hier ein Liebes- und Ehemodell, das individuell geprägt und dessen Basis die romantische Liebe ist, indem die »Liebe [...] zum einzig-legitimen Grund der Partnerwahl«[116] wird. Die weiteren Kennzeichen, die Barth nennt, die Exklusivität, die Einzigartigkeit, die Nichtaustauschbarkeit sind ebenfalls Elemente des romantischen Liebescodes. Diese Kritik an der traditionellen Zuordnung von Ehe und Elternschaft entspricht einem ernsthaften Anzweifeln der Berechtigung des bürgerlichen Familienideals, wo gerade diese Aspekte zusammenfallen.

Zu der von Barth geforderten Dezentralisierung der Ehe gehört seine Auseinandersetzung mit nicht ehelichen Lebensformen. Karl Barth bezieht sich auf die Position Jesu der, obwohl er selbst unverheiratet gewesen ist, seine Lebensform nicht zum Maßstab gemacht habe: »Es gibt Ehelose, die vom Mutterleibe so geboren sind und es gibt Ehelose, die von den Menschen ehelos gemacht sind, und es gibt Ehelose, die sich selbst ehelos gemacht haben um des Himmelreiches Willen. Wer es fassen kann, der fasse es!« (Mt 19,12). Auch dieses Zitat ist für Barth eine Relativierung der Ehe, aber kein, wie es die Auslegungstradition lange verstanden hat, Argument für einen höherwertigen Stand der Ehelosen.[117] Auch sei die Position von Paulus nicht so zu verstehen, dass die Ehe »als Notlösung zugunsten der unüberwindlichen Bedürfnisse des Fleisches«[118] toleriert werde, sondern die Ehe sei als eine Möglichkeit unter anderen, als eine von Gott gegebene Gabe zu verwirklichen (vgl. 1 Kor 7,7). Mit dem Neuen Testament widerspricht Karl Barth einer wirkmächtigen Auffassung der Ehe, welche diese funktional als Eindämmung der Unzucht und zum Zwecke der Fortpflanzung eingerichtet versteht, ihr aber gegenüber dem ehelosen Stand einen geringeren Stellenwert zuweist. Diese Sichtweise schließt die Zurückweisung ihres sakramentalen Charakters mit ein, wie ihn die katholische Kirche vertritt.

Aus den oben genannten Gründen kann es nach Barth kein Muss für die Ehe geben. Durch ethisch-theologische Argumente wird eine

115 Barth 1951, 203.
116 Luhmann 1982, 186.
117 Vgl. Barth 1951, 159f.
118 Ebd., 161.

Lebensform entlastet, die in der Tradition neben der Ehelosigkeit als die einzig adäquate Lebensform für Männer und Frauen angesehen wurde.[119] Die Ehe ist »Einladung, Erlaubnis und Freiheit«, die Gemeinschaft Gottes mit den Menschen darzustellen, d. h. seinen Bund abzubilden.[120] Diese Einsicht bedeutet aber nicht notwendigerweise, dass sich die Darstellung des Bundes nur in der Ehe vollziehen kann. Nach Barth bleibt wesentlich, dass der Mensch menschlich ist, als Mann *oder* als Frau bzw. als Mann *und* Frau. Die Begegnung beider findet nicht nur in der Ehe statt, sondern ebenso im Beruf, in der Familie, im Freundschafts- und Bekanntenkreis. Deshalb bedarf es »der Entlastung, der Entspannung gegenüber der gewissen Hast, in der man hier in der Ethik weithin sofort in den Hafen der Ehe flüchtet.«[121]

Was auf der einen Seite eine Entlastung für die Lebensform der Ehe ist, bedeutet auf der anderen Seite aber keine Öffnung oder größere Toleranz gegenüber anderen Lebensformen. Vehement lehnt Karl Barth jegliches Für-sich-Sein der Geschlechter ab: »Alles, was in der Richtung der männlichen oder weiblichen Einsiedelei oder auch des (religiösen oder säkularen) Männer- und Frauenordens oder gar -klosters, alles, was in der Richtung eines männlichen oder weiblichen Fürsich- und Untersichseins geht – wenn es nicht ein als solcher bewusster und vorübergehender Notbehelf, wenn es irgendwie prinzipiell gemeint ist – [kann] nur klarer Ungehorsam sein […].«[122] Darunter fällt für ihn auch die Homosexualität, die er nicht nur wegen ihrer sexuellen Ausrichtung, sondern wegen der prinzipiellen Ausrichtung auf das gleiche Geschlecht als Krankheit ablehnt.[123]

Die fundamentale Geschlechterdifferenz, die für Karl Barth gegenüber der Ehe die wesentlichere Bestimmung von Mann und Frau ist, führt gleichzeitig zur Ablehnung aller Gleichgeschlechtlichkeit. Gal 3,28[124] kann für ihn deshalb keine »Theologie jenseits der

---

119 Karl Barth gesteht Martin Luther zu, mit seiner Ehelehre gegen die angeblich höhere Vollkommenheit der ehelosen Stände eine notwendige Korrektur vollzogen zu haben. Die Weiterführung dieser Position sei aber ein Zeichen dafür, dass die menschliche Tradition über die heilige Schrift gestellt wird, vgl. ebd., 157.

120 Ebd., 221.

121 Ebd., 156.

122 Ebd., 184.

123 Vgl. ebd., 184.

124 »Hier ist nicht Jude, noch Grieche, hier ist nicht Sklave noch Freier, hier ist nicht Mann noch Frau; denn ihr seid allesamt einer in Christus Jesus.«

Geschlechterdifferenz«[125] sein, weil es hier um den Frieden unter »Wahrung der Unterschiede in der Gemeinschaft«[126] geht. Die Frage ist, ob Barth nicht bei aller Betonung des Differenzgedankens in der Mann-Frau-Beziehung die Differenzerfahrungen in einer homosexuellen Beziehung unterschätzt und unterbestimmt. Für ihn scheinen Differenzerfahrungen exklusiv an den Ort einer heterosexuellen Beziehung gebunden und kein Grundmoment jeder menschlichen Beziehung zu sein.

4. Die Bedeutung der Familie

4.1 Vorrang des Eros vor der Nachkommenschaft

Die Anerkennung der Geschlechtlichkeit des Menschen hat für Karl Barth eine fundamentale Bedeutung. Diese Auffassung wirkt sich auch auf die Rolle, die er der Sexualität beimisst, aus. Dadurch, dass er die Erkenntnis der Unterschiedlichkeit der Geschlechter in der ersten selbstständigen Handlung des Menschen verortet (»Diese ist es!«; Gen 2,23), löst er sie von der oft vollzogenen und problematischen Ineinssetzung mit dem sogenannten Sündenfall (Gen 3) ab. Er trennt die Entdeckung des Geschlechtsunterschieds (»Und sie waren beide nackt, der Mensch und seine Frau, und schämten sich nicht«; Gen 2,25) von dem Zeugungsvorgang, was sowohl für die Einschätzung der menschlichen Sexualität als auch für die Bedeutung der Nachkommenschaft für den Menschen von großer Bedeutung ist. Die Ineinssetzung der Sexualität mit der Sünde ist nach Barth hingegen eine Verkehrtheit des menschlichen Urteils, das »sich nicht krasser offenbaren konnte als darin, dass es sich mit seinem Verdikt zuerst und vor allem auf diesen intimsten Bereich der Menschlichkeit, der menschlichen Ehre und Freiheit stürzte [...] und vor allem hier Moral aufrichten zu sollen meinte.«[127] Die Sexualität ist genauso wenig der Grund für die Sündhaftigkeit des Menschen, wie sie alleine durch die Fortpflanzung zu legitimieren ist.

---

125 Vgl. dazu die Publikation von Isolde Karle (2006), die sich zentral auf diesen Vers bezieht, um die theologische Konzentration auf die Geschlechterdifferenz infrage zu stellen.
126 Barth 1948, 373.
127 Ders. 1947, 356.

Der Begründungszusammenhang für diese Auffassung ist für Barth wiederum Gen 2; der Schöpfungsbericht ist für ihn »zweifelos und unzweideutig eine erotische Geschichte«[128], die in engem Zusammenhang mit dem Hohen Lied steht. Erotisch bedeutet: Hier geht es um das Verhältnis zwischen Mann und Frau und ihre Vereinigung, ohne damit die Funktion der Fortpflanzung zu verbinden; es geht hier nicht um Mutter- oder Vaterschaft, sondern allein um das Verhältnis zwischen Mann und Frau. Diese in der Bibel und in der theologischen Tradition seltene Sicht auf das Verhältnis zwischen Mann und Frau, ihre Entlastung vom Fortpflanzungsdruck, wird von Barth argumentativ in den Vordergrund gestellt. Die erotische Geschichte entspricht, so könnte man zugespitzt formulieren, dem Willen Gottes: »Zuerst um dieses Bundes willen hat Gott den Menschen als Mann und Frau geschaffen. Und das Hohe Lied stimmt ein: im Blick auf diesen Bund müssen, dürfen, wollen Mann und Frau sich über alle Hindernisse und Schranken hinweg entgegeneilen.«[129] Indem die Schöpfungsgeschichte so erzählt wird, erhält das Geschlechtsverhältnis seine genuine »Würde«[130]. Nicht die Kinder legitimieren das Zusammensein von Mann und Frau, sondern umgekehrt: Das Zusammensein von Mann und Frau ist dadurch legitimiert, dass sie aufeinander bezogen sind, auch in der geschlechtlichen Vereinigung. Mit dem Bundesgedanken wird bei Barth eine Neubewertung der Beziehung zwischen Mann und Frau vorgenommen, ihre erotische Dimension positiv inbegriffen. Weil die Geschlechterbeziehung unter dem Gebot Gottes steht, darf der Mensch »sogar dazu stehen, dass es sich gerade hier um eine besonders hervorgehobene, wichtige, schöne Bestimmung seines Seins zu handeln scheint.«[131]

Bei aller positiven Würdigung leugnet Barth nicht, dass dem Verhältnis zwischen Mann und Frau immer eine gewisse Brisanz innewohnt, die die Bibel in vielen anderen Geschichten realitätsgerecht zum Ausdruck bringt. Die erotische Anziehung, die zwischen Mann und Frau herrscht, macht ihr Verhältnis zum »gefährlichsten Bereich der menschlichen Existenz«[132], der beispielhaft in den Ehemetaphern der prophetischen Bücher deutlich wird. Hier wird das Verhältnis zwischen Gott und Israel als eine Beziehung gedeutet, die von Liebe und Treue auf

128 Ebd., 365.
129 Ebd., 359.
130 Ebd., 366.
131 Ders. 1951, 133.
132 Ders. 1947, 361.

der männlichen, der göttlichen Seite geprägt ist, und auf der anderen Seite von der Untreue und dem Ehebruch der weiblichen, der menschlichen Seite erzählt. Dass die Bibel dennoch oder gerade deswegen in Gen 2 und dem Hohen Lied einen anderen Akzent setzt und das Verhältnis zwischen Mann und Frau noch einmal anders erzählt, hat seinen Grund im Gleichnis-Charakter der menschlichen Liebe: »Weil Gottes Erwählung wirklich ist, darum gibt es menschliche Liebe und Ehe – und von Gottes Erwählung her gesehen: menschliche Liebe und Ehe, in der befreiten, totalen Gestalt, wie sie in Gen 2 und im Hohen Liede beschrieben wird.«[133] Die menschliche Liebe wird von Barth nicht ausschließlich als Verfall oder Gefährdung gesehen, sondern als Bereicherung für die Ausübung von Freiheit betrachtet. Bei allem, was an der Position Barths zu der inneren Ordnung der Geschlechter kritisch hinterfragt werden muss, ist diese Erkenntnis ein wichtiger und hilfreicher Punkt, um der Sexualität und der Paarbeziehung einen Eigenwert beizumessen, unabhängig von zuvor definierten Funktionen des gemeinsamen Lebens. Auch die aus der vorgetragenen Position Barths abgeleitete theologische Relativierung der Ehe als Lebensform könnte so zu einer lebensweltlich angemessenen Wahrnehmung der anderen Lebensformen beitragen.

4.2 Familie als eigenständige Lebensform

Kirchlicherseits war die Fortpflanzung immer ein wesentliches Motiv für eine Eheschließung. Seit der Antike wurde die Ehe unter der Bedingung befürwortet, dass sie der Fortpflanzung dient und die Unzucht verhindert. Karl Barth entwickelt durch seine Exegese der Schöpfungsgeschichten eine entgegengesetzte Auffassung. Er interpretiert den Vers in Gen 1,28 »Seid fruchtbar und mehret euch!« vor dem Hintergrund des göttlichen Segens und versteht ihn nicht als Imperativ, sondern als Ausdruck freien menschlichen Handelns. In Gen 2 ist nach seinem Verständnis ausschließlich das Mann-Frau-Verhältnis zentral. Das Kapitel Gen 2 erzählt von dem »Entzücken – nicht des potentiellen Hausvaters und Familienoberhauptes, sondern schlicht des Mannes als solchen – nicht an der potentiellen Gebärerin seiner Kinder, sondern schlicht an

133 Ebd., 364.

der Frau als solcher.«[134] Diese Sichtweise hat ihre theologische Begründung im Bundesgeschehen.

Barth sieht das Verhältnis von Mann und Frau nicht unter der Maßgabe der Fortpflanzung. Der ›Wert‹ ihrer Beziehung ist nicht von Kindern abhängig, genauso wenig wie Kinder dem Zusammensein von Mann und Frau erst eine Würde verleihen. Sozialethisch hat diese Auffassung zur Konsequenz, die Ehe nicht der Familie unterzuordnen, sondern die Ehe ihrerseits als »eigene selbstständige Lebensform«[135] zu betrachten. Diese Perspektive führt zu einer Entzerrung beider Lebensformen: der Ehe und der Familie. Die Ehe führt nicht notwendigerweise zur Familie[136], sie ist kein »Aufzuchtinstitut«[137], ebenso wenig wie Kinder, die nicht in einer Ehe aufwachsen, einen Nachteil haben sollen. Auch uneheliche Kinder verpflichten Vater und Mutter, die nicht verheiratete Mutter »ist keine Mutter zweiten Ranges«.[138] Nicht die Ehe als Institution garantiert, worauf es nach Barth ankommt, wenn ein Mensch Vater oder Mutter wird: »Die Verpflichtung besteht darin, dass er für dieses Ereignis und also für die Existenz dieses neuen Menschen verantwortlich ist und für sein ganzes Leben bleiben wird.«[139]

Karl Barth widmet deshalb der Familie im Folgenden auch eigene Sichtweisen, ohne sie durch die Institution Ehe zu begründen oder zu rechtfertigen. Das Urteil über die Familie fällt kritisch bis ablehnend aus: Ausgehend von der Begriffsbedeutung für die Familie, die ursprünglich für das Dienstgesinde vorgesehen war, ist nach Barth »der Begriff der Familie bestimmt kein für die christliche Theologie interessanter Begriff.«[140] Karl Barth sieht sich mit dieser Aussage im Einklang

134 Ebd. 1947, 358.
135 Ders. 1951, 211.
136 Dies setzt eine positive Beurteilung der modernen Formen der Empfängnisverhütung voraus, so meint Ulrich H. Körtner vollkommen richtig, vgl. ders. 2004. Barth selbst sieht »post Christum natum« (1951, 301) keine Notwendigkeit, für die Ehe ein christlich begründetes Fortpflanzungsgebot zu erheben. Auch in einer anderen Hinsicht ist seine Haltung eine Entlastung: in Bezug auf die ungewollt oder gewollt kinderlos bleibenden Ehen. Gegenüber den ungewollt kinderlos bleibenden Paaren wird zumindest der Druck nicht durch die Forderung nach Kindern erhöht. Gegenüber den gewollt kinderlos bleibenden Paaren wird hervorgehoben, dass von christlicher Seite nicht notwendigerweise eine Bereitschaft dafür vorauszusetzen ist, Nachkommen zu zeugen bzw. Eltern werden zu wollen. Vgl. zu diesen Fragen ebd., 300ff.
137 Ebd., 300.
138 Ebd., 311.
139 Ebd.
140 Ebd., 271.

mit den neutestamentlichen Aussagen Jesu zur Familie[141], die er vor allem als eine Begrenzung der Eltern-Kind-Beziehung versteht. Diese Textstellen sind für Barth ein Hinweis auf eine andere Beziehung, »die ihr nicht nur überlegen, sondern fremd ist, die nicht das dort geltende Gebot, wohl aber die dort geltenden natürlichen und gesellschaftlichen Regeln außer Kraft setzt«.[142]

Der Verzicht auf Kinder bzw. die Relativierung der Fortpflanzung haben für Barth eine heilsgeschichtliche Dimension. Heilsgeschichtlich ist das Neue Testament für ihn als Erfüllung des Alten Testaments: Wurde im Alten Testament (bis auf Gen 2 und das Hohe Lied) das Mann-Frau-Verhältnis unter der Notwendigkeit der Fortpflanzung gesehen, weil man noch immer auf die Geburt des Messias wartete, so hat sich diese Hoffnung mit der Geburt von Jesus Christus erfüllt: »Die heilige Generationenfolge war in der Geburt des Kindes, des Sohnes, des Messias aus dem Samen Abrahams und Davids zu ihrem Ziel gekommen. Sie konnte – und die Generationenfolge überhaupt konnte freilich fortgesetzt werden, sie musste es aber nicht.«[143] Wie das Verhältnis von Mann und Frau wird auch das Thema Kinder zu haben immer wieder zum Verhältnis von Israel und Kirche in Beziehung gesetzt. Eng mit der heilsgeschichtlichen Interpretation ist die eschatologische Dimension verbunden, die Barth im Rückgriff auf die paulinischen Aussagen zur Ehelosigkeit ausführt. Paulus habe die Ehelosigkeit nicht mit der Diskriminierung des Geschlechtslebens begründet, sondern mit der eschatologischen Hoffnung, dass die Welt vergeht und die Heilsgeschichte mit dem Tod Jesu Christi zu ihrem Abschluss gekommen ist (vgl. 1 Kor 7,31). Die Ehe kann »in dieser Endzeit weder von der Notwendigkeit der Erhaltung des Menschengeschlechts noch auch von der Notwendigkeit der Aufrichtung eines individuellen Liebesbundes her eine absolute, eine für Jedermann göttlich gebotene Ordnung sein«.[144]

Durch die Integration neutestamentlicher Stellen in seinen Argumentationszusammenhang, die das Verhältnis von Jesus zu seiner Familie und die Thematisierung der Ehelosigkeit bei Paulus belegen, gelingt

141 Mk 3,31f.: »Wer sind meine Mutter und meine Brüder? Und da er ringsumher die um ihn Sitzenden ansieht, sagt er: Siehe, das sind meine Mutter und meine Brüder.« Lukas 14,26: »Wenn jemand zu mir kommt und hasst nicht seinen Vater, Mutter, Frau, Kinder, Brüder, Schwestern und dazu sich selbst, der kann nicht mein Jünger sein.«
142 Barth 1951, 294.
143 Ebd., 157.
144 Vgl. ebd. Barth 1951, 162f.

es Barth, die Ehe als nicht alternativlose Lebensform zu würdigen. Die Differenzierung von Ehe und Familie trägt dazu bei, beide als Lebensformen anzuerkennen, ohne dass sie notwendig aufeinander bezogen sind. Weil Barth in diesem Zusammenhang nicht die Bedeutung der Ehe als Institution in den Vordergrund stellt, kann er das Thema der Elternschaft im Kontext der Verantwortlichkeit entwickeln, ohne die Ehe als Institution zum Garanten dieser Aufgabe zu machen.

4.3 Der Erziehungsauftrag der älteren Generation

Dass die Familie theologisch als eine nicht notwendige Lebensform einzuordnen ist, hat nach Barth nicht die Folge, dass die Theologie keine Haltung zu diesem Thema haben sollte. Das Verhältnis von Eltern und Kindern steht wie das Verhältnis von Mann und Frau ebenfalls unter dem Gebot Gottes.

Den Auftrag, den Eltern gegenüber ihren Kindern haben, leitet Karl Barth nicht aus der physischen Elternschaft ab, sondern aus der »geschichtlichen Ordnung«[145]: Die Eltern sind die Älteren, also kommt ihnen ein Wissens- und Erfahrungsvorsprung zugute, den die Kinder respektieren sollen. Sie haben den Auftrag, der auch das Gebot Gottes ist, die Kinder ins Leben hineinzuführen. Karl Barth trennt diesen Auftrag von der leiblichen Nachkommenschaft; ein »solcher Auftrag älterer an jüngere Menschen [kann] auch ohne physische Vater- und Sohnschaft in ganzem Ernst bestehen und ausgeführt werden.«[146] Die lebensgeschichtliche Differenz ist das entscheidende Merkmal zwischen der älteren und jüngeren Generation, die ihren Ausdruck nicht allein im biologischen Generationenverhältnis findet. Es geht ihm beim Eltern-Kind-Verhältnis erst einmal um das Verhältnis der älteren zur jüngeren Generation. Der älteren Generation kommt sozusagen ein Erziehungsauftrag zu, den sie per se hat. Das fünfte Gebot »Du sollst Vater und Mutter ehren« nimmt Barth aus der engen Zuordnung zur physischen Elternschaft heraus. Nicht um die biologische Elternschaft als solche gehe es hier, sondern um »ein den Eltern mit dieser physischen Beziehung gegebener Vorzug und Auftrag den Kindern gegenüber«.[147] Diese Einschätzung kann für die Frage von Bedeutung sein, welche Relevanz

145 Ebd., 272.
146 Ebd., 274.
147 Ebd., 272.

die biologische Elternschaft gegenüber einer z. B. sozialen Elternschaft hat. Karl Barth erweitert hier den Horizont dafür, indem er das Thema Familie nicht ausschließlich im Hinblick auf die physische Vater- und Mutterschaft thematisiert.

Die Eltern haben gegenüber den Kindern eine »geistliche Gewalt«[148], Vater und Mutter haben »eine von Gott aufgetragene, geistliche Funktion«.[149] Barth begründet, wie Martin Luther, diese Aussage damit, dass die menschliche Vaterschaft der göttlichen Vaterschaft nachgebildet ist: »Aber eben der unvergleichlichen Vaterschaft Gottes ist die menschliche Vaterschaft nun doch zur Seite gestellt und verglichen: eben im Lichte dieses Gleichnisses stehen die menschlichen Eltern!«[150] In der elterlichen Autorität ist gleichnishaft die Fähigkeit zur Weitergabe von »Erfahrung, Wissenschaft und Lebenskunde«[151] abgebildet. Die sich aufdrängende Frage lautet: Wie können Kinder gegenüber den Eltern zu einer selbstständigen Haltung gelangen und dürfen sie sich gegebenenfalls gegen die Eltern auflehnen?

Beispielhaft erläutert Karl Barth mit der Geschichte des 12-jährigen Jesus im Tempel, wie der Gehorsam der Kinder nur in einer geistlichen Hinsicht bestehen kann und somit begrenzt wird: Jesus hat ohne das Wissen seiner Eltern den Tempel aufgesucht. Dies hat er getan, weil ihn seine Eltern in den Geboten Gottes unterwiesen haben. Er hat diese Unterweisung, so Barths Interpretation, eigentlich ernster genommen, als es seine Eltern getan haben. Anhand dieser Geschichte macht Barth deutlich, dass es im Fall eines Konflikts zwischen dem 1. und dem 5. Gebot sein kann, dass gerade die Auflehnung gegenüber dem 5. Gebot dessen eigentliche Erfüllung ist.

Karl Barth gesteht den Kindern eine eigene Gottesbeziehung zu, die unter Umständen in Konflikt mit dem geraten kann, was die Eltern von ihnen verlangen. Gott und Eltern sind also nicht identisch, wie es die Wortwahl der Eltern als Repräsentanten Gottes nahelegt, sondern: »Es kommt vielmehr, wenn sein Verhältnis zu seinen Eltern in Ordnung gehen soll, alles darauf an, dass Gott ihm [dem Kind] gegenüber einen festen, eignen Platz habe, [...] dass es zuerst ihm und ihm mehr als seinen Eltern und gerade in diesem Verhältnis dann auch seinen Eltern gehor-

---

148 Ebd., 278.
149 Ebd., 274.
150 Ebd., 275.
151 Ebd., 277.

chen lerne.«[152] Kinder und Eltern stehen also unter dem Gebot Gottes, das auch die Autorität der Eltern begründet, wiewohl es die Selbstständigkeit der Kinder gegenüber ihren Eltern festhält. Voraussetzung dazu ist, dass die Eltern selbst »Gezogene« sind, d. h., sich dem Gebot Gottes verpflichtet wissen: »Elterliche Erziehung – sie steht und fällt damit, dass die Eltern selbst in diesem Sinn Erzogene sind – wird dann heilsam und effektiv, wenn sie in einem Ziehen der Kinder an einen Ort besteht, wo alle elterlichen Leinen zu Boden fallen, wo Gott selbst das Einfügen und das Freigeben übernimmt.«[153]

Die Thematisierung der Elternschaft vollzieht sich bei Barth auf dem Horizont eines Generationenverständnisses, wo die Eltern als ältere Generation gegenüber den Kindern als jüngere Generation auftreten. So ist es möglich, den Erziehungsauftrag weiterzufassen und ihn nicht ausschließlich an die biologische Abstammung zu koppeln. Wenn die ältere Generation auch über einen größeren Erfahrungsschatz und Lebensweisheit verfügt, so begründet dies nach Barth jedoch nicht die Unterordnung der Kinder unter ihre Eltern oder die Älteren. Das Gebot Gottes enthält hier für die Kinder das Recht, auch mit abweichenden Erwartungen und Haltungen den Eltern gegenüberzutreten zu können.

5. Das Tätigsein und Arbeiten

Aus den bisherigen Untersuchungen ist deutlich geworden, dass das Geschlechterverhältnis und die Konstitution von Familie erheblich davon abhängen, wie Erwerbsarbeit und Fürsorgetätigkeit zueinander in Beziehung gesetzt werden. Deshalb liegt es nahe, die Ethik Karl Barths auch daraufhin zu analysieren, ob die Frage nach der Arbeit in einem geschlechtsspezifischen Zusammenhang gestellt und beantwortet wird.

Zunächst einmal muss festgestellt werden, dass Karl Barth zwischen dem »tätigen Leben«, Arbeit und Beruf differenziert. Das Leben, so Barth, ist eine Leihgabe Gottes, die dem Menschen die Freiheit gibt, tätig zu sein, der Mensch lebt, »indem er sich selbst tut – und, weil er ja nicht einsam, sondern vor Gott, unter seinen Mitmenschen und in seiner Umwelt lebt, eben damit, dass er sich selbst tut, auch immer etwas

152 Ebd., 282.
153 Ebd., 315.

tut – ›etwas‹, das heißt eine bestimmte Veränderung, Gestaltung, Hervorbringung in seinem Verhältnis zu Gott, Mitmensch und Umwelt.«[154] Der Mensch ist eingebunden in seine Welt, die Verwirklichung seiner Freiheit, die dem Menschen als Wesenszug gegeben ist, vollzieht sich in seinem Tätigsein.

Aus seinen exegetischen Überlegungen heraus widerspricht Barth der Übersteigerung des Arbeitsethos, das Arbeit und Menschsein notwendig als Einheit sieht, denn Arbeit hat zunächst einmal »schlicht den Charakter eines Aktes der Selbsterhaltung«.[155] Aus dieser Erkenntnis zieht Barth die Schlussfolgerung, »dass das Lob der Arbeit in der christlichen Ethik nur ein gedämpftes sein kann«.[156] Barth wendet sich gegen ein Arbeitsverständnis, das sich auf den Beruf im Sinne der Lohnarbeit reduziert und diesen als wesensmäßig zum Menschsein dazugehörig versteht: »Einen Beruf in dem umfassenden Sinn, in dem wir das Wort hier brauchen, haben alle Menschen, so gewiß sie alle dazu bestimmt sind, Adressaten der göttlichen Berufung, Hörer seines Gebotes zu werden.«[157] Wie Barth deutlich macht, fallen aus einem so gefassten Arbeitsverständnis, das auf die je besondere Berufsarbeit eingeschränkt ist, all jene Menschen heraus, die entweder noch nicht arbeiten, nicht mehr arbeiten oder nicht mehr tätig sind, wie Mütter, ohne dass in diesem spezifischen Sinne von Berufstätigkeit gesprochen werden kann.

Die notwendige Begrenzung der Arbeit ist nach Barth eine zeitliche Begrenzung, die Gott selbst am siebten Tag der Schöpfung gesetzt hat: »Nicht der Mensch, wohl aber Gottes Ruhen am siebenten Tage ist die Krone der Schöpfung.«[158]

Barth grenzt die Bedeutung der Arbeit ein. Indem er seine Überlegungen in den Kontext des tätigen Lebens stellt, setzt er andere Tätigkeiten als den Broterwerb in den Mittelpunkt seiner Überlegungen. Allerdings »reflektiert Barth das Verhältnis dieser unterschiedlichen Arbeitsformen nicht«[159] und bestimmt das Verhältnis von beruflichen, familiären oder sonstigen Tätigkeiten nicht vor dem Hintergrund der Geschlechterfrage.

154 Ebd., 539.
155 Ebd., 602.
156 Ebd., 614.
157 Ebd., 688.
158 Ders. 1947, 252.
159 Meireis 2008, 162.

Kapitel III
Ehe als Grundstruktur ethischer Lebensformen bei Trutz Rendtorff

Trutz Rendtorff bestimmt im Anschluss an Karl Barth die Ethik als die Lebensfrage des Menschen, die ihm mit seiner Existenz gestellt ist. Er grenzt sich fundamental in seiner Position von Barth ab, indem er die ethische Frage als eigenständige Frage unabhängig von der Dogmatik, insbesondere der Christologie, beantworten will.[160] Rendtorff bestimmt in seiner Ethik die Rolle des Subjekts in der modernen Gesellschaft auf andere Art und Weise. Dass er Sozialität weiter fasst und nicht wie Barth im Ich-Du-Verhältnis verankert, sondern auf die Beziehung zwischen Individuum und Gesellschaft bezieht, erlaubt es, Rendtorffs Position daraufhin zu befragen, wie Familie theologisch vor dem Hintergrund der modernen Gesellschaft gedacht werden kann.

1. Die Lebensführung als Grundlegung der Ethik

Die Aussagen Trutz Rendtorffs zu Ehe und Familie sind eingebettet in sein Verständnis von Ethik als »Theorie menschlicher Lebensführung«.[161] Rendtorff geht davon aus, dass die Menschen in ihrer Lebensführung schon immer mit der Frage konfrontiert worden sind, wie man ›gut‹ und ›richtig‹ (rechtschaffen) lebt bzw. dass sie diesbezüglich immer wieder zu einer Stellungnahme herausgefordert werden. Mit dem Begriff Lebensführung greift Rendtorff auf einen zentralen Begriff zurück, der durch Max Weber in die soziologische Diskussion eingeführt und zur »Erforschung und Beschreibung des Verhältnisses von Individuum und Gesellschaft im Prozess der Modernisierung«[162] angewandt wurde. Die Fähigkeit zur Stellungnahme wird durch den reformatorischen Freiheitsgedanken ermöglicht, der den »verpflichtenden Charakter der Gebote Gottes«[163] von dem äußeren Gesetz in die Einsicht des Christen verlegt und als innere Freiheit bestimmt wird. Damit wird zugleich

160 Rendtorff 1990, 47.
161 Ebd., 9.
162 Raab/Soeffner 2004, 342.
163 Rendtorff 1990, 19.

der Mensch als »ethisches Subjekt der Lebensführung«[164] in den Mittelpunkt gestellt. Es ist das Individuum, das nach Rendtorff in Aufnahme der Freiheit seine individuelle Lebensführung verantworten muss. Der reformatorischen Neubewertung des Menschen als Subjekt entspricht die Internalisierung der göttlichen Gebote im Gewissen, in der Einsicht und in ihrem Befolgen als Stellungnahme, d. h. im praktischen Lebensvollzug. Der Mensch findet seine Stellungnahme nicht durch die äußeren Gesetze, sondern als quasi verinnerlichte Gebote, die in Form von Gewissen und Einsicht die Stellungnahme zum Lebensvollzug erst ermöglichen.[165]

Der praktische Lebensvollzug, die Lebensführung, zielt auf überindividuelle Zusammenhänge, denn niemand, so die Grundthese Rendtorffs, kann sein Leben allein leben. Der Mensch ist also auf Sozialität hin ausgelegt, sie zu gestalten ist ebenfalls Aufgabe der Lebensführung: »Das Grundelement des Ethischen liegt in dem ausdrücklichen Bewusstwerden der Tatsache, dass niemand sein Leben alleine leben kann.«[166] In diesem Sinne verwendet Rendtorff einen Ordnungsbegriff, der voraussetzt, dass Menschen sich immer schon in Ordnungen des gemeinsamen Lebens verantworten müssen, die als »natürliche und gesellschaftliche, politische Sozialität jeder realen Lebensführung«[167] definiert werden. Gegenüber der immer schon gegebenen Mit- und Umwelt muss der Mensch eine eigene, selbst verantwortete Stellungnahme finden. Rendtorff bestimmt das ethische Bewusstsein als autonom in dem Sinne, dass es »auf eigene, selbständige Weise den Sinn des Verpflichtungsgehaltes von Gesetzen, Geboten, Normen erfassen kann.«[168] Die Gebote und Normen konkretisieren sich im Individuum und müssen individuell umgesetzt werden. Gegenüber welcher Mit- und Umwelt sich ein Mensch verantworten soll bzw. Rechenschaft abzulegen hat, lässt sich nach Rendtorff anhand der »Wahrheitsempfindlichkeit«[169] ermitteln. Er geht davon aus, dass jeder in Bezug auf seinen entsprechenden Kontext (Familie, Verfassung, Kultur) weiß, welches Handeln »richtig« ist und welches nicht: »Das Handeln muss also dem immer irgendwie mitgewußten Ganzen der Wirklichkeit entsprechen, in dessen Kontext es voll-

---

164 Ebd., 20.
165 Ebd., 20ff.
166 Ebd., 14.
167 Ebd., 21.
168 Ebd., 25.
169 Ebd., 39.

zogen wird.«[170] Im Begriff Lebensführung findet die Verklammerung von Subjektivität und Kontext statt. Der Kontext, den Rendtorff als die ethische Lebenswirklichkeit und als die konkrete Sittlichkeit bestimmt, bindet das Subjekt ein »in ein[en] jeweils schon gelebte[n] Ethos«.[171] Hier ist der Ort, an dem das Subjekt zur eigenen Stellungnahme herausgefordert und dazu genötigt wird, selbst die ethischen Verbindlichkeiten zu bestimmen. Lebensführung beschränkt sich nicht nur auf Nachvollzug, auf Gehorsam gegenüber den Geboten, sondern verfügt immer auch über das Moment der Gestaltung, die durch die individuelle Stellungnahme vollzogen wird.

Rendtorffs Perspektive auf die ethische Lebenswirklichkeit ist biografietheoretisch geprägt, weil das Thema der Ethik nicht darin besteht, zu benenne, was alles möglich sein und getan werden könnte, sondern darin, »was in einem gegebenen Leben verantwortet werden kann.«[172] Rendtorff geht es um die Handlungsfähigkeit des autonomen Subjekts, das sich am Ort seiner Lebensführung verantworten muss.[173] In diesem Sinne geht es ihm um die Bewahrung und Stärkung der Handlungsfähigkeit des Einzelnen gegenüber einer Wahrnehmung von Gesellschaft, die die Entscheidungen der Einzelnen bedeutungslos machen könnte. Diese, der Vorrangstellung des autonomen Subjekts geschuldeten Vorstellung, betont also die Freiheit des Einzelnen in seiner Entscheidungsfähigkeit, ohne dies auch als eine unter Umständen gegen das herrschende Ethos operierende Entscheidungsfähigkeit zu bestimmen. Die von Rendtorff vorausgesetzte Wahrheitsempfindlichkeit bedeutet zunächst, dass sich menschliches Handeln immer in lebensweltlichen Kontexten vollzieht, in denen eine Handlung als richtig befunden wird. Was Rendtorff nicht beantwortet ist, wieso es in einem Kontext unterschiedliche, bzw. alternative Bewertungen dafür geben kann, was richtig ist.

Sein Ansatz, die individuelle Lebensführung im Kontext der Sozialität des Menschen zu entwickeln, will darum konsequenterweise an den Elementarerfahrungen des menschlichen Lebens ansetzen, an den Grunderfahrungen, vor und in denen jeder Mensch in seinem Leben

170 Ebd., 39.
171 Ebd., 22.
172 Ebd., 65.
173 Kritisch dazu äußert sich Körtner (2008, 38ff.), der die zu stark personalethische Ausrichtung des Verständnisses von Ethik als Theorie menschlicher Lebensführung problematisiert. Denn diese, so Körtner, setzte eine durchgängige Identität menschlicher Lebensführung voraus, die heute nicht mehr als gegeben angenommen werden könne.

steht. An dieser Aussage zeigt sich seine von der Anthropologie her entwickelte Ethik besonders deutlich. Rendtorff benennt drei Grundelemente der ethischen Lebenswirklichkeit: das Gegebensein des Lebens, die Forderung, Leben zu geben und die Reflexivität des Lebens,[174] um an ihnen dann die Lebensdienlichkeit der Theologie durch die Vernetzung einer Phänomenologie des menschlichen Lebens mit theologischen Lehrstücken zu entwickeln. Im Rückgriff auf Ebeling setzt Rendtorff in seiner Ethik beim Begriff Leben an, um zu verdeutlichen, dass es ein dem Handeln vorgängiges Moment, nämlich das Gegebensein des Lebens gibt, das die menschliche Lebenswirklichkeit ebenso bestimmt wie die Gestaltungskraft des Subjekts. Das Leben ist demzufolge nicht nur durch Freiheit, sondern auch durch Abhängigkeit gekennzeichnet.[175] Mit den Begriffen Lebensführung und Leben beansprucht Rendtorff die menschliche Lebenswirklichkeit als Ganzes zu umfassen und in ihnen das Eigentliche und Grundsätzliche menschlicher Existenz auszuführen: Das Dasein, den sozialen Ort der Menschen und die Notwendigkeit der Gestaltung.[176]

Die Fragen der Lebensführung werden im Folgenden bei Rendtorff durch jeweils fünf Lebensbereiche anhand methodischer Fragestellungen bestimmt, die als die Fragen des gebotenen Handelns, der eigenen Verantwortung und der Rechenschaft über die Handlungsziele geordnet werden. Die Frage, was wir tun sollen, wird anhand unterschiedlicher Methoden in den Blick genommen: Die Frage nach dem, was geboten ist (Gebotsethik), bezieht sich auf die Antworten, die die ethische Tradition gegeben hat und die deshalb wahrzunehmen sind, weil sie sich bewährt haben. Die zweite Methode verweist auf die Tugendlehre. Sie beantwortet die gebotsethische Frage im Rückgriff auf die selbst verantwortete Lebensführung (Verantwortungsethik). Die dritte Methode, die Prüfung und Kritik der Ziele des Handelns, erkennt die Tatsache an, dass ethische Urteile einer Rechtfertigung unterliegen und begründet werden müssen. Hier wird auch die Wahrnehmung der Konflikte angesprochen, die sich aufgrund unterschiedlicher ethischer Diskurse und Argumente ergeben.[177] Rendtorff verortet den eigenen theologischen Ansatz in einem Wissenschaftskontext, der von »der Konkurrenz und Diskus-

---

174 Vgl. Rendtorff 1990, 63ff.
175 Ebd., 64ff.
176 Vgl. Raab/Soeffner 2004, 341.
177 Vgl. Rendtorff 1991, 10ff.

sionsgemeinschaft mit vielen anderen«[178] lebt und in dem die Theologie ihre Stimme nur aufgrund einer ordentlichen Methodologie und der Nachvollziehbarkeit ihrer Argumente erheben kann.

Alle drei Methoden kommen nun in fünf Lebensbereichen zur Anwendung. Sie folgen der Frage, in welchen konkreten und exemplarischen Lebensbezügen der Mensch vor die Verantwortung gestellt ist, zu handeln. Als diese Lebensbereiche bestimmt Rendtorff die Ehe, die politische Ordnung, Arbeit, Kultur und Religion. Dabei wird die ethische Form der Lebensgemeinschaft von Mann und Frau bereits auf dieser Ebene inhaltlich als Ehe definiert. Aus welchen Gründen die Form der privaten Sozialität ausschließlich als Ehe definiert wird, ist offen (vergleichsweise müsste die Politik von vornherein als Demokratie vorausgesetzt werden oder die Religion als christliche Religion). Auch wenn Anselm suggeriert, dass die Ethik Rendtorffs als deskriptiv und nicht normativ geprägt charakterisiert werden kann[179], wird sich dieses aufgrund der intendierten Zielrichtung in der Durchführung der materialen Ethik als zu wenig plausibel erweisen.

2. Die Ehe und Familie als ethische Lebensformen

Mit der These, die Ehe beträfe »am unmittelbarsten die individuelle und soziale Lebensführung«[180] des Menschen, weil in ihr die Reproduktion der Menschheit eine Lebensform gefunden hat, die auf Dauer und Verlässlichkeit angelegt sei, wird von Rendtorff die Vorrangstellung der Ehe vor anderen Lebensformen begründet, die im Folgenden in allen Ausführungen vorausgesetzt wird. Obwohl Rendtorff die Geschichtlichkeit der Ehe anerkennt und dabei berücksichtigt, dass die Ehe eine historisch gewachsene Institution ist, haben die Veränderungen und der Wandel, dem die Ehe unterliegt, nur eine »relative Bedeutung«.[181] Rendtorff begründet die Relativität der historischen Veränderungen mit einem Zitat aus dem Buch *Male and Female* der Anthropologin Margaret Mead: »Keine Gesellschaft hat jemals eine Form der Ehe, die allem standhalten soll, erfunden, die nicht die Voraussetzung ›bis dass der Tod

178 Ders. 1980, 7.
179 Anselm 1992, 261.
180 Rendtorff 1990, 15.
181 Ders. 1991, 16.

uns scheidet‹ enthält.«[182] Rendtorff folgert daraus, dass die Begründung der Ehe als ethischer Lebensform diesem Befund standzuhalten habe. Die Universalität der auf Dauer angelegten zweckungebundenen Gemeinschaft zwischen Mann und Frau begründet für Rendtorff die relative Bedeutung aller historischen Veränderungen der Lebensform Ehe.[183]

Diese Verknüpfung eines anthropologischen und von Rendtorff als übergeschichtlich interpretierten Instituts der Ehe begründet die Vorrangstellung der Ehe vor anderen Lebensformen. Diese grundsätzliche Angewiesenheit der Menschen auf Sozialität ist für Rendtorff eine anthropologische Grundkonstante: »In der Lebensgemeinschaft der Ehe erschließt sich eine ursprüngliche Sozialität des gegebenen Lebens.«[184] Sie ist in der Gemeinschaft von Mann und Frau verankert. Weil beide verschieden sind, sind sie aufeinander angewiesen. Hier greift Rendtorff eines der wenigen Male auf die biblischen Erzählungen zurück, um sein Argument der Vorrangstellung der Ehe zu stärken: »Die biblische Metapher, die besagt, dass Mann und Frau in der Ehe ›ein Fleisch‹ werden, bringt diesen Sachverhalt eindrucksvoll zum Ausdruck.«[185] Dabei übersieht Rendtorff, dass die Schöpfungserzählung nicht von einer Ehe spricht,[186] sondern zunächst einmal von der Differenz von Mann und Frau sowie ihrer gegenseitigen Angewiesenheit aufeinander. Die Unterschiede der Geschlechter begründen für Rendtorff jene Angewiesenheit, die jedoch erst in der Ehe ihre »individuell lebensfähige und human gestaltbare ethische Lebensform«[187] erhält.

Rendtorff wendet sich gegen ein funktionalistisches Verständnis der Ehe, das in der historischen Perspektive auch das kirchliche Verständnis geprägt habe, indem die Ehe z.B. mit der Reproduktionsfunktion verbunden wurde. Vielmehr lasse sich die Ehe nicht auf natürliche, ökonomische, rechtliche oder soziale Zwecke reduzieren, sondern trage ihren Zweck in sich selbst. Die Zweckfreiheit ergibt sich aus dem Verständnis der Ehe als »sozialer Lebensform individueller Personalität«,[188] die nach

---

182 Vgl. Rückgriff auf Mead ebd.
183 Vgl. ebd., 16f.
184 Vgl. ebd., 16.
185 Ebd.
186 Vgl. Wolf 1973, 243: »Wer das Alte Testament nach Grundzügen des Eherechts untersucht, wundert sich zunächst darüber, dass es ein eigenes und geläufiges Wort für die Institution der Ehe nicht kennt.«
187 Rendtorff 1991, 16.
188 Ebd., 17.

Rendtorff vor allem im christlichen Kontext ausgebildet worden ist. Damit greift er ein wichtiges Grundmerkmal des in der Moderne ausgebildeten Eheverständnisses auf, das in seinem Fokus auf die eigenständige Beziehung zwischen Mann und Frau und dem Bedeutungsschwund der Herkunftsfamilie bis in die Neuzeit zurückgeht. Hier wird ein hohes Maß an individuellem auf die jeweilige Person bezogenen Interesse vorausgesetzt. Dieses an Personalisierung und Individualisierung orientierte Verständnis der Ehe ist für Rendtorff auch ein Grund für die Krise der Ehe, denn die christliche Begründung der Ehe als Anerkennung der Personalität von Mann und Frau habe »den Interpretationsrahmen für die modernen Krisenerfahrungen der Ehe bereitgestellt«.[189]

Rendtorff integriert die Krise der Ehe in den Diskurs der Individualisierung und Personalisierung, wobei er die Krise historisch in der Neuzeit angelegt sieht. Das Argument, dass das christliche Verständnis der Ehe die Krise überhaupt erst begreifbar mache, fokussiert im Folgenden auch die Deutung und Erklärung der Krise als Resultat einer Unterordnung der Ehe unter bestimmte Zwecke. Wesentlich verantwortlich für Gefährdung und Krise der Ehe sind Rendtorff zufolge die »Versuche, die Ehe auf partielle Zwecke hin zu orientieren und ihren Bestand von deren Erfüllung abhängig zu machen«.[190] Damit thematisiert Rendtorff die Krise der Ehe im Zusammenhang mit persönlichen Erwartungen und »den allgemeinen Klischees des Glücks und der Erfüllung«.[191] Die Individualisierung wird auf ungerechtfertigte Bedürfnisstrukturen eingeengt, ein häufiges Argument in der theologischen Wahrnehmung der gegenwärtigen Bedeutung von Ehe und Familie.[192] Krise oder Gefährdung der Ehe kommen so als Probleme der Individuen in den Blick, ohne dass die veränderten Bedeutungsverschiebungen den Horizont für eine über die individuelle Perspektive hinausgehende Deutung öffnen. Die Gesellschaft erscheint in diesem Argumentationskontext als Rahmen, der die allgemeinen Glücksvorstellungen bereitstellt und den Ehepartnern die Aufgabe gibt, »an der Befreiung von allgemeinen und

---

189 Ebd.
190 Ebd.
191 Ebd., 66.
192 Vgl. Huber (2006, 13) spricht von »hedonistischem Egoismus«; Wannenwetsch (1993, 159) sieht die Gefährdung des ehelichen Lebens in der Glücksideologie: »Nicht zuletzt die starke Bestimmung des Lebens durch die Massenmedien führt über die beinahe selbstverständliche Übernahme solcher gesellschaftlich normierten Erfahrungsstereotype zu einem hohen Allgemeinheitsgrad besagter Glücksideologie.«

abstrakten Idealen«[193] zu arbeiten. Auch wenn es richtig ist, nach der Abhängigkeit von gesellschaftlichen Einstellungen und dem Verhalten in einer Partnerschaft zu fragen, so ist die Reduzierung des Problems auf ein vermeintliches Glücksstreben kritisch zu werten. Ehe und Gesellschaft kommen in ein starres Gegenüber, die vielfältigen Verflechtungen, die ökonomisch, rechtlich und kulturell bestehen und nicht immer eindeutig sind, werden nicht ausreichend wahrgenommen. Auch wenn es zutrifft, dass die Bedeutung der Ehe nicht aus historischen oder sozialen Bedingungen erschlossen werden kann, zeigt sich dennoch die Tendenz, dass Rendtorffs Relativierung von historischen und gesellschaftlichen Veränderungsprozessen zu einer Verengung der Thematik führt, die darin besteht, die Ehe infolge ihrer Verzweckung durch individuelle Ansprüche der Partner als gefährdet anzusehen. Die historische Gewachsenheit und die kulturelle Prägung von Ehe und Familie zu relativieren, führt letztendlich zu einer Fundamentalisierung des Gegenstandes.

An dieser Stelle lohnt es sich, den Argumentationszusammenhang von Margaret Mead nachzuzeichnen, denn für Rendtorff bildet die von ihm zitierte anthropologische Feststellung das Schlüsselargument seiner Ausführungen: »No known society has ever invented a form of marriage strong enough to stick that did not contain the ›till-death-us-do part‹ assumption.«[194] Dieses Zitat von Mead entstammt einem Kapitel aus *Human Fatherhood is a social Invention*, in dem die Autorin des Buches die These entfaltet, dass die Einrichtung einer auf Dauer gestellten Beziehung mit dem Aufziehen von Kindern – sprich mit Familienbildung – in Verbindung steht: »To date, one of the conditions of establishing and maintaining the family as a form has been the offer of a normal life-long pattern.«[195] Die Ehe, oder wie Mead öfters sagt, diese »permanent arrangements« versteht sie als eine soziale Ordnung, die Familie überhaupt erst möglich machen. Denn die Ehe strukturiert, so Mead, das Verhältnis der Geschlechter, indem sie der Konkurrenz zwischen beiden Geschlechtern eine verlässliche Form gibt, und den Vater als Mitverantwortlichen für die Familie einbindet. Der spezifisch menschliche Aspekt im Sinne der evolutionären Entwicklung liegt für Mead in der Beteiligung des Vaters an der nährenden Aufgabe für die Kinder: »Somewhere at the dawn of human society, some social invention was made under

193 Rendtorff 1991, 66.
194 Mead 1949, 150.
195 Ebd.

which males started nurturing females and their youngs.«[196] Für dieses nährende Verhalten (im Gegensatz zu einem Nur-für-sich-Sorgen), das sich nicht nur auf den eigenen biologischen Nachwuchs beziehen muss, gibt es nach Mead unterschiedliche Formen, abhängig von der Arbeitsteilung zwischen Männern und Frauen bzw. den Umständen, denen die Nahrungssuche unterliegt. Diese Erkenntnis führt sie zu folgender zentralen Hypothese: »The modifications provide proof that the pattern itself is not something deeply biological.«[197] Mead entwickelt also aus ihren anthropologischen Studien die Auffassung, dass sich Vaterschaft im Wesentlichen sozial konstituiert, weil der Vater anders als die Mutter nicht eine schon durch Schwangerschaft und Stillzeit bestehende Beziehung zu dem Kind hat und die andauernde Verbindung zwischen Mann und Frau in erster Linie durch die Notwendigkeit der Nachwuchssicherung gegeben ist. Weil diese soziale Ordnung aber nicht »naturgegeben« ist, sei sie anfällig für Störungen: »Whenever there is a violent change in the pattern of life, in the division of labour, in the proportion between the sexes [...] the recurrent competitive problem returns.«[198] Meads Perspektive auf die Evolutionsgeschichte ist nicht teleologisch orientiert. Sie geht nicht davon aus, dass die spezifisch herausgebildeten Strukturen bestehen bleiben. Mead diskutiert die Ambivalenzen zwischen individueller Gestaltung der Ehe und dem gesellschaftlichen Hintergrund anhand der amerikanischen Gesellschaft der 1950er Jahre, die von einem tiefgreifenden sozialen Wandel gekennzeichnet war. Das amerikanische Ideal der Ehe gerät nach ihrer Einschätzung in einen Konflikt mit dem mindestens ebenso starken Leitbild, dass jeglicher Lebensbereich der Wahlfreiheit unterliegt: »With freedom to choose goes the right to change one's mind. If past mistakes are to be reparable in every other field of human relations, why should marriage be the one exception?«[199] Die Beantwortung dieser Frage liegt in der Charakterisierung des sozialen Wandels und dem damit einhergehenden Einstellungswandel: »In a changing society like ours the models can never be so perfect, and they must be far less detailed.«[200] Weil Mead den Wandel der Gesellschaft aus einer evolutionären Perspektive analysiert und ihn damit weder für abgeschlossen noch inhaltlich determiniert sieht, ist sie in der Lage, die

196 Ebd., 145.
197 Ebd., 147.
198 Ebd., 151.
199 Ebd., 263.
200 Ebd., 266.

Folgen des Wandels zu beschreiben. Margaret Mead hat in ihren Überlegungen stärker den Zusammenhang zwischen Elternschaft und Ehe, insbesondere der Vaterschaft, als »Etappe« der Evolution verstanden, als es der zitierte Satz von Rendtorff vermuten lässt. Sie versteht die Ehe demnach weitaus mehr als einen sozialen Ordnungsmechanismus, in dem grundlegende gesellschaftliche Leistungen erbracht werden. Jedoch ist dieser Mechanismus Veränderungen unterworfen und nicht, wie Rendtorff vermutet, als universales und nicht veränderbares Grundmerkmal des menschlichen Lebens zu verstehen. Was Mead darüber hinaus deutlich macht, ist, dass das Aufkommen neuer Leitbilder dazu führen kann, alte infrage zu stellen. Ein weiteres Phänomen bekommt die Anthropologin mit ihrer Perspektive in den Blick: Verschiedene Leitbilder können gleichzeitig nebeneinander bestehen und zu Widersprüchlichkeiten führen.

3. Die Ehe und andere Lebensformen

Problematisch ist bei Rendtorffs Argumentation die Gleichsetzung von Sozialität, Lebensgemeinschaft und Ehe, denn damit wird ein Rechtsverhältnis zwischen zwei Menschen zur nicht mehr hinterfragbaren anthropologischen Grundbestimmung des Lebens. Die positiven Bestimmungen der Ehe wie Dauer, Verlässlichkeit und Verantwortungsübernahme werden für Rendtorff allein dadurch konkret, dass die Ehe öffentlich, vor Gott und den Menschen geschlossen wird. Der öffentliche Eheschließungsakt ist nicht nur das äußere Unterscheidungskennzeichen zwischen Ehe und anderen Lebensformen. In ihm eingeschlossen sind eine Reihe inhaltlicher Bestimmungen, die für andere Lebensformen allein deshalb keine Gültigkeit haben, weil sie sich nicht einem öffentlich-rechtlichen Akt verdanken. Deshalb hängt die »Öffentlichkeit der Eheschließung wie überhaupt die Rechtsform der Ehe als Lebensform [...] mit der Ethik der Ehe eng zusammen«.[201] In der Ehe werden die »überindividuelle Verbindlichkeit«[202] und die je eigene Stellungnahme, die innere Verbindlichkeit, miteinander verknüpft. Die Ehe ist somit nicht ausschließlich auf ihre öffentlich-rechtliche Komponente (als Entschluss zur Ehe) begrenzt, sondern trägt in sich das Moment der inneren

---

201 Rendtorff 1991, 20.
202 Ebd., 19.

Verbindlichkeit, das Rendtorff mit der eigenen Stellungnahme zur Verantwortung benennt. Maßgeblich für die Verantwortung ist »dabei nicht die äußere Bindung durch die Form der Ehe, mit den Beitönen auferlegten Zwanges, erwarteter Unterwerfung, rechtlicher Ordnung. Maßgeblich für Verantwortung in der Ehe ist der eigene freie und produktive Beitrag zum Gelingen der Ehe als Konkretion individueller Verantwortung«.[203] Obwohl also die innere Verbindlichkeit als das stärkere Moment in der Ehe postuliert wird, wird die äußere Form zum eigentlichen Abgrenzungsmerkmal gegenüber nicht ehelichen Lebensgemeinschaften. Das besondere Merkmal der Ehe besteht in der öffentlichen Verpflichtungserklärung gegenüber Dritten. Der »Ehe ohne Trauschein« unterstellt Rendtorff die Weigerung, »die eigene Lebenspraxis als Moment einer sozialen Verantwortung zu leben«.[204] Die Übernahme von Verantwortung wird für Rendtorff allein dadurch konkret, dass die Ehe öffentlich, vor Gott und den Menschen geschlossen wird. Damit übernähmen die Eheleute die Verantwortung, »an der erneuerten Geltung dieser Institution mitzuwirken. Die individuelle Lebensführung repräsentiert einen überindividuellen Verpflichtungszusammenhang.«[205] Der Nachweis, aus welchen Gründen nicht rechtlich konstituierte Lebensgemeinschaften per se weniger dazu bereit sind, soziale Verantwortung zu übernehmen, bleibt aus.

Um die Vorrangstellung der Ehe gegenüber anderen Lebensformen zu begründen, werden andere mögliche Lebensformen, auch eine dauerhafte Form von Sozialität anzustreben, in ihrer Motivation abgewertet. Dies gilt nicht nur für die sogenannten Ehen ohne Trauschein, sondern auch für eine Lebensform, in der zwei homosexuelle Menschen zusammenleben. Hier bleibt für Rendtorff der eigentliche Streitpunkt, »ob die Homosexualität in dem Sinne als gleichwertig zur Heterosexualität anerkannt werden soll, dass die homosexuelle Praxis wie die Heterosexualität eine selbständige, auf Dauer und Lebensgemeinschaft angelegte Lebensform bildet, die den Charakter einer homosexuellen ›Ehe‹ hätte«.[206] Diese Erkenntnis sei aber, so Rendtorff, nach empirischen Befunden nicht gegeben. Abgesehen davon, dass die sexuelle Ausrichtung allein noch keine Lebensform begründet, sondern lediglich eine sexuelle Vorliebe kenntlich macht, bleibt Rendtorff auch hier das Argu-

203 Ebd., 41.
204 Ebd., 20.
205 Ebd., 46.
206 Ebd., 70.

ment schuldig, aus welchen Gründen homosexuelle Lebensformen qua Lebensform weniger auf Dauer angelegt seien. Für ein solches Urteil müsste ihnen erst das Recht zugestanden werden, eine öffentliche und rechtswirksame Lebensform als homosexuelles Paar einzugehen, wie es 2001 durch das Lebenspartnerschaftsgesetz geschehen ist.

Ein weiteres Argument für die Ablehnung der Homosexualität entwickelt Rendtorff aus seinem Verständnis menschlicher Sexualität. Rendtorff lehnt zu Recht die Auffassung ab, dass Sexualität nur über die Fortpflanzungsfähigkeit zu rechtfertigen sei. Stattdessen bewertet er im Anschluss an Sigmund Freud Sexualität als eine selbstständige Kraft »den individuellen Menschen aus einer narzißtischen Selbstbezogenheit herauszuholen und zur Realität der Sozialität hin zu öffnen«.[207] Sexualität ist also im Kontext von Sozialität bzw. einer Lebensgemeinschaft unabdingbar mit zu berücksichtigen. Sie wird als Reifeprozess verstanden, um letztlich »Liebe zum Ausdruck zu bringen.«[208] Das sexuelle (Er-)Leben wird bei Rendtorff zum Lernprozess, der sich biografisch vollziehen muss. Jeder Mensch muss demnach lernen, auf unmittelbare Triebbefriedigung zu verzichten. Diese Anpassung an die Erfordernisse der Realität ist nach Rendtorff am ehesten durch die Einordnung der Sexualität in die heterosexuelle Beziehung gewährleistet. Damit ist die Ehe neben der Fähigkeit, Leben zu geben, in einem weiteren Punkt anderen Lebensformen überlegen: Sie ist die »Grundstruktur human gelebter Sexualität«,[209] weil sie die Sexualität in die Lebensform integriert und durch den Triebverzicht »in den kulturellen Weltumgang des Menschen hineinführt«.[210] Rendtorff benennt die Sexualität zwar als eine eigene Kraft des Menschen, die letztlich aber funktional bestimmt wird, indem ihre Sublimation sich zur Grundlage der Kulturfähigkeit des Menschen entwickelt. Seine Ablehnung einer »Gleichstellung« oder Anerkennung homosexueller Beziehungen als Lebensform hat damit zu tun, dass er den Menschen, die in dieser Lebensform leben, abspricht, eine auf Dauer und Lebensgemeinschaft angelegte Lebensform zu wollen: »Ob eine Entwicklung in diese Richtung wünschenswert, förderungswürdig und gestaltungsfähig ist, das ist weniger eine Frage der Absicht als eine Frage danach, ob Homosexualität in einem erkennbaren überindividuellen Sinne als eine Grundstruktur des Lebens ausgewiesen

207 Ebd., 67.
208 Ebd.
209 Ebd., 69.
210 Ebd., 68.

werden kann.«[211] Da Rendtorff diese Grundstruktur des Lebens eng an die rechtliche Verfassung der ehelichen Lebensgemeinschaft bindet, die vor seinem zeitgeschichtlichen Hintergrund die rechtliche Verfassung homosexueller Lebensgemeinschaften ausgeschlossen hat, ist es nicht verwunderlich, dass er als Konsequenz aus dieser Haltung den homosexuellen Lebensgemeinschaften nicht dieselbe rechtliche und kirchliche Anerkennung einräumt.

Deutlich ist, dass es Rendtorff vor allem darum geht, der Homosexualität keine »Leitfunktion für die Veränderung der Gesellschaft«[212] zuzusprechen. Statt Kriterien zu erarbeiten, was unter einer verantwortlichen Lebensgemeinschaft zu verstehen sei, die der Prüfung zu unterziehen wäre, wird mithilfe von Unterstellungen die Höherwertigkeit der Ehe gegenüber von der Ehe abweichenden Lebensentwürfen begründet. Es ist zu vermuten, dass die Verteidigung der Ehe mit dem Eindruck einhergeht, sie sei Angriffen ausgesetzt. »Diese Unterstellung ist aber nur möglich auf der Basis der Annahme, dass jede soziosexuelle Beziehung zwischen Menschen eigentlich nur im Rahmen der ehelichen Lebensgemeinschaft erfolgen darf.«[213]

Grundsätzlich verdeutlicht die starke Anlehnung der Argumente an die Rechtsverhältnisse, wie viel Rendtorff der rechtlichen Regelung auch im persönlichen Bereich zutraut. Die Ehe ist eine öffentliche Institution, die damit rechtlichen Regelungen unterliegt, und in der individuellen Lebensführung als solche verantwortet werden muss. Festzuhalten ist an diesem Punkt, dass menschliches Zusammenleben rechtlicher Regelungen bedarf, um gemeinsame Lebensräume zu gestalten. Die Frage bleibt, ob die Ehe wie auch andere Lebensformen allein durch Rekurs auf ihre rechtliche Verfasstheit nicht unterbestimmt bleiben. Denn sämtliche Lebensformen, die nicht der rechtlich verfassten Ehe entsprechen, werden so als Krisenphänomene wahrgenommen. Gegenüber den Ehen ohne Trauschein wird der Vorbehalt geltend gemacht, ihr Motiv sei die »›individuelle Selbstbestimmung‹ gegen ›staatlich-gesellschaftliche Fremdbestimmung‹ und Abhängigkeit«.[214] Gegenüber der Tatsache, dass immer mehr junge Menschen vor einer Eheschließung unverheiratet zusammenleben, vermutet er, dass dort die »Gefahr

---

211 Ebd., 70.
212 Ebd., 71.
213 Josuttis 1994, 59.
214 Rendtorff 1991, 46.

gegenseitiger Instrumentalisierung«[215] herrsche. Die Diagnose »Instrumentalisierung« durch die Priorität individueller Selbstbestimmung verhindert es, veränderte Beziehungsmuster und Motivationen unvoreingenommen mit in den Blick zu nehmen. Nicht eheliche Partnerschaften sind allein durch das Fehlen ihrer öffentlichen Registrierung nur unzureichend gekennzeichnet.

4. Die Verschiedenheit der Lebensführung von Mann und Frau

Die Anerkennung von Verschiedenheit ist für Rendtorff ähnlich wie für Karl Barth das grundlegende Kennzeichen der Beziehung von Mann und Frau. Rendtorff verzichtet auf eine Zuschreibung ›natürlicher‹ weiblicher und männlicher Eigenschaften. Die sogenannten ›fraulichen‹ Tugenden sind für ihn vielmehr situations- und nicht geschlechtsgebunden und somit leicht »als historisches Vorurteil zu entlarven«.[216] Rendtorff erkennt die gesellschaftliche und historische Bedingtheit von Geschlechterzuschreibungen an, die die geschlechtliche Polarität oder Sozialität nicht zu einer quasi natürlichen Eindeutigkeit macht. Diese wiederum führe aber laut Rendtorff dazu, dass soziale Verschiedenheiten, Rangordnungen, Privilegien und Pflichten erst begründet werden können.[217] Es gibt ganz offensichtlich eine biologische Verschiedenartigkeit von Mann und Frau, die sich historisch an bestimmten Zuschreibungen festmachen lässt. Diese Zuschreibungen werden durch den gesellschaftlichen Veränderungsprozess immer wieder infrage gestellt und münden in der Forderung nach gesellschaftlicher Gleichberechtigung zwischen Frau und Mann.

Diese an der gesellschaftlichen Wirklichkeit der Gleichberechtigung orientierte Sichtweise führt zur konkreten Verankerung der Haus- und Familientätigkeit im Lebensentwurf beider Geschlechter. Für die traditionell der Frau zugewiesenen Tätigkeiten als Hausfrau und Mutter bedeutet diese Perspektive eine Aufwertung gegenüber der Berufstätigkeit des Mannes, gleichzeitig ist die Übernahme dieser Aufgabe durch den Mann »eine nahe liegende Konsequenz«.[218] An dieser Stelle besteht bei Rendtorff sicher eine »Flexibilisierung der weiblichen Rolle

215 Ebd.
216 Ebd., 121.
217 Ebd., 158.
218 Ebd., 159.

und damit des Frauenbildes«[219] sowie eine Sensibilität für das Thema der Gleichberechtigung von Mann und Frau, das seit den 1960er Jahren einen tiefgreifenden Wandel erfahren hat. In der Diskussion um die Wertigkeit von Berufsarbeit und Familienaufgaben geht es ihm darum, dass »die differenzierten Aufgaben unterschiedlicher Lebensformen«[220] anerkannt werden, weil die Lösung des Konflikts zwischen Berufstätigkeit und Familie nicht durch die Berufstätigkeit der Frauen gelöst werde. Hier nimmt Rendtorff den Diskurs über die Vereinbarung von Familie und Beruf auf. Erwerbstätigkeit und Haushalt/Familie werden in dem umfassenden Begriff der Lebensformen expliziert und anhand ihrer darin unterschiedlich zu leistenden Aufgaben differenziert. In der Weiterführung des Arguments läuft für Rendtorff die Gleichberechtigung nicht auf »Uniformität, auf abstrakte Gleichheit«[221] hinaus, sondern er ist der Meinung: »Emanzipation der Frau kann bedeuten, dass ein spezifischer Lebensstil der ›Fraulichkeit‹ gegenüber der dominierenden ›Männerwelt‹ für das soziale Zusammenleben in allen seinen Beziehungen eine neue, Maßstäbe verändernde Rolle spielen soll.«[222] Diese Auffassung kann so gelesen werden, dass es Rendtorff vor allem um eine Neubestimmung des Verhältnisses von Erwerbstätigkeit und Fürsorge geht. Dabei hat er allerdings keine strukturellen Probleme im Blick, sondern mahnt einen Einstellungs- bzw. Wertewandel an, da seines Erachtens die historisch den Frauen zugesprochenen Tugenden und Verhaltensweisen für die Gestaltung des öffentlichen Lebens eine hohe Bedeutung haben. Seine These ist, dass Männer und Frauen aufgrund ihrer unterschiedlichen Lebensführung unterschiedliche Verhaltensweisen ausgeprägt haben. Die Emanzipation der Frau bedeutet für ihn nicht, dass Frauen die Verhaltensweisen von Männern übernehmen sollten, sondern dass die Verhaltensweisen, die Frauen ausgebildet haben, neu bewertet werden müssten.[223] Hier spricht Rendtorff die Anerkennungsdefizite der Fürsorgearbeit an, ohne zu begründen, wie diese neue Wertschätzung aussehen könnte.

Die neue Bewertung begründet Rendtorff mit der für Staat und Gesellschaft wichtigen Aufgabe der Sozialisation von Kindern in einer Familie. Dabei kommt der Familie eine bestimmte Exklusivität

---

219 Praetorius 1994, 180.
220 Rendtorff 1991, 159.
221 Ebd., 160.
222 Ebd., 159.
223 Ebd., 160.

zu, denn sie allein hat den »Auftrag der Individualisierung menschlicher Lebensführung«.[224] Hier werden Erfahrungen gemacht, die für das Leben in Staat und Gesellschaft von herausragender Bedeutung sind: »Die Familie leistet etwas für die Gesellschaft, was diese zu ihrem Zusammenhalt braucht.«[225] Diese Erkenntnis lässt vermuten, dass Rendtorff in der Diskussion um die Gleichberechtigung wahrnimmt, dass eine bislang als selbstverständlich geltende Aufteilung der Tätigkeiten zwischen Männern und Frauen hinterfragt wird. Die Diskussion um die Emanzipation der Frau wird aus der Perspektive der Bewertung von Berufstätigkeit und Haushalt und Fürsorgearbeit aufgenommen. Rendtorff platziert diese Gleichberechtigungsdiskussion zwar in einem gesellschaftlichen Zusammenhang, er liefert aber kein Argument dafür, wie diese Einstellungsveränderung konkret umgesetzt werden könnte oder ob es bei der Anmahnung eines Mentalitätenwechsels bleiben sollte. Wenn er schreibt, »jede Berufstätigkeit, wie [...] frei [auch immer] sie gewählt worden ist, tritt unter Bedingungen sozialer Abhängigkeit, die neue und eigene Probleme aufwirft«,[226] dann wird zwar der begrenzende Aspekt der Erwerbsarbeit deutlich, aber keineswegs die Unterscheidung zwischen unterschiedlichen Graden der Abhängigkeit.

5. Familienplanung und verantwortliche Elternschaft

»Die Familie ist diejenige soziale Lebensform, bei der immer schon entschieden ist, wer dazu gehört.«[227] Mit dieser These führt Rendtorff die Vorrangstellung der Lebensform der nicht geschiedenen Ehe auch unter dem Familienaspekt weiter. Dabei wird die klassische Kleinfamilie als selbstverständlich vorausgesetzt, denn die Ehe ist konstitutives Bestimmungsmerkmal der Familie sowie der aus ihr hervorgegangenen Kinder. Infolgedessen bildet die bürgerliche Kernfamilie nach wie vor das unhinterfragte Leitbild für Rendtorffs Position. Alle Fragen zum Thema Familie werden demzufolge auch vor dem Hintergrund dieses Leitbildes diskutiert, wo in Bezug auf unterschiedliche Familienformen jegliche Klärung darüber ausbleibt, welche Merkmale für Familien eigentlich charakteristisch sind. Die Chancen und Probleme von Famili-

224 Ebd., 119.
225 Ebd., 161.
226 Ebd., 159.
227 Ebd., 160.

enformen, die anders als die Kleinfamilie sind, bleiben unberücksichtigt und entziehen sich quasi der ethischen Reflexion. Indem Rendtorff immer wieder die Abgrenzung der Ehe gegenüber anderen Lebensformen betrachtet, nimmt er die Möglichkeit nicht wahr, dass sich innerhalb der Familien durch Adoption, Stief- und Pflegefamilien, künstliche Befruchtung ganz andere Fragehorizonte ergeben und also neu gefragt werden muss, wer zu einer Familie gehört.

Unter dem Stichwort Familie kommen nach Rendtorff Fragen zur Familienplanung und Erziehung zum Tragen. Mit Berücksichtigung der gegenwärtigen gesellschaftlichen Entwicklungen konstatiert er: »Zwischen die eheliche Lebensgemeinschaft und die Familie ist die Planung der Familie getreten.«[228] Mit dieser Feststellung beschreibt er, dass heutzutage Ehe und Familiengründung nicht mehr notwendigerweise zusammenfallen. Auch wird die Familienplanung nicht auf die Frage der medizinisch-technischen Möglichkeiten reduziert, noch bedeutet sie nach Rendtorff, dass geplant werden könne, welche Kinder im Sinne von »Wunschkindern« zur Welt kommen. Es geht vielmehr um die Frage nach dem geeigneten Zeitpunkt und um die Bereitschaft, »die eigene Lebensführung in die Realisierung der Lebensmöglichkeiten von Kindern einzubringen«.[229] Er greift mit dem Begriff der »verantwortlichen Elternschaft«[230] den in der Intention ähnlichen Begriff der »verantworteten Elternschaft« von Kaufmann auf, der mit diesem Begriff eine normative Verfestigung des Normkomplexes Elternschaft beschreibt. Dieser Normkomplex beinhaltet einerseits »die Erziehungsverantwortung der leiblichen Eltern, jedoch andererseits auch die Norm, Kinder nur dann zur Welt zu bringen, wenn man glaubt, dieser Verantwortung tatsächlich gerecht werden zu können«.[231] Die Entscheidung für Kinder ist im Gegensatz zu früheren Zeiten stärker von individuellen Entscheidungen abhängig. Beck-Gernsheim hat dieses Planungsdenken, das als Leitbild der modernen Gesellschaft gelten kann, folgendermaßen charakterisiert: Aufgrund des Fehlens von klaren Handlungsanweisungen, die für die Ehe früher die fraglose Bereitschaft zur Familie implizierte, sind nun Verunsicherungen getreten, die man versucht, durch Planung auszugleichen. Die Moderne hat ein eigenes Leitbild geschaffen, um den Unsicherheiten des Lebens zu begegnen: »Die Vorgabe heißt: Planen!

228 Ebd., 100.
229 Ebd.
230 Ebd.
231 Kaufmann 1988, 395.

Die Zukunft in den Griff kriegen! Den Zufall abwenden, selbst steuern und lenken.«[232]

Bei der Bestimmung des Verhältnisses zwischen Familie und Gesellschaft ist für Rendtorff aufgrund der historischen Erfahrungen mit dem Nationalsozialismus wichtig festzuhalten, dass der Staat nur einen begrenzten Eingriff in Familien haben sollte. Für die Elternschaft bedeutet diese Prämisse Befürwortung der primären Zuständigkeit der Eltern für ihre Kinder, statt Delegation dieser Verantwortung an die Gesellschaft.[233] Hintergrund ist sicherlich das in Deutschland formulierte Verhältnis von Individuum und Staat anhand des Subsidiaritätsprinzips, das die Nachrangigkeit des Staates gegenüber anderen Formen gesellschaftlicher Gestaltung formuliert.

232 Beck-Gernsheim 1998, 59.
233 Rendtorff 1991, 100.

Kapitel IV
Ehe und Familie als Institution und Leitbild in Stellungnahmen der EKD

1. Wahrnehmung des gesellschaftlichen Wandels

Die evangelische Kirche hat sich in vielen Publikationen und Denkschriften zu den gegenwärtigen Herausforderungen an Ehe und Familie und den damit zusammenhängenden Fragen nach der Vielfalt der Lebensformen geäußert[234]. Die Absicht dieser Publikationen ist es, mit »Blick auf Ehe und Familie auf einige dieser grundsätzlichen Problemstellungen hinzuweisen«[235] sowie ethische Leitgedanken für das Zusammenleben in Ehe und Familie zu formulieren. In die öffentliche Diskussion und die gesellschaftlichen Wandlungsprozesse hinein will die evangelische Kirche Worte zur Orientierung geben, die die Absicht haben, das christliche Verständnis von Ehe und Familie auch angesichts der veränderten Lebenswirklichkeit gelingen zu lassen und es in seiner »lebensdienlichen und lebensfördernden Kraft«[236] neu zu entfalten.

Die gesellschaftliche Situation, vor deren Hintergrund die Stellungnahmen zu Ehe und Familie in den 1990er Jahren veröffentlicht worden sind, wird als Zunahme von Pluralität und Individualität wahrgenommen, die die persönliche Entscheidung, in welcher Lebensform man leben will, deutlich erweitert hat: »Ehen und Familien hat es schon immer in vielfältiger Gestalt gegeben. Nie zuvor aber gab es einen so großen Spielraum für die persönliche Wahl einer Lebensform wie in unserer Gesellschaft.«[237] Dabei werde, so die EKD, insbesondere dem

---

234 Vgl. folgende EKD-Publikationen: *Ehe und Familie 1994. Ein Wort des Rates der Evangelischen Kirchen in Deutschland aus Anlaß des Internationalen Jahres der Familie* (1994); *Mit Spannungen leben, Orientierungshilfe des Rates der EKD* (1996); *Gottes Gabe und persönliche Verantwortung. Zur ethischen Orientierung für das Zusammenleben in Ehe und Familie* (1998); *Was Familien brauchen. Eine familienpolitische Stellungnahme des Rates der EKD* (2002); *Soll es künftig kirchlich geschlossene Ehen geben, die nicht zugleich Ehen im bürgerlich-rechtlichen Sinne sind?* (2009).
235 EKD 1994, 1.
236 Dies. 1998, 9.
237 Dies. 1994, 3.

veränderten Rollenverständnis von Mann und Frau eine positive Einschätzung entgegengebracht, das sich von der sozialen Ungleichheit der Geschlechter hin zur Partnerschaftlichkeit entwickelt habe.[238] Es findet mittlerweile mehr und mehr Akzeptanz, dass sich innerhalb der veränderten gesellschaftlichen Rahmenbedingungen, die sich in der Lockerung bzw. Auflösung der tradierten Rollenzuweisung zeigen, ein neuer »Freiraum an Gestaltungsmöglichkeiten und -aufgaben«[239] entsteht, der vor allem in der persönlichen Verantwortung des Einzelnen liegt. Mit der Neubestimmung des Geschlechterverhältnisses und der Emanzipation der Frau wird derjenige »Wandlungsprozess angesprochen, der die nachhaltigste Veränderung des Familienbildes in der jüngeren Vergangenheit motiviert«.[240]

Das Verständnis der Ehe wird anhand eines »Leitbildes« entfaltet, das Orientierung dazu geben soll, welches Verständnis die evangelische Kirche zum Thema Ehe und Familie entwickelt hat. Dabei wird in Anspruch genommen, dass aus der Bibel und den kirchlichen Bekenntnissen Leitbilder des gemeinsamen Lebens entwickelt werden können, die nicht als »Verabsolutierung vorfindlicher Formen«[241], sondern als Wegweiser verstanden werden. Vor dem Hintergrund der Veränderungen in der Lebenswirklichkeit von Ehe und Familie sind auch Stellungnahmen zu homosexuellen Lebensgemeinschaften »unumgänglich«[242] geworden. Jene orientieren sich in diesem Zusammenhang besonders an den Analysen und Konsequenzen des gesellschaftlichen Wandels. Dem Bedeutungswandel von Ehe und Familie wird demnach ein Leitbild entgegengestellt, das mitten im gesellschaftlichen Veränderungsprozess eine erforderliche Orientierung sein soll. Hier vollziehen die kirchlichen Stellungnahmen eine auch allgemein wahrnehmbare Grundhaltung nach, denn »der Ruf nach ›Leitbildern‹ wird in der Geschichte immer dann laut, wenn die *soziale Wirklichkeit* verschwommener oder unübersichtlicher geworden ist.«[243]

Das Leitbild zielt auf eine Profilierung des evangelischen Verständnisses von Ehe und Familie angesichts des Bedeutungswandels, dem

238 Vgl. dies. 1998, 11; dies. 2002, 5.
239 Dies. 1998, 20.
240 Anselm 2007, 299
241 EKD 1998, 9.
242 Dies. 1996, 3.
243 Wahl 1997, 100.

Ehe und Familie unterworfen sind. Das »christliche Leitbild«[244] wird in drei grundlegenden Bedeutungsvarianten entfaltet, die nicht systematisch in den Texten eingeführt werden, sondern jeweils vom Kontext der Argumentation abhängig sind. Die Stellungnahmen der EKD zu Ehe und Familie sowie zur Homosexualität beschränken sich nicht auf eine biblisch-ethische Perspektive, sondern beziehen historische und soziologische Erkenntnisse mit ein. Das ist wichtig, denn dies eröffnet den Blick für den Wandel, dem sowohl die Bedeutung als auch die Funktion von Familie sowie das Zusammenleben von Mann und Frau unterliegen. Es muss allerdings danach gefragt werden, welche Analysen für die Publikationen erkenntnisleitend sind. Darüber hinaus ist die Frage relevant, ob die Konstitution des Leitbildes Ehe eine angemessene Wahrnehmung von Veränderungen innerhalb der Familienstrukturen beeinträchtigt oder zu einem vertieften Verständnis beiträgt. Die stärkere Individualisierung, die Fragen der Lebensgestaltung in die persönliche Verantwortung der Menschen legt, spiegelt sich in den Stellungnahmen zum Verzicht auf normative Vorgaben, die durch Sollbestimmungen ersetzt werden: »In Achtung persönlicher Freiheit und Verantwortung kann sich evangelisches Familienverständnis nur auf ein anbietendes, anregendes und Lebens- und Verhaltenseinstellungen bildendes Leitbild einlassen im Sinne ethischer Sollensforderungen aus dem Verständnis christlichen Glaubens.«[245] Die Stellungnahmen zu Ehe und Familie würdigen folglich die höhere persönliche Verantwortung des Einzelnen, bei gleichzeitiger Beibehaltung eines sehr konkreten Leitbilds, der bürgerlichen Ehe.

Systematisiert man die Überlegungen zum Leitbild, dann lässt sich feststellen, dass sie sich erstens auf den göttlichen Gründungsakt der Ehe, zweitens auf die Unterscheidung zwischen weltlicher und geistlicher Dimension und drittens in der Form des ethischen Leitbilds auf die Ausgestaltung von Beziehungen der genannten Lebensformen beziehen. Da die Begründung des Leitbilds Ehe in den Texten deutlich profilierter geschieht als das der Familie, wird zunächst das Leitbild Ehe in den unterschiedlichen Bedeutungen analysiert. Anschließend werden die Überlegungen zur Familie dargestellt.

---

244 EKD 1998, 9.
245 Ebd., 39.

2. Das Leitbild der Ehe als göttliche Institution

2.1 Was Gott zusammengefügt hat, darf der Mensch nicht scheiden

»Das christliche Leitbild von Ehe«,[246] das die kirchlichen Stellungnahmen gegenüber nicht ehelichen Lebensgemeinschaften profilieren, wird aus dem Verständnis der Lebensgemeinschaft von Mann und Frau »als göttliche Institution – als Gottes Einsetzung, Wille und Gabe«[247] entwickelt und betont damit eine im Anfang göttlich begründete Seinsordnung. Im Rückgriff auf biblische Bilder des Zusammenlebens von Mann und Frau[248] und in der Verbindung mit den Worten Jesu zur Ehe bilden diese Verse die Grundlage für die herausgehobene Stellung der Ehe. In der Orientierungshilfe *Gottes Gabe und persönliche Verantwortung* von 1998 heißt es: »Die Ehe ist die einzige Lebensform, zu der sich Jesus geäußert hat – und zwar sehr dezidiert.«[249] Dieses Statement leitet damit über in das Wort über die Scheidung in Mt 19,6: »Was Gott zusammengefügt hat, soll der Mensch nicht scheiden.« Der Rückgriff Jesu auf die Schöpfungsgeschichte mit den Worten »darum wird ein Mann seinen Vater und seine Mutter verlassen und wird an seiner Frau hängen, und die zwei werden ein Fleisch sein. So sind sie nun nicht mehr zwei, sondern ein Fleisch« (Mk 10,7f.), ist der Kern des biblisch entfalteten evangelischen Eheverständnisses.[250] Mit dem Aufgreifen der biblischen Metaphorik von »ein Fleisch sein« wird die »Partnerschaft von Mann und Frau dyadisch als ein Organismus gedeutet«[251], die als »Metapher des sozialen Körpers«[252] Bestimmungen des menschlichen Körpers auf die Partnerschaft überträgt: »Dazu gehören, neben Totalität (Vollständigkeit), Übersummativität (Kontinuität) und funktionaler Differenzierung vor allem auch Gegebenheit (Natürlichkeit), Unteilbarkeit und Fraglosigkeit der ›Systemgrenzen‹.«[253] Diese Vorstellungen werden mit

---

246 Ebd., 9.
247 Ebd., 29.
248 Grundlegend sind hier die Gottebenbildlichkeit von Mann und Frau (Gen 1,27) und Gen 2,24: »Darum wird ein Mann seinen Vater und seine Mutter verlassen und seinem Weibe anhangen, und sie werden sein ein Fleisch.«
249 EKD 1998, 24.
250 Ebd., 28f.
251 Anselm 2007, 296.
252 Koschorke et al. 2007, 60.
253 Ebd. Koschorke untersucht in diesem Zusammenhang die Übertragung der Körper-Metaphern auf politische Institutionen. Gleichwohl kann seine Analyse der Wirkungsweise für soziale Metaphern auch für das Eheverständnis gel-

dem Begriff Ehe und davon abgeleitet auch dem Begriff Familie ›unterlegt‹. Diese Auffassung der Partnerschaft als Organismus transportiert die inhaltlichen Kriterien, die für das Leitbild von Ehe und Familie in der EKD-Schrift in Anspruch genommen werden.

Deutlich wird die Funktionsweise der Fleisch-Metapher beispielsweise an dem Kriterium der Dauerhaftigkeit, wenn die Stellungnahme der EKD weiter ausführt: »Diese unumkehrbare, nicht wieder rückgängig zu machende Zusammenfügung zu einem ›Fleisch‹, zu einem Leib, ist gewichtiger und schöner als eine isolierte Selbstbestimmung.«[254] Aber auch die Totalität dieser Gemeinschaft wird damit ausgedrückt: Denn durch die biblischen Bilder wird die »völlige Wechselseitigkeit, in einer alle Dimensionen des Lebens umfassenden Gemeinschaft«[255] ausgedrückt. Hier greift die Publikation auf ein kulturelles Ideal zurück, das Miteinander, zu dem die Partner in der Ehe verbunden werden, als »umfassende und vorbehaltlose Lebens- und Liebesgemeinschaft zu verstehen«.[256] Diese personalistische Deutung des Scheidungsgebots trägt die Werte und Diskurse unsere Kultur in die Texte des Neuen Testaments ein und hält sie für die zutreffende historische Deutung.[257]

Eine Analyse der Gesamtstruktur von Mk 9,30–10,31 macht deutlich, dass sie auf die »*gesellschaftlichen* Konsequenzen der Kreuzesnachfolge«[258] ausgerichtet ist. Das in Vers 10,2 von den Pharisäern verwendete Wort »Ist es einem Mann erlaubt, eine Frau zu *entlassen*« setzt die patriarchale Ordnung des *pater familias* voraus, dessen Recht es ist, sich von seinen Frauen zu trennen.[259] Demgegenüber argumentiert Jesus mit dem Bild aus Gen 2,24 und folgert daraus: »Was Gott zusammengefügt hat, soll der Mensch nicht *trennen*.« Damit rückt er »den Akzent vom allein agierenden Mann auf die *Einheit* von Mann *und* Frau«.[260] Die Entlassungssätze in Mk 10,11f. pointieren die Möglichkeit der Scheidung von Mann und Frau, womit »der Statusverzicht

---

tend gemacht werden, denn hier liegt durch das biblische ›Bild‹ des Fleisches eine prominente Körperschaftslehre des Christentums vor. Diese findet sich sowohl als rhetorisches Verfahren, Gemeinschaften in Körperbildern zu beschreiben als auch bei der Aufnahme des Corpus-Bildes bei Paulus wieder.

254 EKD 1998, 29.
255 Ebd.
256 Neumann 2005, 100.
257 Ebd., 106.
258 Ebner 2002, 320.
259 Krause 2003, 120.
260 Ebner 2002, 323.

des patriarchalisch agierenden Mannes in seinem intimsten Beziehungs-
kreis eingefordert«[261] wird. Diese exegetische Interpretation verlagert
die Wahrnehmung des in der EKD-Schrift zitierten Verses auf die bestehende Ungleichheit von Mann und Frau und liest sie als Zeichen der
markinischen Sozialkritik. Wie Prößdorf aufgezeigt hat, wird der Über-
lieferung »Was Gott zusammengefügt hat, soll der Mensch nicht scheiden« (Mk 10,9) auch in der Trauansprache keine normative Kraft mehr
beigemessen. Dies zeige sich sowohl in der zunehmenden Ausblendung
dieser Aussagen in Trauansprachen als auch in der Tatsache, dass diese
Bibelstelle kaum noch Grundlage der Ansprache sei, sondern allenfalls noch im Rahmen der Liturgie zu Gehör komme.[262] Prößdorf sieht
darin eine Vermeidung der Auseinandersetzung mit dem Spannungsfeld
von Tradition und gewandelter Partnerschaftsauffassung, er schlussfolgert daraus: »Die Bemühungen um ein geschlossenes evangelisches Eheverständnis, das sowohl theologischen als auch sich wandelnden gesellschaftlichen Kriterien standhält, erscheinen angesichts der im Zuge der
Säkularisierung einhergehenden Liberalisierung zwischenmenschlicher
Beziehungen und nach einer differenzierten Betrachtung des biblischen
Befundes nahezu aussichtslos.«[263] Diese Schlussfolgerung kann nahelie-
gend sein, wenn diese Stellen ausschließlich als »*wesensmäßige* Unauf-
lösbarkeit der personalen Beziehungen«[264] interpretiert werden. Mit
Einbeziehung des sozialen und historischen Kontextes wäre aus dieser
Perspektive viel über die gesellschaftliche Situation von Männern und
Frauen zu sagen und im Hinblick auf die Partnerschaftlichkeit innerhalb
ihrer Beziehung zu reflektieren.

2.2 Die Schöpfungsgeschichten

Der Abschnitt in Mk 10, 1–12, der das Thema der Ehescheidung unter
Rückgriff auf die Schöpfungsgeschichte thematisiert, wird in der Pub-
likation *Gottes Gabe und persönliche Verantwortung* so interpretiert,
als handele es sich bei den Schöpfungsgeschichten um Erzählungen zur
Begründung der Ehe: »Die Antwort der evangelischen Kirche auf die
Frage ›warum heiraten?‹ ergibt sich verbindlich aus den gepredigten

261 Ebd., 324.
262 Vgl. Prößdorf 1999, 178.
263 Ebd., 42.
264 Neumann 2005, 101.

und geglaubten biblischen Texten zur Ehe, vor allem aus dem Wort Jesu Christi, des Herrn der Kirche, mit dem dieser sich auf die Schöpfungserzählung der biblischen Urgeschichte [...] bezieht.«[265] Wenn die unscheidbare Lebensgemeinschaft als »göttliche Institution – als Gottes Einsetzung, Wille und Gabe« verstanden wird, so liegt das lutherische Verständnis der Ehe als Schöpfungsordnung Gottes nahe. Die Ehe wird zur unveränderlichen Gestalt des göttlichen Willens gemacht, was durch den Kontext des Scheidungsverbots noch einmal bekräftigt wird. Die Schärfe des Scheidungsverbotes bei Matthäus (19,4–6) wird als kritische Herausforderung »gegenüber einer fast ins individuelle Belieben gestellten Auswahl unter den Lebensformen und als Plädoyer für die auf Dauer und Verlässlichkeit zielende Gemeinschaft von Mann und Frau«[266] verstanden. Hier ist die Differenzierung wichtig, dass Jesu Kritik sich auf den Bruch eines Versprechens und einer sozialen Verpflichtung bezieht, er aber keinesfalls die Ehe für alle anordnet.[267]

Eine alternative Lesart von Gen 1 und 2 versteht die Texte nicht als »Gründungsurkunden« der Ehe und der damit gegebenen spezifischen Form des Verhältnisses von Mann und Frau, sondern als Ausdruck der »Gleichwertigkeit« der Geschlechter, wie sie in dem Ausruf des Mannes in Gen 2,23 zum Ausdruck kommt: »Da sprach der Mensch: Das ist doch Bein von meinem Bein und Fleisch von meinem Fleisch.« Hierzu merkt Schüngel-Straumann an, »dass die Menschenschöpfung in der Sicht von Genesis 2 nicht die Unterordnung der Frau, sondern die Ebenbürtigkeit und Solidarität von Mann und Frau begründen will, [dies] zeigt sich in den Worten, mit denen der Mann die Frau freudig annimmt und begrüßt«.[268] Nicht die äußere Form der Beziehung von Mann und Frau wird festgelegt, sondern es wird eine Aussage über die innere Form der Beziehung gemacht, die nicht als Hierarchie begründet wird.

In der Orientierungshilfe *Mit Spannungen leben* (1996), die das Verhältnis von Kirche und Homosexualität thematisiert, wird die Bedeutung der Geschlechtergemeinschaft von Mann und Frau ausgeführt und nicht sofort mit den Leitbildern von Ehe *und* Familie gleichgesetzt. Allerdings wird unterstellt, dass »die Tiefe der leibhaftigen Verbindung, die durch die sexuelle Gemeinschaft entsteht, [...] von sich aus zu einer lebenslangen Verantwortung für das Gegenüber, das man sich ver-

265 EKD 1998, 28.
266 Dies. 2009, 13.
267 Vgl. Kuhlmann 2004, 161ff.
268 Vgl. Schüngel-Straumann 1989, 107.

traut gemacht hat«[269], wird. Aus dieser Erkenntnis wird im Weiteren die Schlussfolgerung: »Insofern kann man sagen, dass das biblische Menschenbild auf Ehe und Familie hingeordnet ist.«[270] Aus der Argumentation der Orientierungshilfen und Stellungnahmen ergibt sich also aus biblischer Sicht eine eindeutige Präferenz für die Lebensform, die durch die »Offenheit für die Weitergabe des Lebens«[271] geprägt ist, konkret für die Ehe von Mann und Frau, die Eheschließung mit Familiengründung gleichsetzt. Damit entspricht die biblisch-theologische Begründung und Herleitung des Leitbildes exakt dem bürgerlichen Familienbild, das auf »einer ›institutionellen Kopplung‹ von liebesfundierter Ehe und Elternschaft«[272] basiert.

Wie selektiv diese Begründung ist, zeigt sich in der Auslassung all jener neutestamentlichen Texte, die der Ehe und Familie kritisch bis ablehnend gegenüberstehen. Unerwähnt bleibt, dass Jesus selbst nie in der Lebensform Ehe gelebt hat, seine familienkritischen Worte werden in der Diskussion über die Ehe überhaupt nicht wahrgenommen. Eine biblisch-theologische Argumentation müsste sich fairerweise dann auch den vielfältigen Eheformen stellen, die im Alten Testament vorkommen, welches die Ehe als eine Institution des privaten Rechts ansieht und neben der monogamen Ehe auch die Polygamie kennt.[273]

Vernachlässigbar scheinen auch die sozialen Schutzbedingungen, die z. B. im Alten Testament zur Regelung des Zusammenlebens geführt haben. Das vierte Gebot »Vater und Mutter zu ehren«, war nicht nur deshalb wichtig, weil es als Träger von Erfahrung und Lebensweisheit für das Überleben der jungen Generation sehr bedeutsam war[274], sondern weil Israel um die Angewiesenheit der älteren Generation wusste, die nicht mehr selbst für ihren Lebensunterhalt aufkommen konnte und für die die Fürsorge offensichtlich nicht selbstverständlich war. Das vierte Gebot nimmt die zeitlich versetzte Verantwortung der Kinder gegenüber ihren Eltern auf und fordert die Verantwortungsübernahme der erwachsenen Kinder gegenüber ihren Eltern im Kontext der Generationen. Ehe und Familie unterliegen in der Bibel selbst einem sehr differenzierten Blick, der mit der Wirkungsgeschichte der einschlägi-

269 EKD 1996, 16.
270 Ebd.
271 Ebd., 15.
272 Böhnisch/Lenz 1997, 18.
273 Vgl. Otto 1999.
274 Vgl. EKD 1998, 41.

gen Bibelverse oder einer selektiven, interessengeleiteten Wahrnehmung nicht gleichgesetzt werden darf.

Zusammenfassend lässt sich feststellen, dass die der Argumentation zugrunde gelegten Schöpfungserzählungen nicht die spezifische Form der Ehe als Lebensgemeinschaft nahelegen, und die Erzählungen über die Erschaffung der Menschen der Ehe keine schöpfungstheologische Dignität vor allen anderen Lebensformen geben, wie es von den kirchlichen Texten intendiert wird. Die Stellungnahmen zielen auf die Behauptung einer göttlichen und damit vor- oder außergeschichtlichen Begründung der Ehe, die die lebenslange monogame Ehe göttlich legitimiert.[275] Diese Sichtweise basiert auf einem Metaphernfeld, das die Ehe und die damit verbundenen Kriterien von Ganzheitlichkeit, Kontinuität und Natürlichkeit auf der Bildebene festigt. Der Verdacht liegt nahe, dass hiermit ein Ehe- und Familienbild propagiert wird, das zwar historisch gesehen bis heute als Leitbild (nicht nur der Kirche) dominiert, das aber der Vielfältigkeit der biblischen Bilder vom Zusammensein von Mann und Frau nicht gerecht wird.

3. Die Unterscheidung zwischen weltlicher und geistlicher Dimension

Die evangelische Lehre von der Ehe ist bis in die gegenwärtigen Stellungnahmen hinein von ihrer Differenzierung durch Luther in einen zugleich geistlichen und weltlichen Stand gekennzeichnet. Die Ehe ist nach Luther »ein weltlich Ding«, d.h. ohne sakramentale Bedeutung und damit frei, nach weltlichem Recht geordnet zu werden. Gleichwohl ist die Ehe in Bezug auf ihre Anordnung durch Gott auch ein geistlicher Stand. Die kirchlichen Stellungnahmen nehmen diese Doppelbedeutung auf: »Eine Eheschließung und mit ihr die Unterscheidung von Ehe und nichtehelichem Leben hat nach dem Verständnis der evangelischen Kirche sowohl eine ›weltliche‹ wie eine ›geistliche‹ Dimension.«[276] Dabei steht wohl die »weltliche« Dimension für die Wandlungsfähigkeit und Veränderungsbedürftigkeit, die gemäß der EKD »nicht mit der göttlichen Institution identifiziert werden«[277] dürfe, die der geistlichen vorbehalten sei. Auch mit dieser Argumentationsfigur erhält die

---

275 Diese Sicht greift bis in gegenwärtige Formulierungen der Trau-Agenden hinein, vgl. Kuhlmann 2004, 159.
276 EKD 1998, 30.
277 Ebd.

Ehe eine übergeschichtliche Begründung, die sie vor aller historischen Veränderung (und damit auch ihrer Relativierung) als Leitbild in Geltung setzt. Konkret wird die Unterscheidung zwischen weltlicher und geistlicher Dimension in der Unterscheidung von standesamtlicher Eheschließung und kirchlichem Traugottesdienst, d. h. in der Unterscheidung des Verhältnisses zwischen rechtlich ausgestaltetem Eheschluss und der kirchlichen Begleitung und Würdigung dieser Entscheidung. Eine Neubestimmung der Frage nach der Weltlichkeit bzw. Kirchlichkeit der Ehe hat deshalb eine aktuelle Änderung des Personenstandsgesetzes notwendig gemacht. Diese ist in Deutschland 2009 bereits verabschiedet worden und hat im Kern ein bis dahin geltendes Gesetz außer Kraft setzt, das bis dahin die standesamtliche Eheschließung zur zwingenden Voraussetzung für die kirchliche Trauung gemacht hatte.

3.1 Zur Veränderung des Personenstandsgesetzes

Die mit dem zum 1. 1. 2009 veränderten Personenstandsgesetz aufgeworfenen Fragen sollen im Folgenden zunächst in den Kontext einer historischen Perspektive gestellt werden, denn ein Blick auf die historische Entwicklung schärft die Wahrnehmung für das Gegenüber und Ineinander von kirchlichem und staatlichem Recht. Im Weiteren wird die 2009 veröffentlichte gutachterliche Äußerung der EKD angesichts dieser Rechtsänderung zu diskutieren sein,[278] da sie die Frage explizit aufnimmt, ob die Zivilehe eine dem evangelischen Verständnis nach notwendige Voraussetzung für die kirchliche Trauung ist.

Das Ineinandergreifen von staatlichem Eherecht und kirchlichem Recht in Europa ist historisch im späten Mittelalter anzusiedeln, wo es kirchenrechtlich zu einer verbindlichen Definition des sakramentalen Charakters der Ehe kam. Die Ehe konnte nur unter Berücksichtigung kultischer und kirchenrechtlicher Bestimmungen geschlossen werden, was vor allem mit ihrem sakramentalen Charakter begründet wurde: »Das Familienrecht war so gleichzeitig in beiden Rechtsordnungen zuhause, der kirchlichen wie der staatlichen, nicht im Sinne einer feindlichen Konkurrenz, sondern in der Weise der Arbeitsteilung.«[279]

---

278 *Soll es zukünftig kirchlich geschlossene Ehen geben, die nicht zugleich Ehen im bürgerlich-rechtlichem Sinne sind? Zum evangelischen Verständnis von Ehe und Eheschließung. Eine gutachterliche Äußerung* (EKD 2009).
279 Schwab 2009, 1.

Bis zum Ende des 18. Jahrhunderts waren Kirchenrecht und staatliches Recht auf die kanonistische Grundlage gestellt. Justus Henning Boehmer begründete im 18. Jahrhundert das neuere protestantische Eheschließungsrecht, in dem er vertrat, »das kanonische Eherecht gelte in abgewandelter Form im Eherecht der Reformatoren und der späteren Gesetzgebung weiter.«[280] Die Aufklärung hat dieses Ineinander zweier Rechtssysteme beendet. Die Ehe wurde als Vertrag angesehen und das Eherecht »immer stärker eingegliedert in das Gesamtsystem der bürgerlichen Rechtsordnung, das heißt, es wurde ausgestaltet nach dem Prinzip der Staatsräson und öffentlichen Nützlichkeit.«[281]

Diese Umgestaltung des Eherechts und die zunehmende Unterstellung der Ehe unter staatliche Gesetze war vor allem für die katholische Kirche eine Herausforderung, aber auch für die protestantischen Kirchen; insbesondere für die pietistischen Strömungen bot die Auffassung der Ehe als Vertragsgesellschaft erheblichen Konfliktstoff.[282] Schließlich gab es im 19. Jahrhundert keine einheitliche theologische und weltliche Lehre von der Ehe mehr, was später zur Folge hatte, dass der Staat die obligatorische Zivilehe einführen konnte.[283] Der Staat entwickelte ein eigenes Verständnis von der Ehe, das von dem der Theologie abwich. Auch die Funktionen, die der Familie zugedacht wurden, wurden kontrovers beurteilt: »In den gegensätzlichen Auffassungen spiegeln sich die großen Unterschiede wider, die sich im Zuge der Auflösung der ständischen Gesellschaft auftaten.«[284] Der Kulturkampf, d. h. die Auseinandersetzungen Bismarcks mit der katholischen Kirche, führte im 19. Jahrhundert in Deutschland zur Einführung der Zivilehe. Die Trauung der Brautleute und der Eintrag der Ehe ins Personenstandregister durch den Standesbeamten wurden obligatorisch – am 1. Oktober 1874 in Preußen, am 6. Februar 1875 im Deutschen Reich. Seit dieser Zeit gab es ohne vorherige zivilrechtliche Eheschließung keine kirchliche Trauung mehr.

Diese »Duplizität der Eherechte«[285] ist in Deutschland per Gesetz seit dem 1. 1. 2009 durch eine Änderung des Personenstandsgesetzes weggefallen. Ehen können nun auch ohne vorherige standesamtliche

---

280 Duncker 2003, 84. Vgl. ebd. 82–86.
281 Gestrich 2003, 376.
282 Vgl. ebd., 379.
283 Vgl. Duncker 2003, 84f.
284 Ebd., 380.
285 Schwab 2009, 2.

Trauung als kirchliche Trauungen geschlossen werden. Diese, von der Öffentlichkeit fast unbemerkt vollzogene gesetzliche Änderung stiftete, nachdem deutlich geworden war, welche Konsequenzen sie für das Verhältnis von standesamtlicher und kirchlicher Trauung haben könnte, Unsicherheit auf kirchlicher Ebene. Die Kirche könnte nämlich nun nach neuer Rechtslage kirchliche Trauungen ohne vorherige standesamtliche Eheschließung zulassen. Die gesetzliche Veränderung stellt die Kirchen also vor die wichtige Frage: Sollen sie nach wie vor die standesamtliche Trauung zur Voraussetzung der kirchlichen Trauung machen oder soll eine grundsätzliche oder durch Ausnahmen geregelte alleinige kirchliche Trauung möglich sein?

Die EKD hat mit einer gutachterlichen Äußerung auf diese Veränderungen der staatlichen Gesetzgebung reagiert, die als Anlass verstanden wird, sich neu und intensiv mit dem Eheverständnis und der Traupraxis innerhalb der evangelischen Kirche zu beschäftigen. Im Vergleich zu den älteren Texten der EKD fällt auf, dass das evangelische Leitbild der Ehe stärker durch den Schutzcharakter der Ehe für den schwächeren Partner akzentuiert wird. Das so verstandene staatliche Eheverständnis, das die Ehepaare unter die Prinzipien der gegenseitig zu gewährleistenden Solidarität und Verantwortung stellt, um den schwächeren Partner und den Kindern maximalen Schutz zu gewähren, ist nach kirchlicher Auffassung »weitgehend identisch mit dem evangelischen Leitbild der Ehe«.[286] Die zunehmenden Ehescheidungen werden mit der Verminderung von Abhängigkeiten und der Eröffnung von Freiheitsspielräumen begründet: »Ehescheidungen nehmen – jedenfalls auch – deshalb zu, weil frühere finanzielle wie emotionale wie existenzielle Abhängigkeitsverhältnisse der Partner, und das heißt in vielen Fällen: des ›Schwächeren‹ (in der Regel der Frauen, auch und gerade wenn Kinder vorhanden sind) schwinden.«[287] Wenn diese Annahme stimmt, so könnte sich die Diskussion um ein evangelisches Leitbild von Ehe auch in eine andere Richtung bewegen. Denn wenn die gesellschaftliche Entwicklung von einer geringeren Abhängigkeit der Frau von ihrem Ehemann gekennzeichnet wäre, dann könnte das zugrunde gelegte Leitbild auch als historisch überholt gekennzeichnet werden. Wie allerdings die Überlegungen zu dem Zusammenhang zwischen Wohlfahrtsstaat und Familie gezeigt haben, hat sich der weibliche Lebens- und Arbeitsentwurf

286 EKD 2009, 8.
287 Ebd., 13.

vor allem bis zum Zeitpunkt der Familiengründung verändert und ist anschließend relativ gleich geblieben. Nach der Familiengründung werden im Wesentlichen die »alten« Rollenzuschreibungen tradiert, was mit staatlicher Politik in den Bereichen der Erwerbsarbeit und der sozialen Sicherung zu tun hat, aber auch mit einer Resistenz partnerschaftlicher Aufgabenteilung. Die gutachterliche Äußerung thematisiert nicht den Zusammenhang dieses Schutzmodells mit einer geschlechtsspezifischen Arbeitsteilung und den darauf beruhenden Leitbildern. Hier bestünde aber die Möglichkeit, das Schutzmotiv in einer anderen Hinsicht zu verstärken, nämlich ähnlich wie bei der Entwicklung der Kinderrechte, auf eine zunehmende Schutzwürdigkeit des Einzelnen zu drängen, die nicht alleine durch Erwerbsarbeit hergestellt wird. Die Frage ist, wie soziale Risiken abgesichert werden, wenn Menschen nicht selbst ihre Versorgungsansprüche »erarbeiten« können.

4. Das Leitbild als ethische Ausgestaltung der Beziehung

Der kirchliche Leitbildbegriff für Ehe und Familie wird in den Schriften der 1990er Jahre unterschiedlich verankert: zum einen im »Gründungsakt« der Ehe, d. h. der göttlichen Einsetzung der Institution, dann in der Unterscheidung zwischen weltlicher und geistlicher Dimension und schließlich in der ethischen Ausgestaltung der jeweiligen Lebensgemeinschaft, die auf die Werte zielt, die in einer Lebensgemeinschaft idealerweise verwirklicht werden sollten. Um die Kluft zwischen Ideal und Wirklichkeit, d.h. zwischen dem angestrebten Leitbild und der davon zu unterscheidenden sozialen Realität zu überbrücken, operieren die kirchlichen Schriften mit begrifflichen Unterscheidungen: »Familie bedeutet zum einen Institution und Leitbild und andererseits konkrete, individuelle biographische Verwirklichung.«[288] Während Familien mit verheirateten Eltern einen Familientyp verkörpern, der als Leitbild gilt, werden andere Lebensformen, die sich davon unterscheiden, nicht als Institutionen anerkannt: »Die Anerkennung und soziale Unterstützung nichtehelicher Lebensgemeinschaften mit Kindern als Familie ist nicht gleichzusetzen mit der Anerkennung als Institution.«[289] Diese Hierarchisierung von Lebensformen ist in einem Institutionenverständnis

288 Dies. 1998, 39.
289 Ebd.

begründet, welches die Ehe als »eine dem Willen der Ehepartner vorgegebene Institution«[290] versteht.

4.1 Verbindlichkeit

Die ethische Qualifizierung der Ehe als Leitbild wird in der untrennba-
ren Einheit von Liebe und Verlässlichkeit gesehen. Die Verlässlichkeit
besteht in der Verbindlichkeit innerhalb der Partner- und Elternbezie-
hung als auch in der Deutlichkeit der Beziehung der Erwachsenen nach
außen: »Ihre ausdrückliche und öffentliche Form erhält diese Verbindlichkeit in der rechtlichen Institution als staatlich anerkannte Ehe.«[291]
Den nicht ehelichen Lebensgemeinschaften wird zwar nicht der grundsätzliche Wille zur Verlässlichkeit abgesprochen, aber in der Ehe und
damit in der öffentlich und rechtlich gefassten Form, kommt diese Perspektive der Argumentation der Publikationen am nächsten bzw. wird in
herausragender Weise darin verdeutlicht. Damit wird das Kriterium der
Verbindlichkeit zugleich an die innere Ausgestaltung der Beziehung und
die äußere Form der Beziehung zurückgebunden. Die Unterscheidung
zwischen Institution/Leitbild und individueller Familie führt z.B. dazu,
nicht ehelichen Lebensgemeinschaften mit Kindern zwar nicht die soziale Anerkennung zu entziehen, ihnen aber gleichwohl einen Leitbildcharakter abzusprechen. Demnach orientiert sich der Leitbildcharakter
vor allem an der äußeren Form der Lebensgemeinschaft und nicht an der
Frage, ob das Kriterium Verlässlichkeit in dieser oder jener Beziehung
stärker verwirklicht zu sein scheint.
 Das Leitbild Ehe wird in der Argumentation aber an die rechtliche
Form der Eheschließung gebunden, denn die Ehe sei eine Lebensgemeinschaft, die sich in der Liebe Gottes gründe und die in Achtung,
Rücksichtnahme und Loyalität die Verbundenheit der Menschen zum
Ausdruck bringe. Die standesamtliche Eheschließung ist und bleibt das
zentrale Unterscheidungsmerkmal zwischen nicht ehelichen Lebensgemeinschaften und Ehen, sie ist es, die die Ehe zum Leitbild macht.
Die Normativität der Ehe gegenüber allen anderen sozialen Lebensformen konkretisiert sich durch die rechtliche Legitimation. Damit wird
sie aber auf ein sehr enges formales Kriterium zurückgeführt und unter-

290 Ebd., 27.
291 Ebd., 28.

stellt, dass Verbindlichkeit und Verlässlichkeit in der Ehe am besten zu verwirklichen seien.

Die von Seiten der kirchlichen Texte thematisierten berechtigten Bedürfnisse nach Verlässlichkeit und Verbindlichkeit in zwischenmenschlichen Beziehungen, ihre wesentliche Funktion zur Entwicklung der eigenen Identität, müssten aber als Kriterien für alle dauerhaften Lebensgemeinschaften gelten, also nicht nur für die Ehe. Die Proklamierung eines Leitbildes, das vor allem von der Sorge getragen ist, dass es einen Bedeutungsverlust der rechtlich anerkannten Ehe gäbe, lässt aber »die Würdigung des Kerns des verbindlichen Zusammenlebens, der gegenseitigen Liebe und Treue zweier Menschen«[292], in den Hintergrund treten.

4.2 Sexualität und Generativität

In der Orientierungshilfe der EKD zur Homosexualität *Mit Spannungen leben* (1996) wird zunächst grundsätzlich positiv an dem leibhaftigen und sexuellen Wesen des Menschen festgehalten, das sich biblisch in der Geschlechtergemeinschaft von Mann und Frau ausdrückt. Die positive Würdigung der heterosexuellen Geschlechtergemeinschaft konstituiert allerdings noch nicht das Leitbild Ehe und Familie, das durch die »lebenslange Verantwortung für das Gegenüber«[293] (abgeleitet aus der Metapher »ein Fleisch sein«) und die Wahrnehmung der Sexualität als Weitergabe von Leben (Gen 1,27) gekennzeichnet ist. Erst durch die dreifache Einbindung der Sexualität in die heterosexuelle, auf Dauer und Kinder an- und ausgelegte Beziehung kommt der Geschlechtergemeinschaft ein Leitbildcharakter zu: »Ehe und Familie [sind] die sozialen Leitbilder unter dem Aspekt der Sexualität und Generativität.«[294]

Der Leitbildcharakter ergibt sich aus der spezifischen Verknüpfung von Sexualität als leibhaftige Begegnung zwischen Mann und Frau, als verlässliche Begegnung in der rechtlich verfassten Beziehung der Ehe und in der Favorisierung der biologischen Elternschaft. Ehe und Familie kommen insofern eine Leitbildfunktion zu, als sie die Formen des Zusammenlebens darstellen, die »als Gemeinschaft von Mann und Frau grundsätzlich die Entscheidung für die Geburt von Kin-

---

292 Kuhlmann 2004, 165.
293 EKD 1996, 16.
294 Ebd., 32.

dern eröffnen«.²⁹⁵ Alle drei Punkte zielen damit auf die Würdigung der »klassischen« oder auch bürgerlichen Ehe, in der Elternschaft und Ehe untrennbar miteinander verbunden sind, was dazu führt, dass sich das Leitbild von Ehe und Familie vornehmlich aus dieser spezifischen Sicht des Partnerschaftsverhältnisses generiert. Andere Lebensformen, denen es unter Umständen an einem der drei Kriterien mangelt, werden zwar als biografische Realitäten wahrgenommen, aber es wird ihnen schon der Form halber ein Leitbildcharakter abgesprochen. Die Tatsache, dass auch nicht jede Ehe diese »Kriterien« erfüllt, indem z.B. gewollt oder ungewollt auf Kinder verzichtet wird bzw. werden muss oder weil eine soziale statt einer biologischen Elternschaft angestrebt wird, wird dabei zwar nicht ausgeblendet, aber deutlich als »Abweichung« vom Leitbild verstanden.

Insgesamt wird Generativität eng an Zeugung geknüpft, sicher in der Absicht, genau dadurch den homosexuellen Lebensgemeinschaften das Fehlen dieses »Kriteriums« zu unterstellen. Dabei wird das Verständnis von Elternschaft auf biologische Elternschaft in unzulässiger Weise eingeengt, denn die Möglichkeit zur Zeugung ist in allen als (nur) soziale Elternschaft zu deklarierenden Elternschaftsverhältnissen, wie Adoptiv- oder Pflegefamilien, generell nicht gegeben. Gerade aber hier könnte die Thematisierung der sozialen Elternschaft, z.B. wie bei Josef, zu einem erweiterten Verständnis von Elternschaft führen. Generativität könnte verstanden werden als soziale Verantwortungsübernahme für Kinder, auch durch nicht biologische Eltern.

4.3 Innere Ausgestaltung der Beziehung

In der EKD-Publikation *Gottes Gabe und persönliche Verantwortung* (1998), die eine Auseinandersetzung mit Lebensformen darstellt, die nicht durch die Ehe konstituiert werden, geht es vorwiegend um die Entfaltung von Prinzipien der »Verbindlichkeit«, »Dauerhaftigkeit« und »Ganzheitlichkeit«. Den nicht ehelichen Lebensgemeinschaften wird zugestanden, diese Prinzipien im Einzelfall durchaus zu leben, »aber eben nicht mit entsprechender ›Öffentlichkeit‹ zum Ausdruck zu bringen«²⁹⁶. Die heutige Möglichkeit homosexueller Lebensgemein-

---

295 Ebd., 33.
296 Dies. 1998, 39.

schaften, sich als Lebenspartnerschaften im Standesregister eintragen zu können, impliziert die meisten mit der Ehe verbundenen Rechte und Pflichten, beispielsweise das Güter- oder Erbrecht. Diese nun auch homosexuellen Paaren offenstehende Option, ihre Beziehung öffentlich zu bekunden, ist für die kirchlichen Stellungnahmen mit einem erhöhten Rechtfertigungsdruck verbunden: »Gewiss unterliegt die kirchliche Privilegierung der staatlichen Ehe in einer in Bezug auf die Lebensformen dynamischen Rechtsordnung mit Angleichungstendenz in größerem Maße der Rechtfertigung als zu Zeiten eines statischen Verständnisses mit gesichertem Abstand.«[297]

Ehe und Familie haben aus der Sicht des christlichen Glaubens insofern Leitbildfunktion, als sie die Formen des Zusammenlebens darstellen, die die Prinzipien von Freiwilligkeit, Zuneigung und Liebe, Verlässlichkeit und Verbindlichkeit, Dauerhaftigkeit und Partnerschaftlichkeit sowie Offenheit für die Zeugung von Kindern berücksichtigen.[298] Zusammenfassend wird argumentiert, dass die Verwirklichung dieser Merkmale nur in Ehe und Familie zu leben ist: »Die Fülle dieser für das menschliche Leben wesentlichen Funktionen ist so nur in Ehe und Familie möglich. Das zeichnet sie als Leitbilder aus.«[299] Die genannten Kriterien, die sich auf die Ausgestaltung einer Beziehung beziehen, eignen sich kaum dafür, eine Differenz zu nicht ehelichen oder homosexuellen Partnerschaften zu beschreiben, denn unter Umständen sind diese genauso dort vorhanden, auch wenn es ihre sexuelle Dimension zunächst nicht erahnen lässt.

Festzuhalten bleibt: Die Ehe und nicht eheliche Lebensgemeinschaften werden polar einander zugeordnet. Dabei kommt allein der Ehe ein Leitbildcharakter zu, der durch besondere Kriterien und Funktionen legitimiert wird, die in der rechtlich konstituierten Partnerschaft von Mann und Frau und der biologischen Elternschaft bei gleichzeitiger Verpflichtung zu lebenslanger Monogamie bestehen. Diese Perspektive auf Ehe und Familie kann problematisch sein, denn »die Macht der Bilder ist enorm: Die Menschen orientieren sich vielfach an ihnen auf derartige Weise, dass sie ihre Idealvorstellung von ›Familie‹ so hoch aufhängen, dass sie sie aus eigener Kraft im wirklichen Leben nicht erreichen können. Dann können aus ›Leitbildern‹ rasch ›Leidbilder‹ werden.«[300]

297 Dies. 2009, 18.
298 Dies. 1996, 23f.
299 Ebd., 20.
300 Wahl 1997, 104.

Die Frage ist also, ob die Kirche in ihren Stellungnahmen nicht an einer Idealisierung der Familie mitwirkt und damit dazu beiträgt, den Bruch zwischen Ideal und Wirklichkeit gerade auch in bestehenden Familien zu verfestigen.

Das in den kirchlichen Stellungnahmen formulierte Leitbild bezieht Ehe und Familie als zwei zusammengehörende Bestandteile in die Argumentation mit ein. Inhaltlich zielen die Überlegungen zum Leitbild aber fast ausschließlich auf die Ehe bzw. auf die Lebensformen der Erwachsenen. Die Stellungnahme der EKD *Gottes Gabe und persönliche Verantwortung* (1998) widmet sich in einem zweiten Teil dem Aspekt von Familie und Kindern, der im Folgenden diskutiert wird.

5. Der kindzentrierte Ansatz

5.1 Das Kind-Eltern-Verhältnis

In der EKD-Veröffentlichung *Gottes Gabe und persönliche Verantwortung* wird das Verständnis von Familie vom Kinde her erschlossen, denn »wo Kinder geboren werden, entsteht Familie: Familie wird durch Elternschaft konstituiert«[301]. Dies ist eine markante Entscheidung, Familie nicht abhängig davon zu verstehen, wie die Eltern rechtlich zueinander stehen, sondern vielmehr davon auszugehen, dass dort, wo Kinder zur Welt kommen, Familie entsteht. Diese Perspektive bietet die Möglichkeit, Familie nicht »im Widerspruch zu den tatsächlichen sozial-kulturellen Verhältnissen«[302] wahrzunehmen, sondern die Veränderungen einzubeziehen, die sich gegenwärtig in der sozialen Realität ergeben. Gleichwohl wird auf die Gegenüberstellung der sozialen Realität und des Leitbildes nicht verzichtet, denn in dem Ringen um einen Familienbegriff stehen sich zwei Abwägungen gegenüber: »einerseits der Wunsch nach Achtung und Anerkennung sozialer Realität in Gestalt nicht ehelicher Lebensformen mit Kindern als ›Familie‹, andererseits die prinzipiellen Überzeugungen vom Wesen der Familie als Institution und die Sorge, das Prinzipielle könne durch Anerkennung von Faktizität einer allmählichen Auflösung zugeführt werden«.[303] Hier wird von der Struktur der Familie automatisch auf die Qualitätsmerk-

301 EKD 1998, 36.
302 Ebd., 38.
303 Ebd.

male in Bezug auf familiäre Interaktionsmuster geschlossen und unterstellt, dass das Modell der bürgerlichen Familie die optimale Konstellation für das Gedeihen von Kindern sei. Die soziale Problematik wie sie sich z. B. in der Tatsache der erhöhten Kinderarmut bei Alleinerziehenden spiegelt, kommt aus dieser Perspektive nicht in den Blick. Die sprachlichen Metaphern vom »Wesen der Familie« legen die Vermutung nahe, dass die kirchliche Argumentation, wie es im 19. Jahrhundert auch das Bürgertum tat, von einem »teleologischen Entwicklungsmodell«[304] ausgeht, das Wandlungsprozesse als Abweichung von oder Entwicklung hin zu einem erreichenden Zustand interpretieren kann.

Die Ordnung, die das Leitbild ins Auge fasst, erscheint als eine fragile Angelegenheit, die Gefahr läuft, sich aufzulösen. Der zunächst sehr offen formulierte Zugang zum Thema Familie über die Kindsperspektive wird verengt, wenn es um die Frage des Leitbildes geht, um die Frage also, ob für die Familie, in der Kinder mit nicht verheirateten Eltern aufwachsen, nicht die Gefahr besteht, zu einer Auflösung des Wesens der Familie beizutragen. Die Frage wird an dieser Stelle nicht beantwortet, aber im Kontext der Leitbildthematik wurde die Favorisierung der Ehe und der daraus entstehenden Familie deutlich sowie die Gebundenheit der Stellungnahmen an das »bürgerliche« Familienmodell und damit an eine historisch gewachsene Familienform. Damit wird ein Widerspruch offenbar, der sich durch den gesamten Text der Stellungnahme zieht, denn mit dem kindzentrierten Ansatz wird eine Weite im Familienbegriff unterstellt, die, wenn es konkret wird, immer wieder auf die »ideale« Situation der biologischen Elternschaft zurückgeschnitten wird. Damit wird den morphologischen Aspekten von Familie, wie sie im Zusammenhang mit der Deinstitutionalisierungsthese diskutiert wurden, eine sehr hohe Bedeutung zugewiesen. Andere Aspekte, wie die Veränderungen des Familienlebens oder die Bedeutung, den diese für das Selbstverständnis der Menschen haben, werden hier jedoch nicht mit einbezogen.

Wie suspekt die Vielfalt der familiären Lebensformen bleibt, kommt in dem Wort des Rates zu *Ehe und Familie* 1994 anlässlich des Internationalen Jahres der Familie zum Tragen, wo gegenüber der wachsenden Vielfalt der Lebensformen angemerkt wird: »So gerät auch das Wort ›Familie‹ in die Anführungszeichen. Familie und Ehe werden geradezu zu ›Konstruktionen‹, die sich Menschen nach ihren Maßstäben und für

304 Rosenbaum 1982, 17.

ihre Zwecke schaffen.«[305] Unter diese sogenannten Konstruktionen fallen alle Formen von Familie, die abseits der »Normalfamilie« entstehen: nicht eheliche Gemeinschaften, Alleinerziehende, Getrenntlebende, Familien, die ihr biologisches Entstehen der Reproduktionsmedizin verdanken.[306] Diese Opposition zwischen Natürlichkeit und Konstruktion lässt vermuten, es gäbe natürlich zustande gekommene und künstliche Familien, wobei bei der zuerst genannten Form klar sei, wer zur Familie gehöre, bei einer durch Trennung, Scheidung oder Reproduktionstechnologie entstandenen Familie aber sei die Zugehörigkeit allenfalls konstruiert. Deutlich wird an dieser Stelle, dass die Familien vor allem nach dem Familienbildungsprozess unterschieden werden, andere Differenzierungsmöglichkeiten von Familienformen wie die Zahl der Generationen, die Rollenbesetzung in der Kleinfamilie, Wohnsitz oder Erwerbstätigkeit der Eltern[307] spielen überhaupt keine Rolle.

In der Gegenüberstellung von natürlich entstandener und künstlicher Familie spiegelt sich die Einstellung, die Familie der Natur, nicht aber der Kultur, zuzuordnen. Die Sorge, das Wesen von Ehe und Familie könne durch das Aufkommen anderer, familiärer und nicht familiärer, Lebensformen ausgehöhlt werden, führt zu einem Biologismus, der in das kirchliche Leitbild eingezeichnet ist. Gerade die Ableitung der Familie von der Ehe und damit das Zustandekommen von Familie als entweder auf biologischem/durch Zeugung oder »anders« herbeigeführtem Weg führt implizit das Bild des »natürlichen Organismus« weiter, zudem »hinzugefügte Glieder« wie Stiefkinder oder »weggenommene Glieder« wie geschiedene Partner die Ganzheit und Vollständigkeit des Körpers beschädigen und damit für das Leitbild nicht mehr infrage zu kommen, denn »es wäre aus evangelischem Verständnis verfehlt, das Alleinerziehen – in der Regel ohne Vater – zum Leitbild zu erheben.«[308] Diese Gegenüberstellung von natürlicher und konstruierter Familie vereinfacht weiterhin einen Sachverhalt, dessen Uneindeutigkeit auch ein wesentlicher Punkt wissenschaftlicher Reflexion ist, denn »auch in der Wissenschaftssprache fehlt es an einer allgemein anerkannten Definition von Familie. [...] Sie hat ihre Ursache in ihrer Favorisierung unterschied-

305 EKD 1994, 5.
306 Ebd.
307 Nave-Herz 2006, 29–35.
308 EKD 1998, 40.

licher wissenschaftstheoretischer Ansätze, weswegen es nicht erstaunlich ist, dass es unterschiedliche Familienbegriffe gibt.«[309]

Die Gegenüberstellung von biologischer vs. biologischer Familie, von Natur vs. Konstruktion, macht die Grenzen des hier vorausgesetzten Familienbegriffs deutlich. Durch diese Argumentation bleibt unbestimmt, was das Wesen einer Familie ausmacht und unter welchen Voraussetzungen von Familie zu sprechen ist. Die Stellungnahme gibt formale Kriterien an die Hand, aber sie beantwortet nicht die Frage nach der Bedeutung von Familie. Die Zurückführung der Bedeutung von Familie auf ein Leitbild ist eine zu direkte Annäherung an das Thema. Sie verspielt aber die Möglichkeit, sich durch eine anthropologische Perspektive mit der Bedeutung von dem zu beschäftigen, was in Familien geschieht. Dazu müsste »man sich von den üblichen biologischen und soziologischen Ansätzen entfernen und sich statt dessen einer anthropologischen Perspektive zuwenden, die sich mit Bedeutung und Verhalten beschäftigt. Eine Kulturgeschichte der Familie muß sich mit den ›stummen Sprachen‹ des Raumes und den ›verborgenen Dimensionen‹ der Zeit auseinandersetzen, die unserer Aufmerksamkeit entgehen, wenn wir uns dem Objekt Familie zu direkt annähern und ihre symbolischen Dimensionen ignorieren.«[310]

Gerade ein kindzentrierter Ansatz muss sich deshalb fragen lassen, ob eine Fokussierung auf biologische Elternschaft durch Geburt Kinder letztlich nicht doch einer einer elternzentrierten Dimension verhaftet bleibt.[311] Hier könnte die Öffnung der biologischen Elternschaft hin zu einer sozialen Elternschaft, dort, wo Kindern Raum zum Aufwachsen gegeben wird, gegenüber der selbst verordneten Perspektive der Kindsorientierung gerechter werden.

Unter Berufung auf die Perspektive des Kindes wird sowohl die nicht eheliche Lebensgemeinschaft als auch die Situation, in der nur ein Elternteil als permanente Bezugsperson zur Verfügung steht, kritisch beurteilt.[312] Die Lebensformen der Erwachsenen werden der Frage untergeordnet, ob sie sich für eine Leitbildfunktion eignen oder nicht. Ob

309 Nave-Herz 2006, 30.
310 Gillis 1997, 15.
311 Vgl. Lange/Lüscher 1996, die darauf hinweisen: »Nicht eine spezifische ›Form‹ schafft günstige oder ungünstige sozialisatorische Strukturen [...]. Von erheblichem Gewicht sind bei näherer Betrachtung die Konstellationen, in denen die Familienformen und Familienstrukturen stehen sowie die Interpretation dieser Sachverhalte durch die Beteiligten.« Ebd. 231.
312 EKD 1998, 39f.

aus der Perspektive des Kindes die rechtliche und soziale Beziehung der Eltern entscheidender ist, bleibt offen. Die Kammer der EKD hat sich entschlossen, »das Verständnis der Familie nicht in erster Linie aus der Sicht der Eltern und ihrem rechtlichen Status zueinander zu erschließen, sondern vom Kinder her zu denken«.[313] Untersuchungen weisen darauf hin, dass für die schulischen Leistungen weniger die äußere Form einer traditionellen Kleinfamilie als deren Erziehungswerte von Wichtigkeit sind.[314]

Die Stellungnahme der EKD bleibt jedoch zwischen Leitbild und kindzentriertem Ansatz, der die Pluralität von Lebensformen aufnimmt, in denen Kinder aufwachsen, unentschieden und unklar. Gab es bei den Fragen nach Ehe und Lebensformen der Erwachsenen noch deutlichere Kriterien und theologische Begründungen, so ist die Argumentation in Bezug auf die familiären Lebensformen vollkommen unzureichend.

5.2 Die biblisch-theologische Argumentation

Die biblisch-theologische Argumentation beschränkt sich in der EKD-Stellungnahme *Gottes Gabe und persönliche Verantwortung* auf die Rekonstruktion der Bedeutung von Kindern in der Bibel sowie auf die kirchengeschichtliche Ausgestaltung bestimmter Motive. Hier kommen insbesondere das vierte Gebot und die Verpflichtung zur Fürsorge für Witwen und Waisen zum Tragen. Ein anderer Aspekt wird im Neuen Testament durch die Teilhabe der Kinder an der Gottesherrschaft hervorgehoben. Kritisch wird festgestellt, dass die Anerkennung der Kinder, wie sie in der Kindersegnung zum Ausdruck kommt, in der kirchlichen Wahrnehmung nicht genügend Widerhall gefunden hat; dies wird zum Anlass genommen, einen Perspektivenwechsel zu fordern, »der auf ein neues Wahrnehmen von Kindern unter uns zielt«.[315] Die Kindersegnung in Mk 10 wird innerhalb der Stellungnahme zur Begründung des personellen Eigenwertes von Kindern durch Jesus interpretiert. Diese Auslegung greift den geringen Wert eines Kinderlebens in der Antike auf. Wie Ebner in der exegetischen Arbeit über Mk 10 deutlich gemacht hat, könnte diese Aussage der Stellungnahme noch konkreter werden. In Mk 10,7 wird für die Kinder der Begriff παιδία verwendet, dessen

313 Ebd., 37.
314 Lange/Lüscher 1996, 237.
315 EKD 1998, 45.

Grundwort παιδίον vorrangig mit Sklave übersetzt wird. Im Gegensatz zum Begriff τέκνον, mit dem ›leibliche Kinder‹ bezeichnet werden, zielt der Begriff παιδίον auf »Kinder hinsichtlich ihrer Stellung in der Gesellschaft«.[316] Nimmt man diese exegetische Feststellung auf, dann könnten aus dem sogenannten Kinderevangelium auch Kinder in ihrer gesellschaftlichen Stellung in den Blick kommen.

Inhaltlich deckt sich die biblisch-theologische Sichtweise also mit der historischen und rechtlichen Entwicklung, in der Kinder zunehmend als eigene Persönlichkeiten mit subjektiven Rechten im Mittelpunkt stehen und die Kindheit zu einer eigenständigen Phase wird, wobei sich die EKD-Stellungnahme zugutehält, dass Kinder im christlichen Denken »von jeher« als Geschenk und gute Gabe Gottes verstanden worden seien,[317] dort also schon immer eine Sicht auf Kinder vorgeherrscht hat, die sich erst langsam im säkularen Bereich durchgesetzt habe.

316 Ebner 2002, 316.
317 EKD 1998, 48.

Vierter Teil

Perspektiven einer Ethik der Familie

Kapitel I
Familie als kulturelle Aufgabe

1. Die Familie als kontextabhängige Universalie

Die vorliegende Untersuchung hat nach den spezifischen Veränderungen gefragt, denen das Verständnis von Familie sowohl individuell als auch gesellschaftlich unterliegt. Die eingenommene historische Perspektive erlaubte es, den Wandel, dem Familienformen schon immer unterlegen haben, herauszustellen und die unmerklichen, weil sehr langsam sich verändernden Strukturen zur Kenntnis zu nehmen. Deutlich wurde, dass die Lebensform Familie im Schnittpunkt eines sowohl sozialen Wandels steht, der auf bestimmte ökonomische, gesellschaftliche Bedingungen zurückzuführen ist, als auch einen kulturellen Wertewandel reflektiert. Beide Formen der Veränderungen sind nicht identisch, aber sie bedingen einander. Dabei hat sich gezeigt, dass Familie als Lebensform Familie nicht quasi unveränderlich im Strom der Zeit existiert, sondern anpassungsfähig auf sich ändernde soziale Kontexte reagiert. Aus kulturanthropologischer und historischer Perspektive lässt sich Familie als kontextabhängige Universalie verstehen.

Familie erscheint unter dieser Perspektive nicht mehr als vor-politische »natürliche-Einheit«, sondern unterliegt der historischen Veränderung. Dieses ist in ein Verhältnis zum Verständnis von Arbeit, den Geschlechter- und Generationenbeziehungen und den veränderten kulturellen Praktiken zu setzen. Dieser Ansatz impliziert, dass Familie nicht als eine gleichbleibende anthropologische Konstante zu verstehen ist, sondern dass es um kulturspezifische Formen des Umgangs mit universellen Problemstellungen geht.

Die diskutierten theologischen Positionen haben den Zusammenhang zwischen der Historizität der Lebensformen und einer allgemeinen anthropologischen Grundlegung aufgenommen. Der Historizität der Lebensformen wurde dabei nur eine relative Bedeutung zugemessen und schöpfungstheologisch auf die göttliche Anordnung von Ehe verwiesen, die immer auch als Offenheit für Kinder interpretiert wird (Rendtorff/Stellungnahmen der EKD). Barth erklärt die Geschlechterdifferenz zum entscheidenden Merkmal der Ehe bzw. der Beziehung zwischen Mann und Frau. Grundlage der theologischen Positionen sind die Schöpfungsberichte der Genesis, die entweder auf die Ehe hin interpretiert werden (ebd.) oder die Geschlechterdifferenz zum zentralen Differenzierungspunkt machen (Barth). Durch die Kopplung von Ehe und Familie wurde weitgehend das bürgerliche Leitbild der Kleinfamilie theologisch begründet, welches genealogisch fundiert ist. Barth schlägt einen anderen Weg ein, indem er die Gemeinschaft von Mann und Frau, die Ehe und die Familie voneinander differenziert. Damit kommen die sozialen Aspekte von Elternschaft deutlich zum Tragen.

Entgegen einem genealogischen Verständnis von Familie soll hier ein an der sozialen Praxis entwickeltes Familienverständnis begründet werden. Anknüpfungspunkt sind hierbei die Familienmetaphern im Kontext der Nachfolgeproblematik im Neuen Testament. Familie kann als sozialer Ort verstanden werden, an dem eine bestimmte Praxis eingeübt wird. Diese konkretisiert sich in der Bereitschaft, füreinander Verantwortung zu übernehmen.

2. Die Familienmetapher im Kontext der Nachfolgeproblematik

Die Familienmetapher spielt in den Evangelien und paulinischen Briefen eine herausgehobene Rolle, wenn es um das Verhältnis Jesu und seiner Jünger zu ihren eigenen Herkunftsfamilien geht. Im Kern geht es um die Frage, welche Gültigkeit angesichts eines Lebens in der Nachfolge die bereits eingegangenen Beziehungen und die Verpflichtungen gegenüber den Eltern haben. Die Aussagen der Evangelien dazu sind in sich spannungsvoll.

Anhand der Thematisierung der Herkunftsfamilie Jesu in den synoptischen Evangelien wird deutlich, dass Distanzierungs- und Loslösungsprozesse die Beziehung Jesu zu seinen Eltern prägen. Der 12-jährige Jesus erwidert auf den Vorwurf seiner Mutter, sie und Joseph hätten ihn überall gesucht: »Warum habt ihr mich gesucht? Wisst ihr nicht, dass ich sein muss in dem, was meines Vaters ist?« (Lk, 2,49). Bei dem Versuch seiner Mutter und seiner Brüder, zu ihm zu gelangen, antwortet er: »Denn wer Gottes Wille tut, der ist mein Bruder und meine Schwester und meine Mutter« (Mk 3,35). Diese Texte bringen zum Ausdruck, dass Jesus der Gemeinschaft mit Gott und den Gläubigen einen eindeutigen Vorrang einräumt. Gerade weil die Familienmetapher beibehalten wird, ist diese Zugehörigkeit zur Familie Gottes umso radikaler. Es ist nicht einfach eine ›andere‹ Gemeinschaft, die neben der Herkunftsfamilie bestehen bleibt, sondern sie ersetzt diese. Besonders deutlich wird diese Strenge in einer Szene, in der Jesus von einem Mensch, der ihm nachfolgen will, gebeten wird, zuvor noch seinen Vater beerdigen zu dürfen. Daraufhin entgegnet Jesus: »Folge du mir, und lass die Toten ihre Toten begraben« (Mt 8,22; par Lk 9,60). Auch wenn beide Textstellen unterschiedlichen Kontexten zuzuordnen sind, bei Matthäus ist der Mensch, der um die Erlaubnis bittet, zuvor seinen Vater zu begraben zu dürfen, bereits Jünger, bei Lukas geht es um den grundsätzlichen Eintritt in die Nachfolge. Beide Textabschnitte berühren aber die mit dem vierten Gebot der Tora gebotene Sorge für die Eltern, wozu die Bestattungspflicht gehört.[1] Diese ist Thema eines längeren Textabschnittes im Markus- und Matthäusevangelium (Mk 7,1–23; Mt 15,1–20). In beiden Abschnitten wird die Tora-Forderung: »Du sollst deinen Vater und deine Mutter ehren« von Jesus in einer Auseinandersetzung mit den Pharisäern und Schriftgelehrten eingebracht. Hintergrund des Streitgesprächs ist der Vorwurf Jesu gegenüber den Pharisäern und Schriftgelehrten, eigene Satzungen aufzustellen und sich selbst nicht mehr nach dem Wort Gottes zu richten. Das Elterngebot wird von Jesus als »Beispiel für die gültige Setzung Gottes«[2] ins Spiel gebracht und reflektiert so das unterschiedliche Tora-Verständnis. Durch das Zitat dieses Verses macht Jesus deutlich, dass er zwar in der Tradition der Tora beheimatet ist, gleichwohl aber im Zeichen der Nachfolge dazu auffordert, genau dieses Gebot der Nachfolge unterzuordnen: »This is none other than the ethic of the ›narrow‹ gate and the ›hard way‹ of the Sermon on the Mount (7.13–14).«[3] In den späteren Traditionen kommt es zu einer stärkeren Integration der Herkunftsfamilie in die *familia Dei*. Unter dem Kreuz stehen Jesu Mutter Maria und sein Lieblingsjünger Johannes, beide verbindet Jesus mit den Worten: »Frau, siehe da, das ist dein Sohn! Danach spricht er zu dem Jünger: Siehe, das ist deine Mutter! Und von der Stunde an nahm sie der Jünger zu sich.« (Joh 19,26f.).[4]

Festzuhalten bleibt: Die Beziehungen zwischen Herkunftsfamilie und *familia Dei* als Nachfolgegemeinschaft sind innerhalb der synoptischen Evangelien spannungsreich ausgestaltet worden. Die Ambivalenz, zu welcher Familie gehöre ich, welcher gegenüber bin ich verpflichtet, sind Grundthemen der frühen Jesus Nachfolge. Sie machen

---

1 Vgl. Jungbauer 2001, 295ff.
2 Ebd., 257ff.
3 Barton 1994, 208.
4 Vgl. hierzu Jungbauer 2001, 369.

deutlich, wie tief das Thema der konkurrierenden Lebensformen in der christlichen Tradition verankert ist. Es gibt neben der Herkunftsfamilie andere Lebensformen, womit grundsätzlich die Möglichkeit der Entscheidung gegeben ist. Diese Optionalität der Lebensformen spiegelt sich in den diskutierten Entwürfen wider. Allerdings ist das Gegenüber jeweils ein anderes: Werden bei Luther Ehe und Familie gegenüber der mönchischen Lebensform profiliert, so werden in den Positionen des 20. Jahrhunderts Ehe und Familie vor allem gegenüber »alternativen« Lebensformen als vorrangig herausgestellt, die nicht der bürgerlichen Kleinfamilie entsprechen. Der Ehe kommt dabei eine hohe Bedeutung zu, die von der Ausrichtung auf Dauer und Verlässlichkeit abgeleitet wird.

3. Intentionales Familienverständnis

Die Aspekte der inneren Ausgestaltung der *familia Dei* werden in der Konsolidierung der Nachfolgegemeinschaft in der paulinischen Theologie entfaltet. Wie Christine Gerber in ihrer Untersuchung der Beziehungsmetaphorik der paulinischen Briefe herausstellt, geht es bei der Geschwistermetapher, Bezeichnung eines Mitchristen als Bruder bzw. einer Mitchristin als Schwester, nicht um die Bezeichnung einer egalitären Beziehung unter den Geschwistern, sondern um Zugehörigkeit zur christlichen Familie und um die »gegenseitige Verpflichtung« füreinander.[5] Die von Paulus verwendeten Familienmetaphern sind als Ausdruck eines »Kompensationskonzepts«[6] zu verstehen, in dem die Konversion zum christlichen Glauben, der mit dem Verlust der familiären Heimat und damit von Wertvorstellungen, Kult und Ethos einhergeht, die verloren gegangene Identität ersetzt: »Das Angebot, sich als Glied der Familie Gottes zu verstehen, erwähltes Kind, in einer Geschwisterschar mit gegenseitiger Unterstützung, ist durch die Prädizierung Gottes als Vater und der MitchristInnen als Geschwister in 1 Thess realisiert.«[7] Es geht also um die Vergewisserung dieser neuen Identität unter Rückgriff auf einen bildlichen Themenkomplex, den die Konvertiten mit ihrem Übertritt zur christlichen Familie verlassen haben.

5 Gerber 2005, 346.
6 Ebd., 339.
7 Ebd., 343.

Gerade aufgrund der Familienmetaphern gelingt es Paulus, den Mitgliedern der christlichen Gemeinden Identität, Geborgenheit und aus der gegenseitigen Verpflichtung entspringende Verlässlichkeit anzubieten. Entscheidend ist die Wahrnehmung, dass in die Familienmetaphorik des Neuen Testaments grundlegende Fragen der Zugehörigkeit und der Ausbildung von Identität eingelassen sind.

Im Kontext der Nachfolgeproblematik wird ein Familienverständnis deutlich, das durch seinen konstitutiven Charakter geprägt ist. Familie kann nur bestehen, wenn sie im sozialen Vollzug »hergestellt« wird: »Entscheidend ist die Ausgestaltung der familialen Beziehungen. Die Familienstruktur an sich findet unter theologischer Perspektive kein besonderes Interesse.«[8] Familie kommt so als sozialer Lebensraum in den Blick, der durch vielfältige soziale Handlungen strukturiert und hergestellt wird. Jede Familie kann als eine Lebenswelt betrachtet werden, »deren Realität von den Lebensverhältnissen, dem Wissen und den Gefühlen derjenigen abhängt, die sie – in der mehrfachen Bedeutung des Wortes – bilden und formen. Familie ist sowohl Aufgabe als auch Leistung.«[9] Statt eines genealogischen Verständnisses von Familie kann aus biblischen Texten ein intentionales Familienverständnis entwickelt werden, dessen Basis die übernommene Verantwortung für andere bildet, und den Raum für eine gemeinsame Identität schafft. Damit wird die Relevanz der morphologischen Bestimmung von Familie zurückgewiesen. Entscheidend für ein theologisches Verständnis ist, was eine Lebensform leistet. Ein Verständnis von Familie, das sich an der gelebten Realität orientiert und die Übernahme von Verantwortung zum inhaltlichen Kriterium macht, kann die rechtliche und gesellschaftliche Anerkennung auch auf Lebensformen übertragen, die gewillt sind, diese Verantwortung auch für einen homosexuellen Partner und eventuell auch für die in dieser Beziehung lebenden Kinder zu übernehmen.

Für eine theologische Perspektive ist der Begriff Generationen sehr hilfreich. Gelingt es, ihn nicht auf Fortpflanzung und die individuelle Bereitschaft zur Elternschaft einzuschränken (wie in den kirchlichen Stellungnahmen), sondern darüber hinaus seine gesamtgesellschaftliche Relevanz herauszuarbeiten, so kann Familie in diesem Kontext als Institution einer wechselseitigen und auf Zukunft hin offenen Verantwortung verschiedener Generationen in individueller und kollektiver Hin-

---

8 Domsgen 2004, 266.
9 Lüscher 1988, 251.

sicht verstanden werden. Hier deuten die Überlegungen von Karl Barth zur Verantwortung der älteren Generation, die unabhängig von Elternschaft verstanden wird, in eine wünschenswerte Richtung.

Die Bestimmung der Familie als kontextabhängige Universalie impliziert, dass Geschlechter- und Generationenverhältnisse in unterschiedlicher Art und Weise gelebt werden. Familie kann als »eine in der *Natur* des Menschen vorgegebene Aufgabe, die der *Kultur* bedarf«[10], verstanden werden, in der die Frage, wie Fürsorge und Pflege gestaltet werden, von den Kontexten abhängig ist, in denen sich dieser Prozess vollzieht. Daran anknüpfend kommt die jeweils kulturell geprägte und praktizierte Gestaltung des Alltags dieser Beziehungen in den Blick. Um diese Gestaltungsaufgabe zu erfassen, ist ein dynamischer Partnerschafts- und Familienbegriff erforderlich, der es zugleich erlaubt, die den sozialen Beziehungen innewohnenden Prozesse zu beschreiben.

10 Ders. 2008, 121.

Kapitel II
Alltagsorientierung und Lebensvollzug

1. Identität und Stabilisierungsleistungen

Die Anerkennung des historischen Gewachsenseins von kulturellen Familienbildern und die erweiterte Wahrnehmung von Familie über die morphologischen Gesichtspunkte hinaus führt nicht notwendigerweise zu einer Relativierung der Bedeutung von Familie, sondern verschiebt den Wahrnehmungshorizont hin zum Handeln der Menschen in ihren Lebensvollzügen. Die Öffnung des Themas Familie im Sinne der Hinwendung auf die Lebenswelt hat Vorteile, denn sie rückt die Lebenswelt in den Vordergrund. Damit betont sie gegenüber dem normativen institutionellen Aspekt den Handlungsaspekt und die Verankerung der Wirklichkeitskonstruktion, die in enger Wechselwirkung mit kulturellen Leitbildern stattfindet, in den handelnden Subjekten selbst. Gegenüber der Position, dass das gemeinsame Leben in einer Paarbeziehung lediglich als Interaktion zweier autonomer Individuen zu verstehen sei und – wenn überhaupt – nur aufgrund der »Akrobatik des Abstimmens und Ausbalancierens«[11], gibt es gute Gründe für die Annahme, dass auch die moderne Paarbeziehung selbst eine eigenständige Wirklichkeitsebene erzeugt und »eine soziale Einheit mit eigener Dynamik und Operativität«[12] bildet.

Die gemeinsame Identität eines Paares bzw. einer Familie untersteht immer wieder der Notwendigkeit, sich diese zu vergegenwärtigen, diese zu sichern und weiterzuführen. Es liegt in der Struktur einer Paarbeziehung (im Gegensatz zu anderen Institutionen), dass die Beteiligten nicht ausgetauscht werden können, denn »dass der jeweils andere einzigartig und die Beziehung zu ihm exklusiv ist, wird in einer Zweierbeziehung – häufig in ritualisierter Form – immer wieder wechselseitig versichert«.[13] Weil das Paar der einzige mögliche Träger dieser Ordnung ist, bedeutet dies, dass »die institutionelle Ordnung eines Paares in besonderem Maße fragil ist und einer fortlaufenden Bestätigung

---

11 Beck-Gernsheim 1998, 20.
12 Burkart 2009, 249.
13 Herma 2002, 23.

durch ein breites Repertoire von Beziehungssymbolen bedarf.«[14] Eine gemeinsame Identität scheint also angemessen beschreibbar zu sein, wenn die Prozesshaftigkeit der jeweiligen Lebensgeschichte anerkannt und die Notwendigkeit ihrer fortlaufenden Bestätigung als ein Kernbestand gewürdigt wird. Aus dieser Perspektive entsteht auch die Frage, welche Strategien und Praktiken den Aufbau bzw. den Erhalt von Kontinuität und Stabilität in Paarbeziehungen und Familien stützen.

Sinn und Bedeutung einer verbindlichen Lebensgemeinschaft erschließen sich nicht durch die rechtliche Legitimierung, sondern durch die gemeinsame Ausbildung einer Paaridentität, die eine Eheschließung beinhalten kann, aber nicht muss. Wenn von gemeinsamer Identität gesprochen wird, verweist diese Feststellung auch auf den dynamischen Prozess, der bei der fortlaufenden symbolischen Darstellung der Ordnung wesentlich ist. Die Paaridentität muss in ihrer Geltung immer wieder unter Beweis gestellt werden.[15] Nimmt man diesen Prozesscharakter in der Kontinuitätskonstruktion von Paargeschichten als wesentliche Voraussetzung, dass zwei Menschen sich gegenseitig als verbindlichen und verlässlichen Partner anerkennen, dann kann die rechtliche Eheschließung als eine Form dieser Kontinuitätskonstruktion gesehen werden, aber nicht als deren Voraussetzung.

2. Narrationen, Texte und Bilder

Ein wichtiger Beitrag, der zu einem tieferen Verständnis von Kontinuitäts- und Stabilisierungsleistungen in Paarbeziehungen beiträgt, sind die Untersuchungen des Dresdner Sonderforschungsbereichs *Institutionalität und Geschichtlichkeit*. Die dem Sonderforschungsbereich zugrunde liegende Zielrichtung ist es, Institutionen nicht als festgefügte »Entitäten«, sondern als symbolische Ordnungen zu deuten, in denen institutionelle *Mechanismen* als eine besondere Form der Stabilisierung sozialer Beziehungen analysiert werden können.[16] Nicht die Institutionen als solche stehen im Mittelpunkt, sondern die Strategien, mit denen die Verlaufsformen des sozialen Handelns und Kommunizierens auf Dauer gestellt werden. Damit gelangt die andauernde Transformation einer

14 Lenz, 2003b, 216.
15 Ders./Maier 2004, 268.
16 Rehberg 2001, 4.

Institution im Prozess der Selbststabilisierung in den Blick, die Integration des Wandels als auch Phänomene der Entstabilisierung.[17]

Dieser Prozess vollzieht sich dadurch, dass Institutionen ein Bild der eigenen Gründung und ihres geschichtlichen Verlaufs entwerfen, durch den eine institutionelle »Biografie« entsteht, die als »Eigengeschichte«[18] von Stadt-, Verfassungs- und eben auch Paar- und Familiengeschichten mit dem Ziel der Kontinuitätsbehauptung gebildet wird. Der Aufbau von Ursprungs- und Gründungsmythen festigt die gemeinsame Identität als Paar narrativ und bildet den Übergang von der »Ich-Du«- zur »Wir«-Perspektive. Diese Prozesse können als »Mechanismen der kulturellen Konstruktion von Einheit«[19] verstanden werden. Zu den Gründungsmythen bei Paaren gehören in besonderem Maße die Beziehungsanfänge, die die gemeinsame Identität des Paares über die Erinnerungsleistung konstruieren: »Paare präsentieren in der Eigengeschichte ihre retrospektiv ausgeformte, gemeinsam geteilte Interpretation des Anfangs ihrer Geschichte.«[20] Narrationen und Erinnerungen sind wesentliche Mechanismen zum Aufbau einer personalen Identität, weil sie die lebensgeschichtliche Relevanz und Bedeutsamkeit der Beziehung untermauern.[21]

Außerdem kommt der Ausbildung von Verhaltensregelmäßigkeiten bzw. der Etablierung von Routinen eine Bedeutung für die Stabilität und Verbindlichkeit einer Beziehung zu.[22] Der Komplex von Praktiken zur Routinisierung von Verhalten hat in einem »spezifischen Sinne von vornherein eine ›materielle‹ Struktur.«[23]

Des Weiteren ist die gemeinsame Wirklichkeitskonstruktion durch die »kontinuierliche Vergegenwärtigung der Eigengeschichte der Beziehung«[24] geprägt. Anders als z. B. bei Verfassungen, die über ein Textdokument als Interpretationsanker für ihre Eigengeschichte verfügen, ist der Kern der Eigengeschichte eines Paares oder einer Familie narrativ und wird in erinnernden Gesprächen repräsentiert.

Die Entstehungs- und Entwicklungsprozesse von Familienbildern zielen wesentlich darauf ab, mit Narrationen, Texten und Bildern ein

---

17 Vgl. Müller/Schaal/Tiersch 2002, 2–23.
18 Rehberg 2001, 3.
19 Burkart 2009, 250.
20 Lenz/Maier 2004, 271.
21 Vgl. Burkart 2009, 249.
22 Vgl. Lenz 2003b, 213; Herma 2002, 24.
23 Reckwitz 2003, 290.
24 Herma 2002, 23.

Bild der (gemeinsamen) Wirklichkeit zu konstruieren, das diese stabilisiert. Die Bilder und Narrationen geben darüber Auskunft, wie Menschen ihre gemeinsame Geschichte verstehen. Damit unterliegen sie der Interpretation und ihrer Aneignung durch die Beteiligten. Dieser Mechanismus ist grundsätzlich offen, denn »Kontinuität muß vielmehr im sozialen Prozeß und unter Bezugnahme auf kulturelle Leitvorstellungen von den Paaren hergestellt werden«[25]. Damit erscheint die soziale Welt einer Paarbeziehung im Spannungsfeld von zwei grundsätzlichen Strukturmerkmalen: »einer relativen ›Geschlossenheit‹ der Wiederholung und einer relativen ›Offenheit‹ für Misslingen, Neuinterpretationen und Konflikthaftigkeit des alltäglichen Vollzugs«[26].

Eine gemeinsame Identität, sei es als Paar oder sei es als Familie, muss also immer wieder von neuem hergestellt werden. Für die Konstitution einer gemeinsamen Identität sind Differenzerfahrungen notwendig, denn »auf eine gemeinsame Geschichte muß man sich einigen können«[27]. Von Alois Hahn ist in diesem Zusammenhang der Begriff »Konsensfiktion«[28] eingeführt worden, den er aufgrund empirischer Studien mit jungen Paaren entwickelt hat. Wie er festgestellt hat, gibt es bei Paaren nicht nur einen hohen Konsensanspruch, sondern darüber hinaus die Unterstellung, dass es eine grundsätzliche Übereinstimmung mit dem Partner gebe. Konsensfiktion bezeichnet also die unterstellte Übereinstimmung, weil das Bedürfnis, den anderen vollständig zu verstehen, letztlich nicht erfüllt werden kann.

Für die kirchliche Praxis, insbesondere bei den Kasualien, sind die Wahrnehmung von Gründungs- und Ursprungsmythen, die Prozesse der Stabilisierungsleistungen und die Kontinuitätssicherung von zentraler Bedeutung. Denn es geht hier darum, die Selbstdeutungen der Menschen mit den biblisch-theologischen Bildern vom gemeinsamen Leben zu verknüpfen und sie in ihrer »Sinnhaftigkeit« zu bestärken. Diesbezüglich ist anzuerkennen, dass es beispielsweise in der Trauansprache nicht lediglich um die Thematisierung der »unterschiedlichsten biographischen Punkte«[29] geht. Vielmehr sind diese selbst bereits gedeutete Erfahrungen, die im Grunde den Prozess reflektieren, aufgrund dessen ein Paar zu einer gemeinsamen Identität gefunden hat.

25 Lenz/Maier 2004, 262.
26 Reckwitz 2003, 294.
27 Burkart 2009, 252.
28 Hahn 1983.
29 Prößdorf 1999, 144.

Im Horizont der Gestaltung sozialer Beziehungen sind bislang die Prozesse zur Stabilisierung und Kontinuitätsherstellung beschrieben worden, die auf den Aufbau einer gemeinsamen Identität abzielen. Zur Fundierung eines an den Praktiken und im Alltagshandeln der Menschen orientierten Familienverständnisses gehört aber ebenso die Thematisierung von Konflikten.

3. Ambivalenz als Deutungskategorie biblischer Familiengeschichten

Die theologische Wahrnehmung von Familie und Ehe fokussiert im Wesentlichen die Schöpfungserzählungen der Genesis und das Scheidungsgebot Jesu.[30] Alle Texte, auf die in diesem Zusammenhang zurückgegriffen wird, scheinen eine positive Grundhaltung der Bibel zu Ehe und Familie zu stützen, die sowohl die Angewiesenheit von Mann und Frau, die Offenheit für Kinder und die gemeinsame Verantwortungsübernahme in den Beziehungen in das Zentrum der Überlegungen stellen. Bei Berücksichtigung rein dieser Texte, käme man nicht auf die Idee, dass die biblischen Texte nicht ausschließlich familienfreundlich und an Ehe und Familie orientiert sind, sondern auch Grundzüge einer familienkritischen und bisweilen ablehnenden Position in sich tragen. Biblische Familiengeschichten thematisieren Spannungen und Differenzen ebenso wie die Schlichtung und Beilegung von Konflikten. Diese Texte sollen zur Sprache kommen und im Blick auf ihren Gehalt für eine theologische Wahrnehmung von Familie überprüft werden; sie erweitern damit das Spektrum dessen, was über das theologische Verständnis von Familie gesagt werden kann.

Die Ambivalenz und die gerade nicht mit schöpfungstheologischen Weihen versehene Familie kommt in einem Wort von Kurt Tucholsky pointiert zum Ausdruck: »Als Gott am sechsten Schöpfungstag alles ansah, was er gemacht hatte, war zwar alles gut, aber dafür war auch die Familie noch nicht da.« Tucholsky führt weiter aus: »Die Familie weiß alles, mißbilligt es aber grundsätzlich. Andere wilde Indianerstämme leben entweder auf den Kriegsfüßen oder rauchen eine Friedenszigarre: die Familie kann gleichzeitig beides.«[31] Mit diesem Vergleich benennt er ein wichtiges Merkmal familiärer Erfahrungen: das der Ambivalenz.

---

30 Vgl. die Darstellung und Diskussion an den entsprechenden Stellen im dritten Teil.

31 Tucholsky 1975, 305.

Beides gleichzeitig zu können und zu erleben, Nähe und Distanz, Liebe und Hass können Erfahrungen des »dynamischen Hin und Her [thematisieren], die innerhalb konkreter Handlungszusammenhänge bedeutsam für das Selbstverständnis individueller und kollektiver Akteure und deren Handeln«[32] sind.

Wie Walter Dietrich darstellt, kann Ambivalenz als Grundkategorie der biblischen Erzelternerzählungen gelten, Denn hier sind die Handlungsträger »in Situationen und Konstellationen, [...] zwischen zwei Personen, zwei Loyalitäten, zwei Zielen, zwei Handlungsoptionen« hin- und hergerissen.[33] Beispielhaft kann dies an dem Abraham-Lot-Sagenkranz deutlich gemacht werden: Abraham und sein Neffe Lot trennen sich, nachdem sie den Konflikt der Landnahme nicht anders beilegen können. Doch die vermeintlich großzügige Geste Abrahams, Lot das Land zu überlassen, welches er sich ausgesucht hat, erweist sich im weiteren Verlauf der Geschichte als schwierig. Die wasserreiche Gegend um Sodom, die nun Lot gehört, stellt sich als unruhiges und umkämpftes Gebiet heraus. Als zwei Gottesboten zu Lot kommen, fordern die Einwohner von Sodom ihre Auslieferung, um sie zu vergewaltigen (Gen 19,1-5). Lot versucht das Gastrecht seiner Gäste zu schützen, indem er stattdessen anbietet, seine beiden Töchter nach draußen zu den Einwohnern Sodoms zu schicken.[34] Beide, Abraham und Lot, werden in diesen Erzählungen als ambivalent geschildert und entziehen sich so einem eindeutigen Urteil. Wie Dietrich in seiner Untersuchung feststellt, sind die Erzelternerzählungen von innerfamiliären Ambivalenzen geprägt. Das Besondere an der Darstellung der Ambivalenzen ist allerdings, dass sie weder von einem vollständigen Scheitern der Beziehungen, noch von einer gewalttätigen »Lösung« der Konflikte berichten. Die Spannungen zwischen Abraham und Lot werden durch das Schaffen von Distanz abgebaut. Die Erzählungen der Genesis verarbeiten narrativ Erfahrungen, die in Familien gemacht werden. Sie thematisieren wesentliche Strategien zur Reduktion der Konflikte und Ambivalenzen. Bei Abraham und Lot liegt die Lösung in der Distanzierung; bei Jakob und Laban (Gen 31) wird eine weitaus formalere Lösung gewählt, beide schließen einen Vertag und verpflichten sich, die gezogene Grenze nicht zu überschreiten. Jakob schließlich, der Esau um sein Erstgeburts-

32 Lüscher 2009, 11.
33 Dietrich 2009, 70.
34 Vgl. ebd. 2009, 90ff.

recht gebracht hat, entschärft den Konflikt durch Geschenke und durch seine Gesprächsführung (Gen 32).[35]

Die Deutungskategorie der Ambivalenz für die Interpretation biblischer Familiengeschichten aufzunehmen, kann für die theologische Anthropologie sehr fruchtbar sein. Indem Ambivalenzen erkannt werden, verschiebt sich das Eindeutige und Offenkundige sozialer Interaktionsprozesse, auch in den biblischen Geschichten. Es ist nicht die Widerspruchsfreiheit, die dem biblischen Menschenbild zugrunde liegt, sondern die Fähigkeit mit Ambivalenzen umzugehen. Damit verbunden ist die Fähigkeit zur Konfliktbearbeitung, nicht aber der Konfliktvermeidung.

35 Vgl. Petersen 2005, 18ff.

Kapitel III
Familie zwischen Autonomie und Dependenz

1. Familie als weltzugewandte Gemeinschaft

Die Schöpfungsgeschichten werden in den dargestellten theologischen Positionen zum Ausgangspunkt des jeweiligen Eheverständnisses. Lediglich bei Karl Barth ist diesbezüglich eine gewisse Zurückhaltung zu beobachten, gleichwohl ist die Geschlechterdifferenz das Zentrum seiner Überlegungen für die Mann-Frau-Beziehung. Die Ehe bzw. die Mann-Frau-Beziehung wird als göttliche Ordnung oder eine den Menschen vorgegebene Institution charakterisiert. In der Weiterführung der Argumentation werden diese häufig mit einer bestimmten Lebensform, der bürgerlichen Ehe gleichgesetzt. Dies ist eine exegetisch problematische Schlussfolgerung, denn sie unterschlägt, dass Ehe und das Verhältnis von Mann und Frau zum Entstehungszeitpunkt der Texte etwas völlig anderes war. Die von Luther stammende grundsätzliche Deutung der Ehe als ein weltliches Ding wird aufgenommen und wie bei Luther auf den öffentlichen Bereich der staatlichen Rechtsprechung bezogen. Von der Ehe wird vornehmlich als einem Wert an sich gesprochen und ihre Zwecklosigkeit betont.

Die Gottebenbildlichkeit des Menschen als Mann und Frau sowie der beiden von Gott zugesagte Segen rahmen die Erzählung von der Erschaffung des Menschen. In diesem Sinne kann Gen 1,27 nicht als schöpfungsgemäße Bestimmung des Menschen zu einer bestimmten Lebensform verstanden werden, sondern die Stelle zielt auf die Befähigung zur Übernahme von Verantwortung durch den göttlichen Segen: »Mit dem Schöpfungssegen eröffnet Gott den Menschen den Spielraum zur Be(s)tätigung ihrer Geschöpflichkeit, teilt ihnen die Begabungen mit, die sie brauchen, um ihr spezifisches geschöpfliches Wesen zur Entfaltung zu bringen.«[36] Die Gottebenbildlichkeit beider Geschlechter bildet den anthropologischen Deutungsrahmen, in dem menschliches Handeln und Verantwortungsübernahme abhängig sind vom göttlichen Segen, der als Befähigung verstanden werden kann, Zukunft zu eröffnen, die in der Generationenfolge ihren deutlichsten Ausdruck findet.

---

36 Frettlöh 2005, 363.

Die gleiche ursprüngliche Freiheit von Mann und Frau ist die Grundlage ihres Handelns. Die zitierten Texte der Genesis zielen nicht darauf ab, eine bestimmte Lebensform zu normieren, sondern thematisieren den Ursprungsmythos der gesamten Menschheit: »Nicht großen Einzelnen wird die Weltherrschaft übergeben, sondern der Gemeinschaft der Menschen.«[37] Damit ist ein Verständnis der Schöpfungsgeschichte abgewendet, dass diese gleichsam als Prototyp der privaten Lebensform Ehe versteht, vielmehr wird durch den Kontext deutlich, dass es um die Bezogenheit der Menschen auf die Welt geht.

Die Schöpfungsgeschichte kann also weniger den Hintergrund für die Ganzheits- und Vollständigkeitsbilder bieten, die theologisch oft an Ehe und Familie angeschlossen werden, vielmehr fokussieren sie die Frage, was es bedeutet, dass Menschen miteinander leben und zwar in den wie auch immer »bedingten« Kontexten, die sich ihnen bieten. Mit der Betonung des Pluralitätsbegriffs, der immer auch die Notwendigkeit zum Handeln akzentuiert, wäre aber auch etwas für das Verständnis von Familie gewonnen. Von hier aus wäre vor allem die Weltlichkeit der Ehe bzw. der Partnerschaft zwischen Mann und Frau zu begründen. Sie genügt nicht sich selbst, sie ist auch nicht allein auf Liebe reduzierbar. Theologisch wäre einzubringen, dass sie sich auf ein Drittes bezieht. Theologisch fragwürdig ist jedoch ein Verständnis von Ehe, das sich auf deren Selbstgenügsamkeit bzw. auf eines ihrer Werte an sich bezieht. Die Beziehung von Frau und Mann ist konstitutiv auf Gemeinschaft hin ausgelegt, sie hat durch den Segen einen deutlichen Bezug zur gemeinsamen Welt. Als solch eine weltzugewandte Ehe hat die Kirche diese Gemeinschaft zu begleiten. Das Trauversprechen könnte damit mehr umfassen als die gegenseitige Liebe. Es ist das Versprechen, sich gegenseitig dabei zu unterstützen, für die Welt Sorge zu tragen, in welcher Form auch immer. Damit ist in die Beziehung der Menschen theologisch eine Außenbeziehung bzw. -orientierung eingelassen, die gegen eine personalistische Engführung der biblischen Geschichten spricht.

2. Die Familie im Spannungsfeld unterschiedlicher Handlungslogiken

Die sozialwissenschaftlichen Zugänge öffnen den Blick für die Veränderungen der Strukturen und Lebensbedingungen, unter und in denen

---

37 Wolff 1973, 237.

familiäre Lebensformen stehen. Hier lassen sich nachweisbare Struktur-verschiebungen des privaten und öffentlichen Lebens identifizieren, die sich vor allem in dem Verhältnis von Erwerbsarbeit und Fürsorge fassen lassen. Aus dieser Perspektive können Rollenzuschreibungen an Män-ner und Frauen als auch die veränderten Bedingungen des Aufwachsens und Lernens von Kindern thematisiert werden.

Die Auseinandersetzung um die Familie im 21. Jahrhundert nimmt die wissenschaftliche Diskussion der »Pluralisierung der Lebensfor-men« auf, die wesentlich in der Annahme des Verlusts alter Orien-tierungsmuster in Verbindung mit gesamtgesellschaftlichen Verän-derungen besteht. Die wesentlich durch Beck vertretene These zur Veränderung der Lebensformen hat sich allerdings in vielen Punkten als zu unspezifisch erwiesen. Hier konnte durch die Differenzierungsthe-orie deutlicher herausgearbeitet werden, in welchen Bereichen sich tat-sächlich Veränderungen ergeben haben. Gerade durch den Einbezug der Zeitperspektive und die Unterscheidung zwischen den Veränderungen im Handeln und denjenigen der Motivation konnten deutliche Diffe-renzierungen in die Diskussion eingebracht werden. Die Veränderun-gen der Lebensformen beruhen zu einem nicht unwesentlichen Teil dar-auf, dass individuelle Leitbilder nicht mehr im Einklang mit den Bildern von der traditionellen geschlechtsspezifischen Rollenteilung stehen. Die Gründung einer Familie scheint einer der prekären Zeitpunkte zu sein, in denen diese unterschiedlichen Leitbilder in Konflikt geraten und zu Ambivalenzsituationen führen. Die Veränderungen der Lebensformen beruhen aber auch darauf, dass der Ehe und Familie nach wie vor eine sehr hohe Bedeutung beigemessen wird. Es hat allerdings eine Entkopp-lung von Eheschließung und Familie stattgefunden, die Elternschaft ist nun die maßgebliche Konstituente für die Ehe.

Ein weiteres Ergebnis der sozialwissenschaftlichen Forschung ist, deutlicher zwischen familiären und nicht familiären Lebensformen zu unterscheiden, wobei die sogenannten alternativen Lebensformen in den meisten Fällen Alternativen für bestimmte Lebensphasen sind: Die Kleinfamilie ist im Wesentlichen stabil, aber Lebens- und Familienzyk-len sind dynamischer geworden.

Die Veränderung der traditionellen Rollenbilder ist besonders deut-lich im Zusammenhang mit der Frage nach Übernahme und Bewertung von Erwerbs- und Fürsorgearbeit hervorgetreten. Hier hat sich gezeigt, dass individuelles Verhalten immer auch abhängig ist von den Möglich-keiten, die wohlfahrtsstaatlich bereitgestellt werden, wie umgekehrt wohlfahrtstaatliche Leitideen bestimmte Arrangements von Erwerbs- und Fürsorgearbeit wahrscheinlich werden lassen. Wenn sich individuelle Präferenzen ändern, wie beispielsweise durch die Zunahme der weiblichen Erwerbsarbeit, dann muss die notwendigerweise daran gekoppelte Frage, in welcher Weise Fürsorgetätigkeit institutionell und/oder familiär (Vater, Großeltern) übernommen wird, neu beantwortet werden. Gerade auf diesem Feld zeigt sich, dass wir im 21. Jahrhundert veränderte Kontexte vorfinden, die sich mit den »alten« Praktiken nicht mehr bewältigen lassen und die – unter Einbeziehung von »alten« Verhaltensmustern – zum Aufbau neuer Muster herausfordern. Dass die Vereinbarkeit von Erwerbstätigkeit und Familie nicht nur aus der Elternperspektive bzw. arbeitsmarktspezifisch beantwortet werden kann, hat die Diskussion um das Aufwachsen von Kindern in institutionellen und familiären Formen deutlich gemacht. Für die weiteren Überlegungen sind hier insbesondere die Ambivalenzen der unterschiedlichen Zeiterfordernisse für Familie und Erwerbsarbeit zu notieren.

Die Frage, wie ein Familienleben ökonomisch bestritten und inhaltlich gestaltet wird, unterliegt heute weniger explizit gesellschaftlichen Erwartungen, als dies im Zeichen des fest konturierten bürgerlichen Familienbildes der Fall gewesen ist. Dies führt zu der Frage, wie Stabilität in Familien überhaupt hergestellt werden kann, wenn die Institutionen selbst keine klaren Handlungsvorgaben mehr machen. Eine Loslösung der Familienthematik aus der Lebensformendiskussion könnte aber insbesondere die Bedeutung von Familie und die dafür notwendigen Ressourcen anders und besser begründen.

Wie anhand der sozialwissenschaftlichen und kulturanthropologischen Diskussionen dargestellt worden ist, bestehen zwischen Familie und Gesellschaft vielschichtige Wechselbeziehungen. Sie haben historisch grundlegend mit der Zuordnung bestimmter Tätigkeitsfelder zu einem bestimmten Geschlecht zu tun. Der Wandel familiärer Lebensformen steht also in einem engen Zusammenhang mit der Organisation von Erwerbs- und Fürsorgearbeit. Hier kann Familie nicht länger nur im Kontext unterschiedlicher Lebensformen gesehen werden, wie es in den theologischen Positionen vorwiegend der Fall ist, sondern sie ist Bestandteil von Wirtschafts- und Sozialstaatstheorien.

Dieser Zusammenhang wird von den dargestellten theologischen Positionen unzureichend wahrgenommen. Aufgenommen wird die Diskussion um die Vereinbarkeit von Familie und Beruf, die aber erwerbsarbeitszentriert bleibt. Auch der richtige Hinweis, dass in Familien gesellschaftlich relevante Tätigkeiten erbracht werden, ist zur Begründung ihrer Schutzwürdigkeit nicht ausreichend. Im Kontext der Schöpfungsgeschichte, die auf den Sabbat ausgerichtet ist, muss theologisch die Begrenzung der ökonomischen Logik eingebracht werden, die an die Zeitperspektive der Linearität und der Beschleunigung gebunden ist. Familie hingegen ist insbesondere am Anfang und am Ende des Lebens an »die Zeitstruktur des Zyklischen bzw. der Dauer«[38] gebunden. Familie und Erwerbsarbeit unterliegen unterschiedlichen Handlungs- und Zeitlogiken. Die Familie kann nicht dadurch gerechtfertigt werden, dass sie der Erwerbsarbeit möglichst angeglichen wird, sondern in ihr findet eine wesentlich andere Tätigkeit statt.

Sie hat dementsprechend »ihren sozialen Ort in einem dynamischen Spannungsfeld von Öffentlichkeit und Privatheit.«[39] Die Ausgestaltung dieses Spannungsfeldes ist nicht mehr geschlechtsspezifisch zu leisten, weil es dem Grundsatz der Gleichheit der Geschlechter widerspräche. Ausgestaltet werden kann dieses Spannungsfeld nur in der Anerkennung, dass menschliche Tätigkeiten unterschiedlichen Logiken folgen.

38 Hildebrand 2009, 272.
39 Lüscher 2010, 162.

Schlussbetrachtung

1. Familie im Wandel

Familie ist eine Institution, die in den sozialen Praktiken des Alltags begründet ist. Weil sie weder historisch noch theologisch als überpersonelles Institut begründet werden kann, unterliegt sie dem sozialen und kulturellen Wandel, wie es beispielhaft an dem Wandel von Familienbildern in dieser Abhandlung dargestellt worden ist.

Die kulturwissenschaftliche Perspektive ermöglicht ein Verständnis davon, wie sich Lebensformen historisch entwickelt haben. Nur auf diesem Hintergrund kann eine sachgerechte Analyse der Gegenwart geleistet werden. Hierbei hat sich gezeigt, dass die Ausweitung des historischen Rahmens zum Verständnis gegenwärtiger Diskussionen einen wichtigen Beitrag leistet.

Die im Kontext von Familien auftretenden Spannungen und Konfliktsituationen sind nicht alleine biographisch bedingt, sondern stehen im Wechselverhältnis mit vielfältigen sozialen, rechtlichen und ökonomischen Veränderungen. Damit werden tendenziell monokausale Erklärungsansätze obsolet. Die Charakterisierung des Wandels vor dem Hintergrund von Pluralisierungs- und Individualisierungsbewegungen innerhalb familiärer und nicht familiärer Lebensformen ist empirisch zu grob. Es konnte gezeigt werden, dass der »Orientierungsverlust« sich nicht auf die Bedeutung, die Ehe und Familie zugewiesen werden, bezieht. Die offene Frage ist, wie unter veränderten Bedingungen Familie gelebt und gestaltet werden kann.

2. Lebensformen

In der biblischen Tradition gibt es keine Lebensform, die normativ begründet werden kann in dem Sinne, dass die Bibel eine Lebensform gegenüber anderen favorisiert. Die Genesiserzählungen sind keine normative Begründung der Ehe, noch stiften sie eine göttliche Institution. Sie begründen ein Verständnis des Menschen, das die Pluralität der Menschen und die gemeinsame Beauftragung zum Handeln in der Welt hervorheben. Zu diesem Handeln sind Frauen und Männer gleichermaßen berufen. In den biblischen Texten, deren Historizität immer mitbedacht werden muss, kommen die unterschiedlichsten Ehe- und Familienformen vor. Die biblischen Texte, z. B. die neutestamentliche Diskussion um die Zulässigkeit der Scheidung, reflektieren eine Debatte um einen gesellschaftlichen und rechtlich normierten Umgang mit Scheidung. Diese Auseinandersetzung geschieht mit einer hohen Sensibilität für den gesellschaftlichen Status, den Kinder und Frauen zeitgeschichtlich inne hatten. Diese an der gesellschaftlichen Realität ausgerichteten Frageimpulse müssen theologisch aufgenommen werden.

Eine grundlegende Metapher der Gottesziehung ist die Familie wie sie im Zusammenhang mit der Nachfolgegemeinschaft in den Evangelien und den paulinischen Briefen aufgenommen wird. Familie kommt hier unter dem Gesichtspunkt ihrer Gestaltung in den Blick. Familie fängt da an, wo Menschen sich frei dazu entscheiden, füreinander Verantwortung zu übernehmen. Das neutestamentliche Familienverständnis, wie es im Zusammenhang mit der Familienmetaphorik sichtbar wird, stellt neben ein genealogisches ein intentional zu charakterisierendes Familienverständnis. Verantwortungsübernahme kann in Herkunftsfamilien ausgeübt werden, aber nicht nur dort. Verantwortung und Verlässlichkeit sind entscheidende soziale Praktiken, zu denen sich Menschen verpflichtet fühlen und die sie deshalb übernehmen. Dass die christliche Gemeinde metaphorisch mit dem Bildkomplex der Familie verstanden wird, ist eine theologisch anzuerkennende Begrenzung der Herkunftsfamilie. Seelsorgerlich könnte diese Erkenntnis fruchtbar gemacht werden, wenn es um die Thematisierung von Erfahrungen geht, in denen die psychische oder physische Integrität von Menschen innerhalb von Familien infrage gestellt oder verletzt wurde.

Schließlich stellt die Deutungskategorie der Ambivalenz für biblische Familiengeschichten eine fruchtbare Perspektive dar, um danach zu fragen, wie die im Kontext familiärer Zusammenhänge entstandenen Konflikte und Spannungen ausgeglichen werden können. Von diesem Standpunkt aus betrachtet, gehören Ambivalenzen notwendigerweise zu Familiengeschichten dazu.

3. Familie – Staat – Gesellschaft

Die Individualisierungsthese unterstellt weiterhin ein modernitätstheoretisches Kontinuum, das in der konkurrierenden Gegenüberstellung von Arbeit und Familie besteht. Mit Blick auf die diskutierten Diskurse über Vereinbarkeit von Familie und Beruf ist festzustellen, dass sich hier keine eindeutigen Entwicklungstrends abzeichnen. Hier stehen Positionen, die die Angleichung von Familien- und Fürsorgeleistungen an die

Erwerbsarbeit befürworten, Positionen gegenüber, die die Unterstellung dieser Leistungen unter ökonomischen Gesichtspunkten fordern. Diese Sachverhalte sind jedoch ambivalent, weil sie zum einen die veränderten Anforderungen an Erwerbstätigkeit thematisieren, zum anderen, weil die Wahrnehmung dieses Sachverhalts historisch durch die geschlechtsspezifische Rollen- und Aufgabenteilung entscheidend geprägt ist.

Die Schaffung von familiengerechten Rahmenbedingungen kann nicht einseitig an die Erwerbsarbeit angeglichen werden, obwohl die materielle Sicherheit von Menschen, die nicht selbst für sich (vor)sorgen können von Erwerbsarbeit abhängig ist. Den besonderen Aufgaben, denen Familien unterliegen, die Sicherung der Kontinuität von Pflege- und Erziehungsleistungen, entspricht die Notwendigkeit politisch für wirtschaftliche und soziale Sicherheit Sorge zu tragen. Offen ist, inwieweit die soziale Sicherung ausschließlich über Erwerbsarbeit gestaltet wird und ob ein bestimmter Status wie die Ehe besondere Rechtsfolgen legitimiert.

Diese Zusammenhänge werden in den theologischen Positionen unzureichend wahrgenommen, wenn die Berufstätigkeit der Frauen als verständlicher Wunsch oder Ausdruck der positiv unterstützten Gleichheit der Geschlechter verstanden wird und da sie die systemischen Rahmenbedingungen, die individuelles Handeln prägen, nicht tiefer analysieren. Die Forderung nach gesellschaftlicher Anerkennung von Fürsorge und Haushaltstätigkeit (v.a. bei Rendtorff und in den Stellungnahmen der EKD) ist verdienstvoll, weil damit die Leistungen, die innerhalb der Familie erbracht werden, öffentlich wahrnehmbar gemacht werden. Die Forderung übersieht aber, dass die Absicherung von sozialen Risiken ausschließlich über Erwerbsarbeit organisiert wird. Wird die risikomindernde Funktion der Erwerbsarbeit in den Vordergrund gestellt, kann weibliche Erwerbstätigkeit nicht mehr im Kontext von Individualisierung und Selbstbestimmung thematisiert werden. Die Berufstätigkeit von Männern und Frauen bei gleichzeitiger gemeinsamer Übernahme von Fürsorge und Erziehungsaufgaben können in diesem Zusammenhang als sinnvolle Strategien identifiziert werden, das Risiko der Erwerbslosigkeit abzumildern. Dies geschieht durch die Diversifizierung von Handlungsstrategien: Die in der Familie erforderlichen Tätigkeiten der materiellen Sicherung, Fürsorge und Erziehung werden als Bestandteil der Lebensentwürfe beider Elternteile integriert, um die wirtschaftliche und soziale Sicherung zu gewährleisten.

Eine theologische Position hat diesen Zusammenhang gleichzeitig sensitiv für die damit verbundenen Zeithorizonte von Erwerbsarbeit und Fürsorge/Erziehung wahrzunehmen. Dies bedeutet, Familie nicht statisch zu sehen sondern anzuerkennen, dass Aufbau und Gestaltung von Familienleben unterschiedlichen Phasen unterliegen, die bestimmte Zeithorizonte benötigen, um Familienleben überhaupt erst zu ermöglichen. Die Analyse gesellschaftlicher und ökonomischer Diskussionen und Regelungen unter der Fragestellung, inwieweit die »Eigenzeit« der Familie berücksichtigt wird, ist dabei ein wichtiger Aspekt. Ein anderer Aspekt ist die Betonung der Notwendigkeit von »Eigenzeit«, die sich nicht ökonomisch rechnen lassen kann, wie sie beispielhaft anhand der Diskussion um das Feiertagsgebot geführt wird.

4. Ausblick

Eine weitere theologische Bearbeitung des Themas der Familie müsste sich zwei Herausforderungen widmen, die die Gesellschaft in Zukunft zunehmend prägen werden. Dies ist zum einen die Tatsache, dass Deutschland ein Einwanderungsland ist, das durch den Zuzug von Migrantinnen und Migranten um weitere kulturelle Familienbilder erweitert wird. Die dazu vorhandenen sozialwissenschaftlichen Untersuchungen in die Analyse einzubeziehen, könnte ähnlich den Studien zu Familie im internationalen Vergleich zu einer Vertiefung des eigenen Selbstverständnisses führen. Diese Studien und Untersuchungen könnten außerdem Grundlage eines neuen transnationalen Dialogs über Familie werden. Zum anderen liegt eine Herausforderung des Themas Familie darin, dass staatliche Politik zunehmend weniger in nationalen Grenzen erfolgt. Gerade der hier dargestellte Zusammenhang von Familie, Gesellschaft und Staat wird in Zukunft stärker europäisch gestaltet werden.

Literatur

Anselm, Reiner (1992): »Ethische Theologie. Zum ethischen Konzept Trutz Rendtorffs«, in: *Zeitschrift für Evangelische Ethik* (ZEE) 36, 259–275.

– (2007): »Von der Öffentlichkeit des Privaten zu den individuellen Formen familialen Zusammenlebens – Aspekte für eine evangelische Ethik der Familie«, in: *Zeitschrift für Evangelische Ethik* (ZEE) 51, 292–304.

Ariès, Philippe (2007): *Geschichte der Kindheit* (franz. Original 1960), München, 16. Aufl.

Baas, Marga P./Zorgdrager, Heleen (1987): »Freiheit aus zweiter Hand. Feministische Anfragen an die Stellung der Frau in Karl Barths Theologie«, in: *Zeitschrift für dialektische Theologie* 3, 135–151.

Badinter, Elisabeth (1981): *The Myth of Motherhood. An Historical View of the Maternal Instinct*, Paris.

Barth, Hans Martin (2009): *Die Theologie Martin Luthers: eine kritische Würdigung*, Gütersloh.

Barth, Karl (1947): *Kirchliche Dogmatik III/1. Die Lehre von der Schöpfung*, Zürich.

– (1948): *Kirchliche Dogmatik III/2. Die Lehre von der Schöpfung*, Zürich.

– (1951): *Kirchliche Dogmatik III/4. Die Lehre von der Schöpfung*, Zürich.

Barton, Steven C. (1994): *Discipleship and Family Ties in Mark and Matthew*, Cambridge.

Bayer, Oswald (2007): *Martin Luthers Theologie*, Tübingen, 3. Aufl.

Bayerl, Marion (2006): *Die Familie als gesellschaftliches Leitbild. Ein Beitrag zur Familienethik aus theologisch-ethischer Sicht*, Würzburg.

Beck, Ulrich (1986): *Risikogesellschaft. Auf dem Weg in eine andere Moderne*, Frankfurt a.M.

– (1991): »Der Konflikt der zwei Modernen«, in: Wolfgang Zapf (Hg.): *Die Modernisierung moderner Gesellschaften, Verhandlungen des 25. Deutschen Soziologentages in Frankfurt am Main 1990*, Frankfurt a.M./New York, 40–54.

Beck, Ulrich/Beck-Gernsheim, Elisabeth (1990): *Das ganz normale Chaos der Liebe*, Frankfurt a.M.

– (1994): *Riskante Freiheiten – Gesellschaftliche Individualisierungsprozesse in der Moderne*, Frankfurt a.M.

Beck, Ulrich/Lau, Christoph (2005): »Theorie und Empirie reflexiver Modernisierung. Von der Notwendigkeit und den Schwierigkeiten, einen historischen Gesellschaftswandel innerhalb der Moderne zu betrachten und zu begreifen«, in: *Soziale Welt* 56, 107–135.

Beck-Gernsheim, Elisabeth (1998): *Was kommt nach der Familie? Einblicke in neue Lebensformen*, München, 2. Aufl.

– (2000): *Was kommt nach der Familie? Einblicke in neue Lebensformen*, München, 2. Aufl.

Beck-Gernsheim, Elisabeth (2006): *Die Kinderfrage. Über Frauenleben, Kinderwunsch und Geburtenrückgang*, München.

Böhnisch, Lothar/Lenz, Karl (Hg.) (1997): *Familien. Eine interdisziplinäre Einführung*, Weinheim/München, 2. Aufl.

Bundesministerium für Familie, Senioren, Frauen und Jugend (Hg.) (1994): *Familien und Familienpolitik im geeinten Deutschland – Zukunft des Humanvermögens. 5. Familienbericht*, Bonn.

– (2006): *Familie zwischen Flexibilität und Verlässlichkeit. Perspektiven für eine lebenslaufbezogene Familienpolitik. 7. Familienbericht*, Berlin.

Burguière, André/Lebrun, François (2005): »Die Vielfalt der Familienmodelle in Europa«, in: André Burguière u. a. (Hg.): *Geschichte der Familie*, 4 Bde., hier Bd. 3: Neuzeit, Essen, 13–119.

Burkart, Günter(1997): »Auf dem Weg zu einer Soziologie der Liebe«, in: ders./ Kornelia Hahn: *Studien zur Soziologie intimer Beziehungen. Liebe am Ende des 20. Jahrhunderts*, Opladen, 15–51.

– (2006): »Positionen und Perspektiven. Zum Stand der Theoriebildung in der Familiensoziologie«, in: *Zeitschrift für Familienforschung* 18/2, 175–205.

– (2007): »Das modernisierte Patriarchat. Neue Väter und alte Probleme«, in: *WestEnd. Neue Zeitschrift für Sozialforschung* 4/1, 82–91.

– (2008): *Familiensoziologie*, Stuttgart.

– (2009): »Gründungsmythen und andere Mechanismen der Institutionalisierung von Einheit in Paarbeziehungen«, in: *sozialersinn* 10, Stuttgart, 249–264.

Burkart, Günter/Fietze, Barbara/Kohli, Martin (1989): *Liebe, Ehe, Elternschaft. Eine qualitative Untersuchung über den Bedeutungswandel von Paarbeziehungen und seine demographischen Konsequenzen*, Wiesbaden.

Butler, Judith (1991): *Das Unbehagen der Geschlechter*, Frankfurt a.M.

Dietrich, Walter (2009): »Israel, seine Ahnen und die Völker. Ambivalenz als Grundkategorie der biblischen Erzelternerzählungen und der Erfahrungen Israels mit seinen Nachbarn«, in: ders./Kurt Lüscher/Christoph Müller: *Ambivalenzen erkennen, aushalten und gestalten*, Zürich, 69–117.

Domsgen, Michael (2004): *Familie und Religion. Grundlagen einer religionspädagogischen Theorie der Familie* (APrTh 26), Leipzig, 2. Aufl.

Drerup, Heiner (1997): »Mütterlichkeit als Mythos«, in: Lothar Böhnisch/Karl Lenz (Hg.): *Familien. Eine interdisziplinäre Einführung*, Weinheim/München, 2. Aufl., 81–99.

Dressel, Gert (1996): *Historische Anthropologie: eine Einführung*, mit einem Vorwort v. Michael Mitterauer, Wien/Köln/Weimar.

Duby Georges (1990): *Wirklichkeit und höfischer Traum. Zur Kultur des Mittelalters*, Frankfurt a.M.

– (1993): *Die Frau ohne Stimme – Liebe und Ehe im Mittelalter*, Frankfurt a.M.

Duncker, Arne (2003): *Gleichheit und Ungleichheit in der Ehe: persönliche Stellung von Frau und Mann im Recht der ehelichen Lebensgemeinschaft 1700-1914*, Köln/Weimar/Wien.

Durkheim, Émile (1996): *Über soziale Arbeitsteilung. Studie über die Organisation höherer Gesellschaften* (1893), Frankfurt, 2. Aufl.

Ebner, Martin (2002): »Kinderevangelium‹ oder markinische Sozialkritik? Mk 10,13–16 im Kontext«, in: *Jahrbuch für Biblische Theologie* (JBTh), Bd. 17: *Gottes Kinder*, Neukirchen-Vluyn, 315–337.

EKD (1994): *Ehe und Familie 1994. Ein Wort des Rates der Evangelischen Kirche in Deutschland aus Anlaß des Internationalen Jahres der Familie*, Hannover.

– (1996): *Mit Spannungen leben. Eine Orientierungshilfe des Rates der Evangelischen Kirche in Deutschland zum Thema »Homosexualität und Kirche«*, Hannover.

– (1998): *Gottes Gabe und persönliche Verantwortung. Zur ethischen Orientierung für das Zusammenleben in Ehe und Familie*, Gütersloh.

– (2002): *Was Familien brauchen. Eine familienpolitische Stellungnahme des Rates der EKD*, Hannover.

– (2009): *Soll es künftig kirchlich geschlossene Ehen geben, die nicht zugleich Ehen im bürgerlich-rechtlichen Sinne sind? Zum evangelischen Verständnis von Ehe und Eheschließung. Eine gutachterliche Äußerung*, Hannover.

Esping-Andersen, Gøsta (1990): *The Three Worlds of Welfare Capitalism*, Cambridge.

– (2009): *Incomplete Revolution: Adapting Welfare States to Women's New Roles*, Cambridge.

Frettlöh, Magdalene L. (2005): *Theologie des Segens. Biblische und dogmatische Wahrnehmungen* (1998), Gütersloh, 5. Aufl.

Frevert, Ute (1995): *»Mann und Weib, und Weib und Mann«. Geschlechter-Differenzen in der Moderne*, München.

Gélis, Jaques (1996): *History of Childbirth: Fertility, Pregnancy and Birth in Early Modern Europe*, Paris.

Gerber, Christine (2005): *Paulus und seine »Kinder«. Studien zur Beziehungsmetaphorik der paulinischen Briefe*, Berlin/New York.

Gerhard, Ute (1998): Das Konzept der Ehe als Institution – eine Erblast im Geschlechterverhältnis, in: EKD, *Gottes Gabe und persönliche Verantwortung*, Gütersloh, 81–97.

– (2007): »Familie aus der Perspektive der Geschlechtergerechtigkeit. Anfrage an das christlich-abendländische Eheverständnis«, in: *Zeitschrift für Evangelische Ethik* (ZEE), 51/4, 267–279.

– (2009): »Kernfragen der Geschlechterforschung – eine europäische Perspektive auf das Verhältnis von Staat, Markt und Familie«, in: Hella Ehlers u.a. (Hg.): *Geschlechterdifferenz, und kein Ende?: sozial- und geisteswissenschaftliche Beiträge zur Genderforschung*, Berlin u.a., 179–204.

Gestrich, Andreas (2003): »Neuzeit«, in: ders./Jens-Uwe Krause/Michael Mitterauer (Hg.): *Geschichte der Familie*, Stuttgart, 3–21, 364–652.

Gillis, John R. (1997): *Mythos Familie. Auf der Suche nach der eigenen Lebensform*, Weinheim/Berlin.

Goffman, Erving (1994): »Das Arrangement der Geschlechter«, in: ders. (Hg.): *Interaktion und Geschlecht*, Hrsg. und eingeleitet von Hubert A. Knoblauch, Frankfurt a.M.

Goody, Jack (2002): *Geschichte der Familie*, München.

Gössmann, Elisabeth (1989): »Glanz und Last der Tradition. Ein theologiege-schichtlicher Durchblick«, in: Theodor Schneider (Hg.): *Mann und Frau – Grundproblem theologischer Anthropologie*, Freiburg i.Br., 25–53.

Hahn, Alois (1983): »Konsensfiktionen in Kleingruppen. Dargestellt am Bei-spiel von jungen Ehen«, in: Friedhelm Neidhardt (Hg.): *Gruppensoziolo-gie. Kölner Zeitschrift für Soziologie und Sozialpsychologie*, Sonderband 25, Opladen, 185–206.

Hausen, Karin (1976): »Die Polarisierung der ›Geschlechtscharaktere‹ –Eine Spiegelung der Dissoziationen von Erwerbs- und Familienleben«, in: Wolf-gang Conze (Hg.): *Sozialgeschichte der Familie in der Neuzeit Europas*, 363–393, Stuttgart.

Herma, Holger u.a. (2002): »Wie werden zwei zum Paar? Zur interaktiven Her-stellung von Dauer in Zweierbeziehungen«, in: Stephan Müller u. a. (Hg.): *Dauer durch Wandel. Institutionelle Ordnungen zwischen Verstetigung und Transformation*, Köln, 23–37.

Hettlage, Robert (1998): *Familienreport: Eine Lebensform im Umbruch*, Mün-chen, 2. Aufl.

Hildebrand, Bruno (2009): »Familie und Beschleunigung«, in: *sozialer sinn* 10, 249–264.

Hochschild, Arlie Russell (2006): *Keine Zeit: wenn die Firma zum Zuhause wird und zu Hause nur Arbeit wartet*, Wiesbaden, 2. Aufl.

Hohmann-Dennhart, Christine (2010): »Der Wandel des Eheverständnisses durch das Unterhaltsrechtsänderungsgesetz«, in: Elke Völmicke/Gerd Bru-dermüller (Hg.): *Familie – ein öffentliches Gut? Gesellschaftliche Anfor-derungen an Partnerschaft und Elternschaft*, Würzburg, 51–69.

Honecker, Martin (1990): *Einführung in die theologische Ethik*, Berlin.

– (1995): *Grundriß der Sozialethik*, Berlin.

Honig, Michael-Sebastian (1999): *Entwurf einer Theorie der Kindheit*, Frankfurt a.M.

– (2007): »Kann der Ausbau der institutionellen Kinderbetreuung das Vereinbarkeitsproblem lösen? Rückfragen an den familienpolitischen Konsens«, in: Frank Lettke/Andreas Lange (Hg.): *Generationen und Familien. Analysen – Konzepte – gesellschaftliche Spannungsfelder*, Frankfurt a.M., 354–378.

Hrdy, Sarah Blaffer (1999): *Mother Nature. Natural Selection and The female of the Species*, London.

– (2001): *The Past, Present, and Future of the Human Family. Tanner Lectures on Human Values, delivered at University of Utah February 27 and 28, 2001* (verfügbar unter: www.tannerlectures.utah.edu/lectures/documents/ Hrdy_02.pdf; abgerufen am 12.12.2009).

Huber, Wolfgang (2006): *Familie haben alle*, Berlin.

Huinink, Johannes/Konietzka, Dirk (2007): *Familiensoziologie. Eine Einfüh-rung*, Frankfurt a. M.

Janowski, Christine (1995): »Zur paradigmatischen Bedeutung der Ge-schlechterdifferenz in Karl Barths ›Kirchlicher Dogmatik‹«, in: *Marburger Jahrbuch für Theologie* (MJTh) Bd. 7, 13–60.

Josuttis, Manfred (1994): *Gottesliebe und Lebenslust, Beziehungsstörungen zwischen Religion und Sexualität*, Gütersloh.

Jungbauer, Harry (2001): »*Ehre Vater und Mutter«: der Weg des Elterngebots in der biblischen Tradition*, Tübingen.

Kaatsch, Hans-Jürgen/Rosenau, Hartmut/Theobald, Werner (2006): *Ethik des Alters*, Berlin/Münster.

Kappeler, Peter (2005): »Nature und nurture: Verwandtschaft, Partnerschaft und Freundschaft bei Primaten und Menschen«, in: Norbert Elsner (Hg.): »*... sind eben alles Menschen«: Verhalten zwischen Zwang, Freiheit und Verantwortung*, Göttingen, 131–153.

Karle, Isolde (2006): »*Da ist nicht mehr Mann noch Frau ...« Theologie jenseits der Geschlechterdifferenz*, Gütersloh.

Kaufmann, Franz-Xaver (1986): »Vorwort«, in: Angelika Engelbert: *Kinderalltag und Familienumwelt. Eine Studie über die Lebenssituation von Vorschulkindern*, Frankfurt a.M./New York, 5–7.

– (1988): »Familie und Modernität«, in: Kurt Lüscher/Franz Schultheis/Michael Wehrspaun (Hg.): *Die »postmoderne« Familie. Familiale Strategien und Familienpolitik in einer Übergangszeit*, Konstanz, 391–417.

– (2005): *Schrumpfende Gesellschaft. Vom Bevölkerungsrückgang und seinen Folgen*, Frankfurt a.M.

Kaufmann, Thomas (2009): *Geschichte der Reformation*, Frankfurt a.M./Leipzig.

Keil, Siegfried/Haspel, Michael (1982): Art. »Familie«, in: TRE, Bd. 11, Berlin/New York, 1–23.

– (2000): *Gleichgeschlechtliche Lebensgemeinschaften in sozialethischer Perspektive, Beiträge zur rechtlichen Regelung pluraler Lebensformen*, Neukirchen-Vluyn.

Klinger, Cornelia (2000): »Die Ordnung der Geschlechter und die Ambivalenz der Moderne«, in: Sybille Becker u. a.: *Das Geschlecht der Zukunft. Zwischen Frauenemanzipation und Geschlechtervielfalt*, Stuttgart, 29–63.

Körtner, Ulrich H.J. (2004): Art. »Sexualität IV. Ethisch«, in: *Religion in Geschichte und Gegenwart*, Bd. 8, Tübingen, Sp. 1250–1253, 4. Aufl.

– (2008): *Evangelische Sozialethik: Grundlagen und Themenfelder*, Stuttgart, 2. Aufl.

Koschorke, Albrecht (2000): *Die Heilige Familie und ihre Folgen*, Frankfurt a.M., 3. Aufl.

Koschorke, Albrecht/Lüdemann, Susanne/Frank, Thomas/Mattala de Mazza, Ethel (2007): *Der fiktive Staat. Konstruktionen des politischen Körpers in der Geschichte Europas*, Frankfurt a.M.

Krause, Jens-Uwe (2003): »Antike«, in: Andreas Gestrich/ders./Michael Mitterauer: *Geschichte der Familie*, Stuttgart, 21-158.

Kreß, Hartmut (1999): Art. »Ehe IV. Systematisch-theologisch«, in: *Religion in Geschichte und Gegenwart*, Bd. 2, Sp. 1078–1080, Tübingen, 4. Aufl.

Kuhlmann, Helga (2004): *Leib-Leben theologisch denken. Reflexionen zur Theologischen Anthropologie*, Münster.

Kumlehn, Martina/Klie, Thomas (2009) (Hg.): *Aging – Anti-Aging – Pro Aging: Altersdiskurse in theologischer Deutung*, Stuttgart.

Landwehr, Achim/Stockhorst, Stefanie (2004): *Einführung in die Europäische Kulturgeschichte*, Stuttgart.

Lange, Andreas/Lüscher, Kurt (1996): »Von der Form zum Prozeß? Ein konzeptueller Beitrag zur Frage nach der Bedeutung veränderter familialer Strukturen für das Aufwachsen von Kindern«, in: *Zeitschrift für Sozialisationsforschung und Erziehungssoziologie* 16/3, 229–246.

Lenz, Karl (2003a): »Familie – Abschied von einem Begriff?«, in: *Erwägen Wissen Ethik* (EWE) 14/3, 485–498.

– (2003b): »Zweierbeziehung als Institution«, in: Joachim Fischer/Hans Joas (Hg.): *Kunst, Macht und Institution. Studien zur Philosophischen Anthropologie, soziologische Theorie und Kultursoziologie der Moderne*, Frankfurt a.M., 209–221.

– (2005): »Romantische Liebe – Fortdauer oder Niedergang?«, in: Klaus Tanner (Hg.): *»Liebe« im Wandel der Zeiten. Kulturwissenschaftliche Perspektiven*, Leipzig.

– (2009): *Soziologie der Zweierbeziehung. Eine Einführung*, 4. Aufl.

Lenz, Karl/Maier, Maja S. (2004): »Paargeschichten als Kontinuitätskonstruktion. Ein Beitrag zur institutionellen Analyse von Zweierbeziehungen«, in: Gert Melville/Karl-Siegbert Rehberg (Hg.): *Gründungsmythen, Genealogien, Memorialzeichen: Beiträge zur institutionellen Konstruktion von Kontinuität*, Köln, 261–282.

Lettke, Frank (2007): Vererbungsabsichten in unterschiedlichen Familienformen. Ein Beitrag zur Institutionalisierung generationaler Kontinuität, in: ders./ Andreas Lange (Hg.): *Generationen und Familien. Analysen – Konzepte – gesellschaftliche Spannungsfelder*, Frankfurt a.M., 96–130.

Lewald, Fanny (1871): *Gesammelte Werke*, Bd. 1, Berlin.

Lewis, Jane (1992): »Gender and the Development of Welfare Regimes«, in: *Journal of Social Policy* 2, 159–173.

Liegle, Ludwig/Lüscher, Kurt (2008): »Generative Sozialisation«, in: Klaus Hurrelmann (Hg.): *Handbuch Sozialisationsforschung*, Weinheim/Basel, 141–156.

Luhmann, Niklas (1982): *Liebe als Passion. Zur Codierung von Intimität*, Frankfurt a.M.

Lüscher, Kurt (1988): »Der prekäre Beitrag von Familie zur Konstitution personaler Identität«, in: *Zeitschrift für Evangelische Ethik* (ZEE) 32/4, 250–259.

– (1997): »Familienrhetorik, Familienwirklichkeit und Familienforschung«, in: Lazlo A. Vaskovics (Hg.): *Familienleitbilder und Familienrealitäten*, Opladen.

– (1999): *Die Bedeutungsvielfalt von Familie. Zehn Jahre Forschungsschwerpunkt »Gesellschaft und Familie«*, Arbeitspapier Nr. 30, Universität Konstanz.

– (2008): »Familie – Von der Institution zu einer fragilen Institutionalisierung«, in: *Recht der Jugend und des Bildungswesens* (RdJB) 2, 120–125.

– (2009): »Ambivalenz: Eine soziologische Annäherung«, in: Walter Dietrich/ ders./Christoph Müller: *Ambivalenzen erkennen, aushalten und gestalten*, Zürich, 17–62.

– (2010): »Plädoyer für eine Familienpolitik im Kontext einer ›Generationenpolitik‹«, in: Elke Völmicke/Gerd Brudermüller (Hg.): *Familie – ein öffentliches Gut? Gesellschaftliche Anforderungen an Partnerschaft und Elternschaft*, Würzburg, 161–181.

Marthaler, Thomas (2009): *Erziehungsrecht und Familie. Der Wandel familialer Leitbilder im privaten und öffentlichen Recht seit 1900*, Weinheim/München.

Martin, Jochen (1994): »Wandel des Beständigen. Überlegungen zu einer historischen Anthropologie«, in: *Freiburger Universitätsblätter*, 126/12, 35–46.

Mead, Margaret (1949): *Male and Female. A study of the Sexes in a Changing World*, New York, 6. Aufl.

Meireis, Thorsten (2008): *Tätigkeit und Erfüllung: protestantische Ethik im Umbruch der Arbeitsgesellschaft*, Tübingen.

Mitterauer, Michael (1977): »Der Mythos von der vorindustriellen Großfamilie«, in: ders./Reinhard Sieder: *Vom Patriachat zur Partnerschaft. Zum Strukturwandel der Familie*, 46–71, München.

– (2003): »Mittelalter«, in: Andreas Gestrich/Jens-Uwe Krause/ders.: *Geschichte der Familie*, Stuttgart, 160–363.

Morgan, David H. J. (1996): *Family Connections. An Introduction to Familiy Studies*, Cambridge.

Müller, Stephan/Schaal, Gary S./Tiersch, Claudia (2002): »Dauer durch Wandel als kulturwissenschaftliches Thema. Eine Einleitung«, in: dies. (Hg.): *Dauer durch Wandel. Institutionelle Ordnungen zwischen Verstetigung und Transformation*, Köln/Weimar/Wien.

Münch, Richard (2002): »Die ›Zweite Moderne‹: Realität oder Fiktion? Kritische Fragen an die Theorie der reflexiven Modernisierung«, in: *Kölner Zeitschrift für Soziologie und Sozialpsychologie* 54, 417–443.

Nave-Herz, Rosemarie (1997): »Pluralisierung familialer Lebensformen – ein Konstrukt der Wissenschaft?«, in: Lazslo A. Vaskovics (Hg.): *Familienleitbilder und Familienrealitäten*, Opladen.

– (1998): »Die These über den ›Zerfall der Familie‹«, in: *Die Diagnosefähigkeit der Soziologie, Kölner Zeitschrift für Soziologie und Sozialpsychologie*, Sonderheft 38, 286–315.

– (2006): *Ehe- und Familiensoziologie. Eine Einführung in Geschichte, theorethische Ansätze und empirische Befunde*, Weinheim/München, 2. Aufl.

– (2007): *Familie heute. Wandel der Erziehungsstrukturen und Folgen für die Erziehung*, Darmstadt, 3. Aufl.

Nave-Herz, Rosemarie u.a. (1990): *Scheidungsursachen im Wandel. Eine zeitgeschichtliche Analyse des Anstiegs von Ehescheidungen in der Bundesrepublik Deutschland*, Bielefeld.

Neidhart, Friedhelm (1975): *Die Familie in Deutschland*, Opladen, 4. Aufl.

Neumann, Klaus (2005): »›Was Gott zusammengefügt hat, das soll der Mensch nicht scheiden‹. Recht, Ritual, Romantik – Kontexte des Schriftwortes Mt 19,6 und seiner Interpretation in der Reformationszeit und im bürgerlichen Zeitalter«, in: Christian Strecker (Hg.): *Kontexte der Schrift, Bd. 2: Kultur, Politik, Religion, Sprache – Text. Wolfgang Stegemann zum 60. Geburtstag*, Stuttgart, 83–107.

Neven, Gerrit W. (1987): »Einige kritische Bemerkungen zu Karl Barths Schöp
fungslehre in KD III/1«, in: *Zeitschrift für dialektische Theologie* 3, 111–134.
Nord, Ilona (2001): *Individualität. Geschlechterverhältnis und Liebe, Partner-
schaft und ihre Lebensformen in der pluralen Gesellschaft*, Gütersloh.
Nussbaum, Martha C. (2002): *Konstruktionen der Liebe, des Begehrens und der
Fürsorge. Drei philosophische Aufsätze*, Stuttgart.
Oechsle, Mechthild (2006): »Deutschland in der Zeitenfalle? Zur Rezeption
von Arlie Russell Hochschilds ›Keine Zeit‹ in Deutschland«, in: Arlie Russell
Hochschild: *Keine Zeit. Wenn die Firma zum Zuhause wird und zu Hause nur
Arbeit wartet*, Wiesbaden, 2. Aufl., VII–XXI.
Otto, Eckart (1999): Art. »Ehe II. Altes Testament«, in: *Religion in Geschichte
und Gegenwart*, Bd. 2, Tübingen, 4. Aufl., Sp. 1071–1073.
Pannenberg, Wolfhart (1983): *Anthropologie in theologischer Perspektive*,
Göttingen.
Petersen, David L. (2005): »Genesis and Family Values«, in: *Journal of Biblical
Literature* (JBL) 124/1, 5–23.
Pfau-Effinger, Birgit (1996): »Analyse internationaler Differenzen in der
Erwerbsbeteiligung von Frauen. Theoretischer Rahmen und empirische
Ergebnisse«, in: *Kölner Zeitschrift für Soziologie und Sozialpsychologie* 3, 462–
491.
– (2009): »Entwicklungspfade und Zukunft der Kinderbetreuung«, in: Günter
Burkart (Hg.): *Zukunft der Familie: Prognosen und Szenarien. Zeitschrift für
Familienforschung*, Sonderheft 6, 237–255.
Praetorius, Ina (1994): *Anthropologie und Frauenbild in der deutschsprachigen
protestantischen Ethik seit 1949*, Gütersloh, 2. Aufl.
Prößdorf, Detlev (1999): *Die gottesdienstliche Trauansprache: Inhalte und
Entwicklung in Theorie und Praxis*, Göttingen.
Raab, Jürgen/Soeffner, Hans-Georg (2004): »Lebensführung und Lebensstile –
Individualisierung, Vergemeinschaftung und Vergesellschaftung im Prozess
der Modernisierung«, in: Friedrich Jaeger/Jörn Rüsen (Hg.): *Handbuch der
Kulturwissenschaften*, Bd. 3: *Themen und Tendenzen*, Stuttgart, 341–356.
Rang, Bettina (1989): »Zur Geschichte des dualistischen Denkens über Mann
und Frau. Kritische Anmerkungen zu den Thesen von Karin Hausen zur Herausbildung der Geschlechtscharaktere im 18. und 19. Jahrhundert«, in: Jutta
Dalhoff/Uschi Frey/Ingrid Schöll: *Frauenmacht in der Geschichte*, Stuttgart,
194–204.
Reckwitz, Andreas (2003): »Grundelemente einer Theorie sozialer Praktiken.
Eine sozialtheoretische Perspektive«, in: *Zeitschrift für Soziologie*, 32/4, 282–
301.
– (2006): *Das hybride Subjekt. Eine Theorie der Subjektkulturen von der bürgerlichen Moderne zur Postmoderne*, Göttingen.
– (2008): *Unscharfe Grenzen. Perspektiven der Kultursoziologie*, Bielefeld.
Rehberg, Karl Siegbert (2001): »Weltrepräsentanz und Verkörperung. Institutionelle Analyse und Symboltheorien. Eine Einführung in systematischer
Absicht«, in: Gert Melville (Hg.): *Institutionalität und Symbolisierung*, Köln/
Weimar/Wien, 3–49.

Reinhard, Wolfgang (2006): *Lebensformen Europas. Eine historische Kultur-anthropologie*, München, 2. Aufl.

Rendtorff, Trutz (1980): *Ethik: Grundelemente, Methodologie und Konkretionen einer ethischen Theologie*, Bd. 1, Stuttgart, 1. Aufl.

– (1990): *Ethik: Grundelemente, Methodologie und Konkretionen einer ethischen Theologie*, Bd. 1, Stuttgart, 2. Aufl.

– (1991): *Ethik: Grundelemente, Methodologie und Konkretionen einer ethischen Theologie*, Bd. 2, Stuttgart.

Reyer, Jürgen (1978): »Kindheit zwischen privatfamilialer Lebenswelt und öffentlich veranstalteter Kleinkinderziehung«, in: Günter Erning, Karl Neumann, Jürgen Reyer (Hg.), *Geschichte des Kindergartens. Band II: Institutionelle Aspekte, systematische Perspektiven, Entwicklungsverläufe*, Freiburg, 232–284.

Richter, Dieter (1987): *Das fremde Kind. Zur Entstehung der Kindheitsbilder des bürgerlichen Zeitalters*, Frankfurt a.M.

Roper, Lyndal (1999): *Das fromme Haus. Frauen und Moral in der Reformation*, Frankfurt a.M./New York.

Rosenbaum, Heidi (1982): *Formen der Familie. Untersuchungen zum Zusammenhang von Familienverhältnissen, Sozialstruktur und sozialem Wandel in der deutschen Gesellschaft des 19. Jahrhunderts*, Frankfurt a.M.

Rössler, Beate (2001): Der Wert des Privaten, Frankfurt a.M.

Schäfer, Rolf (2000): Art. »Ehe IV. Kirchengeschichtlich«, in: *Religion in Geschichte und Gegenwart*, Bd. 2, 4. Aufl., Sp. 1075–1077.

Scharffenorth, Gerda (1995): »Die Bedeutung der Geschlechterdifferenz in Luthers theologischer Anthropologie«, in: Helga Kuhlmann (Hg.): *Und drinnen waltet die züchtige Hausfrau. Zur Ethik der Geschlechterdifferenz*, Gütersloh, 124–140.

Schnabl, Christa (2005): *Gerecht Sorgen. Grundlagen einer sozialethischen Theorie der Fürsorge*, Freiburg.

Schneider, Norbert F. (1994): *Familie und private Lebensführung in West- und Ostdeutschland: eine vergleichende Analyse des Familienlebens 1970 bis 1992*, Stuttgart.

Schneider-Flume, Gunda (2010): *Alter – Schicksal oder Gnade? Theologische Überlegungen zum demographischen Wandel und zum Alter(n)*, Göttingen, 2. Aufl.

Schüngel-Straumann, Helen (1989): *Die Frau am Anfang. Eva und die Folgen*, Freiburg i.Br.

Schwab, Dieter (2003): »Rechtsprechung als Interpretation der Wirklichkeit. Methodische Aspekte der Rechtsgewinnung im Familienrecht«, in: Gudrun Cyprian/Marianne Heimbach-Steins (Hg.): *Familienbilder. Interdisziplinäre Sondierungen*, Opladen, 173–197.

– (2009): »Neues im Familienrecht. Ein Zwischenbericht«, *Zeitschrift für das gesamte Familienrecht*, 1–4.

Schwenzer (2010): »Grundlinien eines modernen Familienrechts aus rechtsvergleichender Sicht«, in: Elke Völmicke/Gerd Brudermüller (Hg.): *Familie – ein öffentliches Gut? Gesellschaftliche Anforderungen an Partnerschaft und Elternschaft*, Würzburg, 103–119.

Sennett, Richard (2008): *Verfall und Ende des öffentlichen Lebens. Die Tyrannei der Intimität*, Berlin.

Shorter, Edward (1975): *The making of Family*, Michigan, dtsch. Übers. v. Gustav Kilpper (1977), Hamburg.

Simmel, Georg (1890): *Über sociale Differenzierung*, Leipzig.

Soosten, Joachim von (2006): Art.»Sozialer Wandel«, in: *Evangelisches Staatslexikon*, Stuttgart, Sp. 2188–2192.

Stjerma, Kirsi (2009): *Women and the Reformation*, Oxford.

Surall, Frank (2009): *Ethik des Kindes. Kinderrechte und ihre theologisch-ethische Rezeption*, Stuttgart.

Tanner, Klaus (2005): »Einleitung: Liebessemantiken«, in: ders. (Hg.): *»Liebe« im Wandel der Zeiten. Kulturwissenschaftliche Perspektiven*, Leipzig, 9–21.

Taylor, Charles (1989): *Sources of the Self. The Making of the Modern Identity*, New York.

Tenorth, Heinz-Elmar (1988): *Geschichte der Erziehung. Einführung in die Grundzüge ihrer neuzeitlichen Entwicklung*, Weinheim/München.

Tucholsky, Kurt (1975): *Gesammelte Werke in zehn Bänden*, Bd. 3, Reinbek bei Hamburg.

Tyrell, Hartmann (1990): »Ehe und Familie – Institutionalisierung und Deinstitutionalisierung«, in: Kurt Lüscher (Hg.): *Die »postmoderne« Familie: familiale Strategien und Familienpolitik in einer Übergangszeit*, Konstanz, 145–156.

Ulrich-Eschemann, Ulrike (2005): *Lebensgestalt Familie – miteinander werden und leben. Eine phänomenologisch-theologisch-ethische Betrachtung*, Münster.

Vaskovics, Laszlo A. (1997): »Wandel und Kontinuität von Familienleitbildern und Familienrealität im Spiegel der Familienforschung«, in: ders. (Hg.): *Familienleitbilder und Familienrealitäten*, Opladen, 20–35.

– (2009): »Segmentierung der Elternrolle«, in: Günter Burkart (Hg.): *Zukunft der Familie: Prognosen und Szenarien. Zeitschrift für Familienforschung*, Sonderheft 6, 269–299.

Vinken, Barbara (2007): *Die deutsche Mutter. Der lange Schatten eines Mythos*, Frankfurt a.M.

Wahl, Klaus (1997): »Familienbilder und Familienrealität«, in: Lothar Böhnisch/Karl Lenz (Hg.): *Familien. Eine interdisziplinäre Einführung*, Weinheim/München, 2. Aufl.

Wannenwetsch, Bernd (1993): *Die Freiheit der Ehe: Das Zusammenleben von Mann und Frau in der Wahrnehmung evangelischer Ethik*, Neukirchen-Vluyn.

Weber-Kellermann, Ingeborg (1976): *Die Familie*, Frankfurt a.M.

Wehler, Hans-Ulrich (1987/1995): *Deutsche Gesellschaftsgeschichte*, 3 Bde., München.

Willutzki, Siegfried (1998): »Zum Wandel der Leitbilder in der Gesetzgebung und Rechtssprechung«, in: EKD, *Gottes Gabe und persönliche Verantwortung. Zur ethischen Orientierung für das Zusammenleben in Ehe und Familie*, Hannover.

Witte, John Jr. (1997): *From Sacrament to Contract. Marriage, Religion, and Law in the Western Tradition*, Louisville.

Wolff, Hans Walter (1973): *Anthropologie des Alten Testaments*, München.

Wunder, Heide (1992): *Er ist die Sonn', sie ist der Mond. Frauen in der Frühen Neuzeit*, München.

– (1993): »Überlegungen zum Wandel der Geschlechterbeziehungen im 15. und 16. Jahrhundert aus sozialgeschichtlicher Sicht«, in: dies./Christiane Vanja: *Wandel der Geschlechterbeziehungen zu Beginn der Neuzeit*, Frankfurt a. M., 2. Aufl., 12–27.

Zeiher, Helga (1996): »Kinder in der Gesellschaft und Kindheit in der Soziologie«, in: *Zeitschrift für Sozialisationsforschung und Erziehungssoziologie* 16, Bd. 1, 26–46.

Werkausgabe: D. Martin Luthers Werke. Kritische Gesamtausgabe (Weimarer Ausgabe = WA; 1883ff.), Abt.: Werke, Bd. 1–61, Weimar 1883ff.

– *Von der babylonischen Gefangenschaft der Kirche. Ein Vorspiel Martin Luthers* (1520): WA 6, 497–573.

– *Das Magnificat verdeutscht und ausgelegt* (1521): WA 7, 546–601.

– *De votis masticis Martini Lutheri ivdicvm* (1521) WA 8, 573–576.

– *Vom ehelichen Leben* (1522): WA 10, 2, 275–304.

– *Der Große Katechismus* (1529): WA 30, 1, 125–238.

– *Ein Traubüchlein für die einfältigen Pfarrherren* (1529): WA 30, 3, 74–80.

– *Predigten* (1533): WA 37, 9–12, 2. Sonntag nach Trinitatis.

Ursula Boos-Nünning,
Margit Stein (Hrsg.)

Familie als Ort von Erziehung, Bildung und Sozialisation

2013, 312 Seiten, br., 32,90 €
ISBN 978-3-8309-2783-9

Das Ziel des Buches ist es, Familie als Ort von Erziehung, Bildung und Sozialisation vor dem Hintergrund der Ausdifferenzierung von Familien innerhalb der einheimisch deutschen Gruppe auch unter Berücksichtigung der weltweiten Migrationsbewegungen aus den verschiedensten Perspektiven zu betrachten. Dabei werden theoretische Zugangsweisen mit wissenschaftlichen Erkenntnissen und empirischen Studien verbunden.

WAXMANN
Münster · New York · München · Berlin